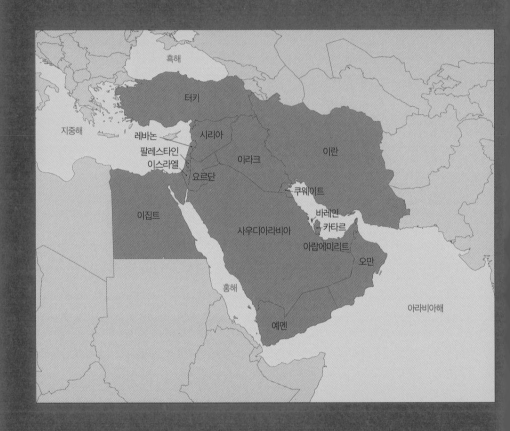

흑해

터키

지중해

레바논

시리아

팔레스타인
이스라엘

요르단

이라크

이란

쿠웨이트

바레인

카타르

아랍에미리트

오만

이집트

사우디아라비아

홍해

아라비아해

예맨

중동을 보면
미래
경제가 보인다

중동을 보면 미래 경제가 보인다

낙타, 벤츠, 그리고 테슬라

임성수 · 손원호 지음

시그마북스
Sigma Books

중동을 보면
미래 경제가 보인다

발행일 2022년 9월 1일 초판 1쇄 발행

지은이 임성수, 손원호

발행인 강학경

발행처 시그마북스

마케팅 정제용

에디터 최연정, 최윤정

디자인 강경희, 김문배

등록번호 제10-965호

주소 서울특별시 영등포구 양평로 22길 21 선유도코오롱디지털타워 A402호

전자우편 sigmabooks@spress.co.kr

홈페이지 http://www.sigmabooks.co.kr

전화 (02) 2062-5288~9

팩시밀리 (02) 323-4197

ISBN 979-11-6862-062-9 (03320)

시그마북스는 ㈜시그마프레스의 단행본 브랜드입니다.

석기 시대는 세상에 돌이 없어 끝난 것이 아니다.
석유 시대도 오일이 고갈되기 전에 끝날 것이다.

지은이의 말

두바이에 거주하던 어느 날 도로에서 프리우스를 발견하고 깜짝 놀란 적이 있었다. 하이브리드 차종 중에서도 최고의 연비를 자랑하는 프리우스이기에 미국이나 유럽에서는 쉽게 발견할 수 있지만, 석유가 풍부하고 오프로드용 SUV가 압도적 인기를 누리고 있는 중동의 한 복판에서 만나게 될 줄은 상상도 못했기 때문이다. 그리고 얼마 지나지 않아 드디어 테슬라까지 만나게 되면서 하이브리드차와 전기차에 대한 나의 고정관념에도 변화가 생길 수밖에 없었다.

공급이 수요를 창출할 수 있지만 테슬라가 중동에서까지 이렇게 빨리 전기차에 대한 수요를 창출해낼 줄은 사실 예상치 못했다. OPEC 창설을 주도했던 전 사우디아라비아 석유 장관 아흐마드 자키 야마니(Ahmed Zaki Yamani)의 석유 시대의 미래에 대한 예측을 곱씹어

보기도 했다. 그는 다음과 같이 말했다.

"석기 시대는 세상에 돌이 없어 끝난 것이 아니다. 석유 시대도 오일이 고갈되기 전에 끝날 것이다."

경제 환경은 빠르게 변하고 있다. 석유 기반의 경제가 영원히 지속될 수 없다는 사실을 중동의 많은 나라들은 심각하게 인식하고 있고, 수십 년 전부터 대비하고 있다. 실제로 테슬라는 아랍에미리트(UAE) 정부로부터 애플 외의 다른 기업들은 누리지 못하는 특혜를 받고 차량 판매를 시작한 걸로 알려져 있다. 그만큼 UAE 정부가 전기차 관련 인프라 확충에 적극적이다. 중동의 다른 나라 역시 신재생에너지 생산 기술과 시설 확충에 엄청난 투자를 하고 있다.

코로나 바이러스로 인한 팬데믹의 상황은 중동 국가들의 변화에 또다른 동력을 제공하게 되었다. 일반적으로 위기 상황은 정부 주도의 개혁에 대한 저항을 줄여주게 된다. 포스트 코로나 시대에 이러한 중동 경제의 변화 추세를 이해하는 것은 향후 세계 경제 변화 추세를 이해하는 데도 중요할 수밖에 없다. 재생 불가능한 화석연료와 지하 광물에 기반을 두고 있는 세계의 산업 경제와 그에 기반을 둔 현대 문명은 영원히 지속될 수 없기 때문이다. 그리고 변화의 선두 그룹에는 중동의 나라들이 있다고 할 수 있다.

중동의 나라들은 각자의 주어진 환경에서 나름 최적의 방향으로 경제 다각화와 미래의 먹거리 마련에 힘을 쓰고 있다. 세계 최대 수소 수출국을 꿈꾸는 사우디아라비아, 우주산업과 첨단 제조업을 향한 야심을 가지고 있는 UAE, 탄소포집기술을 통한 고부가가치 친환경 에너지 상품 개발에 엄청난 투자를 하고 있는 카타르, 중동의 금융 중심지를 넘어 세계적인 핀테크 허브를 꿈꾸는 바레인, 제2의 실크로드를 꿈꾸며 초대형 무역 도시 실크시티 건설을 추진하는 쿠웨이트, 관광산업의 부흥을 꿈꾸는 신밧드의 나라 오만, 저항경제를 통해 산업 다각화를 이뤄왔지만 포장이 뜯어지지 않은 선물처럼 미개발 상태에 있는 이란! 중동은 미래 경제의 변화에 관심이 있는 사람들이라면 꼭 지켜봐야 하는 곳이다.

이 책은 '중동=석유'라는 인식을 가진 일반 대중들의 오해와 편견을 해소하고 변화의 물결을 바라보는 데 하나의 길잡이를 제공하고자 집필한 책이다. 글을 쓰다 보니 내용이 너무 방대해져 중동의 모든 나라들을 다루지 못한 점이 아쉽다. 하지만 중동 경제의 다양성과 변화의 추세를 이해하는 데 부족함이 없으리라 확신한다.

책 집필을 마치고 보니 그간 여러 힘든 상황에서도 묵묵히 자리를 지켜주고 격려해준 사랑하는 아내와 중동에서 미국 중서부로의 급격한 기후와 환경 변화 속에서도 잘 적응을 하고 잘 자라주고 있는 한결이, 예인이, 선율이에게 고마움을 전하고 싶다.

임성수

지은이의 말

아버지는 1980년대에 사우디아라비아, 아랍에미리트, 이집트 등 중동 지역을 다니며 한국산 자수직물을 파는 무역상이셨다. 상술이 좋은 아버지는 아랍어와 영어를 섞어가며 특유의 너스레로 중동 상인들의 마음을 사로잡으셨다. 짧게는 며칠, 길게는 몇 달간 한국을 떠나 중동으로 날아가 뜨거운 열기를 견디며 허름한 옷감 시장에서 외화벌이를 하셨다. 나는 그 돈으로 대학까지 들어가 아버지의 조언에 따라 아랍어를 전공으로 선택해 공부했고, 그것이 기초 자산이 되어 지금은 중동 지역을 담당하는 대한민국 외교관이 되었다.

중동의 돈! 어렸을 적 우리 집의 먹거리를 제공해준 추억이자, 더 크게 보자면 한국의 경제적 어려움을 해소해준 고마운 존재이기도 하다. 1973년 오일쇼크로 인해 국제 유가가 급상승했고 중동 산유국들은 넘쳐나는 오일머니로 도로, 항만, 학교, 병원 등 각종 인프라를 구축하기 시작했다. 기술이 부족한 중동 사람들은 가혹한 기후를 버티면서 그들의 현대식 터전을 만들어줄 손재주가 좋은 외국인들이 필요했다. 그리고 한국은 이 기회를 잘 포착했다.

1980년에는 중동에서의 수주고가 무려 100억 달러를 넘어섰고, 중동 내에서 한국은 미국 다음으로 세계 제2위의 수주 강국으로 우뚝 섰다. 특히 사우디에서의 수주 업적은 압도적이었다. 1973~1984년 기간 동안 한국이 전 세계에서 획득한 해외 건설 수주 규모는 743억 달러인데, 이 중 사우디아라비아 한 국가에서만 453억 달러를 기록하며 전체의 60%를 차지했다. 같은 기간 한국 국내총생산(GDP) 연간 평균이 약 533억 달러였던 것을 감안하면 실로 엄청난 금액이다. 한국인은 강한 정신력으로 험난한 사막지대를 두려워하지도 않았고, 한번 일을 시키면 특유의 빨리빨리 정신으로 기간을 단축시켰다. 느긋한 성격의 중동 사람들이 놀라지 않을 수 없었을 것이다.

2014년 11월 17일, 사우디아라비아에서 발행되는 영자 신문인 「아랍뉴스(Arab News)」에서 아랍 저널리스트가 쓴 한 칼럼을 읽게 되었다. 사우디아라비아에서 지연되는 건설 사업들이 워낙 많아, 사우디아라비아 고위 관계자들이 한국인이 다시 와서 미완의 프로젝트들을 마무리 지어주기를 바란다는 것이다. 또한 이것이 바로 사우디아라비아 젊은이들이 보고 배워야 할 것이라고 강조했다. 30년 이상이 지난 후에도 한국을 기억하다니, 그들의 경제에 우리가 기여한 바가 얼마나 큰 것인가!

나는 지난 10년간 두바이에 살면서 엄청난 변화를 피부로 느꼈다. 내 아버지가 한창 누비고 다니시던 시장들은 이미 구시가지가 된 지 오래다. 지금은 신시가지를 중심으로 하이테크적 세련미를 과시하는 초호화 빌딩들이 들어서고 있으며, 2019년에 두바이 국제공항은 이용 여객 세계 1위를 기록하여 국제 물류 허브로 자리매김했다. 특히 2021년 아랍에미리트는 중동 국가 최초로 화성에 무인 탐사선 '아말(Amal)'을 발사했고 전 세계가 놀랐다.

두바이를 비롯한 중동의 많은 국가와 도시는 석유 시대의 종말을 대비해 머리를 싸매고 다양한 미래 신산업 발굴에 박차를 가하고 있다. 특히 사우디는 '네옴시티'라는 1조 달러(약 1,300조 원) 규모의 미래도시 건설에 박차를 가하고 있다. 1970년대 중동 건설붐 이후 50년 만에 또다시 대규모 수주의 기회가 온 것이다. 우리는 이들의 미래산업에 적극적으로 동참하여 한-중동 경제협력의 시너지 효과를 내도록 노력해야 한다. 이는 21세기 제2의 중동붐으로 이어질 것이다.

그리고 우리 아버지가 나에게 그러셨던 것처럼, 우리의 적극적인 중동사업 진출은 다음 세대들이 더 나은 삶을 살 수 있는데 조금이라도 보탬이 될 것이라 믿는다. 21세기 한-중동 경제협력 기저에는 20세기의 우리 어른 세대가 열사의 땅에서 피땀 흘려 일구어 놓은 사회적 신뢰가 깔려 있다. 그렇기에 한-중동 간 경제협력은 그 의미가 더욱 크다. 내가 이 책을 쓰게 된 이유다.

　마지막으로 내가 집필을 결심하게 동력이 되어 준 사랑하는 아내에게, 그리고 왜 아랍어를 배워야 하냐며 투정하는 나의 사랑스러운 딸 주아에게 고맙다는 말을 전하고 싶다.

손원호

차례

제7장 이란

Chapter 1

사우디아라비아

SAUDI ARABIA

01

사우디아라비아의
경제 역사

:: 오일쇼크로 부자가 되다

사우디아라비아 왕국, 이 말을 들으면 무엇이 떠오르는가? 많은 사람들은 '석유 부자'란 말을 떠올릴 것이다. 하지만 100년 전만 해도 상상할 수 없는 일이었다. 거칠고 광대한 아라비아반도 사막지대에는 여러 아랍 부족들이 공동체를 이루며 살아가고 있었다. 이 중에서 사우드 가문의 지도자 압둘아지즈 이븐 사우드가 1902년부터 약 30년간 타 부족들을 정복하고, 아라비아반도의 90%에 해당하는 거대한 지역을 통합했다. 그는 1932년 12월 22일 이 지역의 국가명을 '사우디아라비아 왕국(Kingdom of Saudi Arabia)'으로 선포하고 초대 국왕으로 취임하였다.

거대한 영토에 국가를 수립했지만 압둘아지즈 국왕은 국가의 내실을 다질만한 돈이 턱없이 부족했다. 1929년 세계 대공황이 시작되고 무슬림들의 주머니 사정이 안 좋아지자, 사우디아라비아(이하 사우디)의 메카를 찾는 순례객이 대폭 감소해 관광 수입까지 줄어들었다. 그러던 1938년 3월, 사우디에서 석유개발 사업을 추진하던 미국 기업 카속(California-Arabian Standard Oil Company, CASOC)이 담맘 7번공(Dammam 7 well)에서 대규모 석유를 발견했다. 참고로 카속은 미국 텍사코(Texaco)와 소칼(SOCAL)의 합작기업이다. 이후 카속사는 1944년에 회사명을 아람코(Arabian-America Oil Company)로 바꾸었다.

본격적으로 사우디아라비아가 석유를 팔아 돈방석에 앉게 된 것은 1973년 이후였다. 그 배경에는 아랍-이스라엘 간의 정치적 싸움이 있었다. 제2차 세계대전이 끝나자 세계 각지에 흩어져 살던 유대인들은 옛 조상들의 땅을 찾아 팔레스타인으로 모여들기 시작했다. 1948년 유대인들은 국제연합의 도움으로 팔레스타인 땅 일부에 이스라엘이라는 나라를 세웠다.

그러자 오랜 세월 이곳에 살며 땅 주인 노릇을 했던 팔레스타인인들이 분노했다. 이후 이집트를 중심으로 주변 아랍국가들은 아랍민족주의를 외치며 이스라엘을 상대로 몇 차례의 전쟁을 일으켰다. 그러나 서방의 군사지원을 받던 이스라엘을 이기기에는 역부족이었다. 특히 1967년 발발한 3차 중동전에서 이스라엘은 이집트, 시리아, 요르단을 선제공격하여 단 6일 만에 이집트 시나이반도, 시리아 골란고원, 요르단강 서안을 점령했다. 아랍민족에게는 치욕적인 일이었다.

1973년 4월, 이집트 대통령 안와르 사다트(Anwar Sadat, 임기 1970~1981)가 6년 전 이스라엘에게 빼앗겼던 땅을 되찾기 위해 이집트-시리아의 연합 공격 계획을 구상했다. 동시에 사다트는 사우디 제3대 국왕 파이살(Faisal, 재위 1964~1975)에게도 같은 아랍민족 국가로서 이집트를 도와달라고 요청했다. 이때 이집트가 원한 것은 사우디의 군사지원이 아니었다. 미국을 비롯한 친이스라엘 국가에 대한 석유 수출량을 감축하거나 아예 공급을 중단하여 경제적 압박을 가하자는 것이었다. 파이살 국왕은 이에 동의했다. 1973년 10월 6일 아랍-이스라엘 간 전쟁이 발발하자, 사우디를 중심으로 한 아랍 산유국들은 석유의 감축을 통해 간접적으로 아랍 측을 지원했다.

전 세계가 비상에 걸렸다. 산업 발전을 위해 석유는 계속 필요한데, 중동 산유국들의 생산 물량이 계속 줄어든 것이다. 석유회사와 소비자들은 불안감에 너나 할 것 없이 석유 물량 확보에 나섰다. 자연스레 전 세계 석유 가격은 급등했고, 산유국들은 이전에 만져보지 못한 엄청난 돈을 쓸어 담게 되었다. OPEC(석유수출국기구) 기준유인 아라비아 경질유 공시가격은 1970년 1.85달러에서 1973년 12월 11.65달러로 인상되었다. 4년 사이에 거의 10배가 오른 것이다. 1차 오일쇼크라고 불리는 이 사건은 1974년 3월, 아랍 산유국이 금수조치를 철회하면서

도표 1-1   사우디아라비아 석유 수익 추이

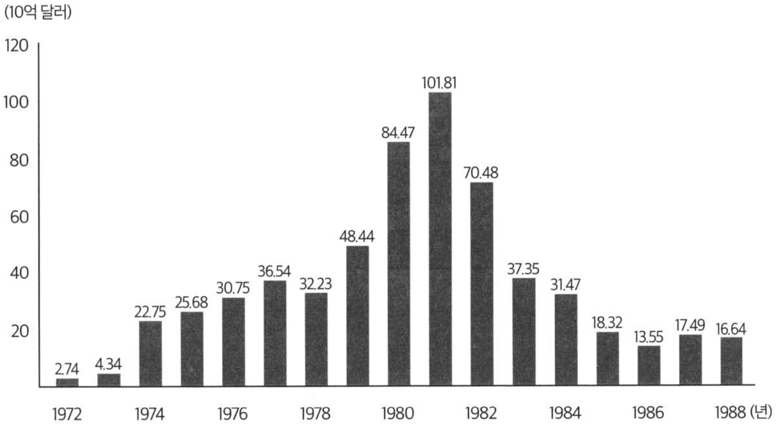

(10억 달러)

· 1972~1988년

마침표를 찍었다.

그리고 1978년 말에 2차 오일쇼크가 왔다. 당시 이란을 통치하던 친서구 성향의 팔레비 왕정을 타도하자며 전 이란 국민들이 들고 일어났다. 유전 노동자들이 파업에 돌입했고, 이로 인해 이란의 석유 생산이 대폭 줄어들었다. 1979년 팔레비 왕조가 무너지고 '이란이슬람공화국'이 들어섰다. 이란은 미국과 단교를 선언하고 원유 수출을 전면 중단한다. 다른 중동의 산유국들도 원유 공급량을 축소하는 동시에 1980년 이라크-이란 간 전쟁이 발발하여 세계 유가가 급상승했다.

덕분에 사우디는 1973년부터 약 10년간 중동 최고의 부자 나라로 등극했다. 사우디 GDP는 1972년 97억 달러에서 1981년에 무려 1,843억 달러로 상승했다. 사우디 정부는 급상승한 정치·경제력에 탄력을 받아 1974년 6월에 미국 소칼사가 소유하고 있던 아람코 지분 중 60%를 취득했고, 1980년 나머지 지분 40%를 사들여 아람코를 국유화시켰다. 이후 사우디는 국영 석유회사 아람코를 경제의 주축으로 삼아 나라 살림을 꾸려가기 시작했다.

:: 야심찬 경제 다각화의 실패

1970년부터 사우디 정부는 5개년 경제개발계획을 시행했다. 사우디의 현대화를 위한 파이살 국왕의 야심찬 계획이었다. 이를 통해 사우디는 사회 인프라 건설 뿐 아니라 석유 고갈 시대를 대비한 경제 다각화를 시도했다. 때마침 1973년 오일쇼크로 석유 수익이 급증한 덕분에 각종 사업의 규모도 대폭 확대되었다. 한국 건설기업들이 대거 사우디에 들어가 외화벌이를 했던 것도 이때다.

이것 뿐만 아니라 사우디는 국민들을 위한 보조금 지출도 대폭 증대했다. 거친 사막지대에 살아가던 사우디 국민들은 국가의 급격한 현대화와 번영하는 경제를 경험하게 되었다. 사우디 국민들은 거의 무상에 가까운 교육, 의료 서비스, 농업의 자급자족을 위한 보조금, 전력, 가스, 수자원 등 기초 재화에 대한 보조금을 받기 시작했다. 이렇게 되면 왕정체제에 대한 사우디 국민들의 충성도가 올라갈 수밖에 없었다.

그러나 안타깝게도 오일붐의 행복한 시대는 그리 오래 가지 못했다. 1981년 정점을 찍은 사우디 석유 수익은 이후 급속한 유가하락으로 현저히 줄어들게 되었다. 국가 수익도 줄어들었다. 재정 수입 대부분이 석유에서 나오는 산유국의 치명적인 약점이었다. 문제는 국가로 들어오는 돈은 줄었는데, 1970년대 정착된 과도한 복지체계와 공공부문의 팽창을 멈출 수 없다는 것이었다. 국민들에게 관대한 복지제도가, 건실한 경제 기반 없이 천연자원에만 의존하는 사우디 같은 나라에게는 독이 됐던 것이다.

저유가 시대는 생각보다 오래 지속되었다. 정부의 세출이 세입을 넘어서기 시작했다. 해가 갈수록 사우디 정부는 재정적자를 면하지 못했고, 이것이 누적되어 정부 부채는 계속 늘어만 갔다. 1970년대만 해도 사회간접자본 확충과 중화학 공업화를 추진하면서 연평균 10%의 GDP 성장률을 기록했으나, 1982년부터 1998년까지 18년간 연평균 실질 GDP 성장률이 1.3%에 머물렀다. 또한 2019년 사우디 재정적자는 GDP의 15%인 980억 달러에 달했다.

동시에 공기업 중심의 경제 운용에 따른 비효율성이 심화되었고, 사우디인들의 실업은 증폭한 반면에 외국인 노동자에 대한 의존도는 높아졌다. 특히 경제성장 시기에 외국 인력들로부터 기술을 전수 받앉어야 했는데, 사우디는 그 기회를 100% 활용하지 못했다.

결국 사우디 국민들에게는 국가가 석유 수출로 벌어들인 돈으로 경제적 혜택을 누리는 수동적 근로관이 만성화되었다. 그 부지런한 유목민 베두인들조차 수단 이민자들을 고용해 낙타를 사육하곤 했다. 게다가 보수적인 사회적 분위기와 법체계로 인해 능력 있는 여성들의 사회 활동도 큰 제약을 받았다. 이렇게 사우디 경제체제는 큰 변화 없이 50년이란 세월이 흘러버렸다. 1970년에 야심차게 시작했던 5개년 경제개발계획도 벌써 10차까지 진행했으나, 이렇다 할 결실을 보지 못했다.

:: 간만의 기회를 앗아간 셰일 산업

2004년, 세계 경제는 호황을 누리고 있었다. 특히 신흥 경제 5개국 BRICS(브라질, 러시아, 인도, 중국, 남아프리카공화국)가 큰 성장세를 보였다. 이에 따라 세계는 산업 가동을 위한 많은 양의 석유를 필요로 하게 되었고, 원유에 대한 수요가 높아지자 유가는 고공행진을 하였다. 〈도표 1-2〉를 보면 1973년 1차 오일쇼크, 1979년 2차 오일쇼크, 브릭스(BRICS)가 성장했던 2000년대 초반부터 유가가 급속하게 증가하는 것을 확인할 수 있다.

2000년에 배럴당 12달러까지 내려갔던 유가는 2008년에 100달러

(달러)

| 추정치 | —명목 가격 | —실질 가격 |

를 넘어섰다. 사우디를 비롯한 산유국에게는 1979년 2차 오일쇼크 이후 20년 만에 찾아온 기회였다. 그러나 그것도 잠시였다. 미국이 이때다 싶다는 듯이 자국에 풍부하게 매장되어 있는 셰일 자원의 채굴을 위해 기술 개발에 박차를 가했다. 셰일 오일·가스는 기존의 방식과는 추출 방식이 다르다. 가스가 통과하지 못하는 암석층 아래의 셰일층에 갇힌 석유와 가스 자원을 끄집어내는 신기술이 필요하기 때문에 생산 단가가 높다. 지금과 같은 고유가 시대에는 셰일 산업의 마진이 남는다고 미국은 판단했던 것이다. 결국 미국에서 셰일붐이 일었고,

2012년에 하루 500만 배럴 수준이던 자국 석유 생산량을 2015년 말에는 1천만 배럴까지 증대하였다.

미국에서 셰일 기름이 쏟아져 나오자 국제 유가가 폭락했다. 2014년 배럴당 106달러를 찍었던 서부텍사스산원유(WTI) 가격이 2년 만에 30달러 초반대로 급락했다. 결국 미국의 셰일 산업으로 인해 다른 산유국들이 손해를 보게 되었고, OPEC 산유국들은 석유 생산량을 증대하여 미국 셰일 에너지의 세계 점유율을 낮추려고 했지만 쉽지는 않았다. 도리어 미국 셰일 업계는 미국 정부와 월가의 지원에 힘입어 적자에도 불구하고 시장점유율을 계속 늘렸다. 이로 인해 사우디는 재정적자 증가, 외환보유고 감소 등의 경제적 위기에 직면한다. 석유 수익이 정부 예산의 80%나 차지하는 사우디의 또 다른 아킬레스건이 지명타를 입게 된 것이다.

사우디만 타격을 입은 것은 아니었다. 사우디를 비롯한 GCC(걸프협력회의) 6개 회원국(사우디, 쿠웨이트, 바레인, 카타르, 아랍에미리트, 오만) 역시 자국민에 대한 경제적 지원을 제공하는 데 재정적 한계를 느낄 수밖에 없었다. 결국 2015년 12월 GCC국가들은 유가하락으로 인한 재정적자를 메우기 위해 부가가치세를 도입하기로 합의했다. 2018년 1월 사우디와 아랍에미리트가 처음으로 5% 부가가치세를 시행했고, 거기에 사우디는 2020년 코로나19 타격으로 인해 15%까지 인상했다. 그간 세금이란 개념 자체를 모르고 지냈던 사우디 소비자들은 시장에서 물건이나 서비스를 구입할 때 15%의 세금을 추가로 지불하게 되었다. 셰일 산업의 붐과 코로나19로 인한 사우디 정부 재정 상황의 심각성이 어느 정도였는지 가늠해볼 수 있다.

:: 위기를 기회로

2016년 4월 25일, 모하메드 빈 살만 사우디 왕세자가 '사우디 비전 2030'을 발표했다. 흥미롭게도 유가하락으로 허리띠를 졸라매야 하는 어려운 시기에 오히려 거대한 미래 프로젝트를 발표한 것이다. '사우디 비전 2030'은 지난 50년간 실패했던 경제 다각화를 성공시키고, 미래 세대에게 행복한 삶을 보장하기 위한 왕세자의 희망적인 청사진이라고 볼 수 있다. 유가하락의 문제를 넘어서서 석유 시대의 몰락이 예견되고 있는 시점에, 4차 산업혁명을 압축적으로 실현시켜 석유 의존에서 벗어난 첨단 국가 반열에 오르겠다는 포부에서 시작된 일이다. 그러나 이 프로젝트의 성공을 위해서는 막대한 자금이 필요하다. 사우디는 자금의 원천을 석유 수익과 국부펀드 PIF, 그 외 외국 기업으로부터의 투자 유치를 통해 마련할 계획이다.

02

전 세계 유가를 둘러싼
끝없는 싸움

: : 코로나19가 부른 유가의 급락

'사우디 비전 2030'의 성공을 위해서는 사업 자금으로 쓰기에 충분한
석유 수익이 필요하다. 그러나 2020년에 발생한 코로나19로 인해 '사
우디 비전 2030' 추진에 큰 타격을 받는다. 전 세계 산업이 마비되면
서 석유 수요가 최대 25%까지 줄었고 자연스레 석유 가격은 급속히
내려갔다. 2020년 초반만 해도 배럴당 60달러를 웃돌던 국제 유가가
3개월 만에 20달러 선까지 하락했다. 결국 비전 2030의 각종 프로젝
트 진행이 지연되거나 중단되는 사태가 발생했다.

사우디를 비롯한 세계 산유국들의 마음이 조급해졌다. 2020년
3월 초에 초유의 사태를 해결하기 위해 오스트리아 빈에서 OPEC+

(OPEC 14개 회원국과 러시아, 미국 등 10개의 기타 주요 산유국이 모여 만든 협의체) 회의국이 모였다. 사우디는 코로나19 확산으로 인한 유가하락의 충격을 줄이고자 석유 생산을 줄이는 방안을 제안했다. 그러자 러시아가 반기를 들었다. 러시아는 지금의 저유가는 자국에게는 재앙적인 수준은 아니라며 다소 이기적인 입장을 내보였다. 이에 뿔이 난 사우디는 우리도 증산하겠다며 으름장을 놓았다. 러시아에게 세계 원유 시장점유율을 빼앗길 수 없기 때문이다. 사우디는 2020년 4월부터 하루 평균 970만~1천 만 배럴 수준인 원유 생산량을 1,230만 배럴까지 늘리겠다고 러시아를 압박했고, 이에 질세라 러시아도 하루 50만 배럴 증산이 가능하다며 맞받아쳤다.

이러한 양국 간 감정 싸움이 지속되자 결국 세계는 공급 과잉에 허덕이며 유가의 하락세는 더욱 가팔라졌다. 두 국가 모두 석유 시장을 지배하고 가격을 결정하는 위치에 서고자 하는 욕심을 가지고 있기 때문에 쉽게 싸움이 끝날 것 같지 않아 보였다. 그렇다면 러시아가 왜 이렇게 점유율을 양보하지 않는 것일까? 이는 세계 석유의 수요는 정해져 있고, 한 번 점유율을 낮추면 다른 국가가 그 빈 공간을 메꾸게 되어 다시 점유율을 회복하기 힘들기 때문이다.

이때 미국 트럼프 대통령이 중재에 나섰다. 상황이 더욱 악화되기 전 트럼프 대통령이 각국 정상에게 전화를 걸어 휴전을 촉구하는 등 갈등의 해결을 주도했다. 마침내 사우디와 러시아는 약 한 달에 걸친 신경전을 일단락지었다. 4월 12일에 사우디, 러시아를 비롯한 산유국들이 긴급 화상회의를 통해 원유 감산에 합의를 했다. 그러나 석유 시장의 패권을 차지하기 위한 거대 산유국 러시아와 사우디의 긴장관계가 언제 또 폭발할지 몰라, 기타 작은 산유국들도 긴장의 끈을 놓을 수 없을 것이다.

한편 러-사우디 간 원유가격 전쟁에서 트럼프 대통령의 중재자 역할이 부각되었다. 트럼프는 왜 그렇게 적극적으로 중재에 나섰을까? 버락 오바마 정부에 이어 트럼프 행정부에서도 셰일을 통한 세계 석유·가스 시장점유율 확대 노력은 계속되었다. 미국은 러시아, 이란, 베네수엘라 등 산유국들을 잇달아 제재함으로써 자연스레 미국의 셰일 오일 수출 확대를 꾀했던 것이다.

이 뿐만이 아니다. 2019년 러시아는 독일로 이어지는 가스관 사업 '노르트스트림 2(Nord Stream2)'를 한창 추진하고 있었다. 이 가스관이 가동된다면 유럽 전체 가스 소비의 4분의 1 이상을 러시아산이 담당하게 된다. 당연히 유럽은 선박을 이용해 들어오는 미국산 셰일가스보다는 가스관을 통해 들어오는 저렴한 러시아 가스를 선호하게 될 것이다.

이를 지켜보고만 있을 미국이 아니다. 2019년 12월, 트럼프 대통령은 해당 가스관을 제재하는 방안에 서명했다. 공사에 참여하는 기업 자산을 동결하고 미국 방문을 금지한다는 내용이다. 이후 공사는 즉각 중단되었고 독일과 러시아는 내정간섭이라고 반발했다. 미국의 입장은 명확했다. 러시아산 말고 미국산 에너지를 사라는 것이었다.

그러나 코로나 사태로 인해 석유·가스에 대한 수요가 하락하고 유가가 급락하자 미국 셰일 업계에 중대한 비상이 걸렸다. 채굴원가가 워낙 높아 배럴당 40~50달러는 되어야 채산성을 가질 수 있는데, 낮은 유가로 인해 마진이 남지 않았던 것이다. 게다가 미국 내 뿐만 아니라 미국 셰일 자원을 가져다 썼던 일본, 일부 유럽 국가의 에너지 수요도 급감하니 미국의 셰일 업체들이 줄줄이 도산하기 시작했다. 트럼프 대통령이 러시아와 사우디의 갈등을 적극적으로 중재하며 석유 외교에 나선 이유도 여기에 있었다. 유가가 최악으로 치닫기 전에 미국의 셰일 업계부터 살리고 봐야 했던 것이다.

:: 중동에서의 미국·러시아·사우디 관계

사우디는 미국과 오래된 친구다. 미·소 냉전 때부터 사우디는 미국의 안보 우산 아래에서 반(反)사회주의 입장을 고수했다. 특히 사우디는 소련의 사회주의 사상이 아랍까지 확대되어 왕정체제를 위협하는 것을 경계해왔기 때문에 부단히 소련을 견제해왔다. 사우디와 소련은 가까워질래야 가까워질 수 없는 관계였다. 냉전이 끝난 지 30년이 지났지만 여전히 미국과 러시아는 서로 견제의 대상이며, 사우디는 미국편이다.

　최근 몇 년간 중동에서 벌어진 일들을 보면 이를 쉽게 알 수 있다. 시리아 내전에서 러시아는 시리아 정부군을 적극 지원해온 반면, 미국과 사우디는 시리아 반군세력을 지원했다. 수년째 지속되고 있는 예멘 내전에서 사우디는 하디 예멘 정부군에게 군사지원을 하고 있으며, 사우디의 주 무기 공급자는 미국이었다. 반면에 이란은 예멘 하디 정부를 상대로 싸우고 있는 후티 반군세력에게 군사지원을 해주고 있는 것으로 추정되는데, 러시아는 이란과 이해관계를 같이하고 있다. 트럼프 집권 시기에 미국이 이란에 대한 제재 수위를 높이면서, 이란은 러시아에 더욱 가까이 다가갔다. 결국 러시아도 예멘 내전의 배후에서 후티 반군을 위한 어느 정도 역할을 하는 것이 아니냐는 분석까지 나왔다.

　러시아는 지난 수년간 시리아의 시아파 정부군을 지원하고 시아파 종주국 이란과 가깝게 지내며 중동 내 영향력을 키워왔다. 수니파 종주국 사우디 입장에서는 러시아가 그리 달갑지 않을 것이다. 게다가 경제적으로도 OPEC+ 내에서 가장 많은 양을 감산하며 희생해온 사우디 입장에서, 상대적으로 적은 양을 감산하며 이익을 본 러시아가 못마땅할 수밖에 없다.

　그럼에도 불구하고 사우디가 OPEC+내에서 원하는 정책을 추진하기 위해서는 대(大) 산유국 러시아와의 지속적 협력이 필요하다. 아무리 사우디가 석유 생산량을 줄여도 러시아가 대량으로 석유를 풀어버리면 유가가 하락할 수밖에 없기 때문이다. 석유 수익을 끌어다가 '사우디 비전 2030'이라는 거대한 미래 프로젝트에 투입해야 하는 사우디 입장에서는 크게 신경을 써야 하는 부분이다.

반면 러시아는 미국을 견제하는 입장이다. 사우디의 설득에도 불구하고 원유 감산을 반대했던 이유도 여기에 있다. 산유국들이 감산을 추진한다면, 미국의 세계 에너지 점유율을 높여주고 셰일오일 업자들만 도와주는 꼴이었으니 감산에 합의하지 않았던 것이다. 그때 재선을 염두에 둔 트럼프가 러시아에 적극적으로 합의를 제안했고, 이에 러시아는 한발 물러섰다.

결국 사우디가 최적의 석유 가격을 유지하려면 러시아와 같은 대(大) 산유국과 공급량 합의를 봐야만 하며, 비전 2030을 성공시켜야 하는 상황이기 때문에 더욱 간절하다. 높은 가격의 원유를 팔아 더 많은 수익을 창출하여 그 돈을 PIF에 끌어모아서, PIF를 통해 비전 2030을 원활히 추진하는 선순환이 필요한 것이다.

:: 새로운 세계 정치 질서와 사우디의 미래

2021년 세계 정치 질서에 큰 변화가 왔다. 2021년 1월에 트럼프 대통령이 물러나고 조 바이든이 새로운 미국 대통령이 된 것이다. 그는 예멘 내전이 반드시 끝나야 할 전쟁이라며 사우디에 대한 군사지원을 중단할 것이라고 밝혔다. 미 국무부는 트럼프의 대통령 임기 마지막 날 사우디와 체결한 첨단 무기 수출 계약을 재검토할 것이라며, 사우디에 대한 무기 수출을 잠정 중단하겠다고 밝혔다. 대통령 취임 후 첫 해외 순방 국가를 사우디로 결정했던 트럼프와는 너무나 대조적인 모습이다.

더 나아가 조 바이든 대통령은 트럼프가 추진했던 사우디 중심의 중동 정책 전략에 마침표를 찍고, 포괄적 공동행동계획(JCPOA, Joint Comprehensive Plan of Action)에 복귀하려는 의지까지 보이고 있다. 이는 2015년 7월 이란이 유엔안보리 상임이사국 6개국(미국, 영국, 프랑스, 중국, 러시아)과 유럽연합(EU)까지, P5+1(미국, 영국, 프랑스, 중국, 러시아, 독일) 국가들이 맺은 협정이다. 이란이 핵 개발 프로그램을 포기하는 대가로 미국과 유럽연합이 이란에 대한 경제제재를 해제한다는 내용이다. 그러나 트럼프 행정부가 2018년 일방적으로 이를 철회했고, 이란에 제재를 가하면서 이란이 국제사회에서 고립되는 상황이 벌어졌다. 시아파 종주국 이란을 견제해온 사우디 입장에서는 당시 이러한 트럼프의 정책을 적극 환영했다.

그러나 이제 사우디는 항상 자신들의 편을 들어주던 트럼프를 잃었다. 미국과의 밀월관계에 적신호가 들어온 것을 감지했다. 게다가 이란에 대한 경제제재가 해제된다면 중동 지역에서 시아파 중심의 헤게모니 장악을 시도해온 이란이 경제적 힘을 받을 것이다. 수니파 종주국인 사우디 입장에서는 큰 위협이 아닐 수 없다. 이 뿐만이 아니다. 조 바이든 대통령은 앞으로 사우디의 인권 문제에도 개입할 것이라며 엄포를 놓았다.

그러나 사우디는 감정을 추스르고 미국, 러시아 등 석유 가격에 영향을 미칠 수 있는 대국들의 정책에 적절한 협조의 자세를 유지할 것으로 보인다. 특히 코로나19가 세계를 강타한 현 시점에서 국가 간 감정적 싸움은 사우디뿐만 아니라 미국과 러시아에게도 도움이 되지 않는다. 미국-러시아-사우디 3국은 시장점유율을 위한 자존심 대결보다는 국민들과 경제를 살리기 위해 지속적인 조율과 타협에 집중하며 원유가격의 적정선을 유지해야 할 것이며, 그래야만 '사우디 비전 2030'의 원활한 추진이 가능하다.

다행히 2021년 하반기부터 세계 산업이 활성화되면서 석유 가격이 급상승하기 시작했다. 사우디 입장에서는 비전 2030의 원활한 추진에 청신호가 들어온 것이다. 상황이 나아지자 사우디와 러시아는 오히려 서로 각을 세우기보다 높은 유가를 유지하기 위해 산유량 조절을 위한 상호협력을 잘 유지했다. OPEC+는 2020년 팬데믹으로 원유수요가 급락하자 일평균 1천만 배럴 수준으로 감산했다가, 이후 수요가 회복되면서 2021년 7월부터 매달 일평균 40만 배럴씩 점진적으로 증산 중이었고, 해당국들 사이에 큰 소음도 없었다.

석유 가격이 급상승하자 이번에는 미국의 바이든 대통령이 초조해지기 시작했다. 그는 OPEC+ 산유국들에게 더 많은 생산량 증대를 촉구했다. 이에 사우디와 러시아를 중심으로 한 산유국들은 이러한 바이든의 요구를 받아들이지 않고 기존 전략을 그대로 유지했다. 그러자 미국은 2021년 11월 23일에 유가를 끌어내리기 위해 석유 소비국들과의 전략비축유(SPR) 공동 방출을 결정했다. 한·중·일과 인도, 영국도 이에 동참했다. 한국 정부는 "최근 급상승한 국제 유가에 대한 국제 공조, 한미동맹의 중요성, 주요 국가들의 참여 여부 등을 종합적으로 고려한 결정"이라고 강조했다.

이러한 상황에서 1년 전만 해도 서로 으르렁대던 사우디와 러시아는 긴밀한 관계가 되었다. 2021년 8월에는 사우디-러시아 간 군사 부문 협약이 체결되기도 했다. 두 국가는 비축유 방출로 인한 유가하락을 막기 위해 기존에 추진하던 매달 40만 배럴 증산 계획마저도 중단할 것이라고 미국을 상대로 엄포를 놓았다. 여기에 2022년 2월, 러시아의 우크라이나 침공 탓에 유가는 더욱 급등세를 보이고 있다. 미국 내에서도 휘발유 값이 높아지는 데다, 국제 무대에서 미국과 대립하고 있는 러시아 블라디미르 푸틴 대통령의 입지를 강화시켜주고 있는 현 유가 상승 현상은 바이든 대통령의 심기를 불편하게 만들고 있다.

게다가 2022년 11월 미국 중간선거를 앞두고 치솟는 기름값에 미국 유권자들의 불만은 커져만 갔다. 결국 바이든 대통령은 집권 초기 인권과 가치를 내세우며 사우디를 향해 보였던 강경한 태도를 누그러뜨리고 2022년 7월, 직접 사우디를 방문했다. 그러나 바이든 대통령은 사우디로부터 증산에 대한 아무런 약속도 받지 못했다. 바이든은 빈손 귀국이라는 굴욕적인 평가를 받는 반면 주도권은 사우디에게로 넘어온 형국이다.

이렇게 유가의 결정은 국제 시장과 정치적 상황에 따라 변수가 많다. 사우디는 미국과 가까웠다가도 또 러시아 같은 다른 국가들과 공조를 하며 높은 유가를 유지하고 있다. 그야말로 유가를 둘러싼 국제 정치 무대에서는 영원한 적도 영원한 친구도 없으며, 오직 국익만이 있는 것이다. 사우디 입장에서는 굳이 한쪽 편을 들 필요가 없다. 아마도 석유가 필요 없는 시대가 생각보다 빨리 올지도 모른다는 경각심을 가지고 있기 때문에 본능적으로 취할 수밖에 없는 전략일 것이다.

사우디의 전 석유부 장관 아흐마드 자키 야마니(재임 1962~1986)는 이렇게 말했다. "석기 시대는 세상에 돌이 없어 끝난 것이 아니다. 석유 시대도 오일이 고갈되기 전에 끝날 것이다." 신재생에너지 시대가 오면 사우디의 석유는 무용지물이 된다. 그래서 사우디 정부는 타 국가들과의 원활한 외교적 협력을 통해 안정적인 유가를 유지하고, 그 수익으로 빠른 산업 다각화를 이루려고 할 것이다. 그리고 그 중심에는 '사우디 비전 2030'이 있다.

03

사우디아라비아 자금의 원천, 국부펀드 PIF

'사우디 비전 2030'을 추진하기 위한 자금 원천은 석유 수익 말고도 또 있다. 바로 국부펀드 PIF다. 국부펀드(Sovereign Wealth Fund)는 한 국가의 중앙은행이 관리하는 외환보유고와는 별개로, 외환보유고 일부를 투자용으로 출자해 만든 펀드다. 즉 정부가 국부펀드의 자금을 가지고 국내외의 다양한 상품에 투자하여 국가의 돈을 효율적으로 운용하는 것이다.

이러한 개념의 국부펀드는 1950년대부터 사우디, 쿠웨이트 등 주요 아랍 산유국에서 생겨나기 시작했다. 당시 제2차 세계대전이 끝나고 미국을 중심으로 한 서방의 급속한 산업발전에 따라 석유 수요가 증가했다. 석유 가격이 상승함에 따라 산유국은 국가 재정에 사용하

순위	국부펀드명	액수(달러)	국가	펀드 원천	설립연도
1	노르웨이 정부연기금 (Norway Government Pension Fund Global)	1조 3,382억	노르웨이	자원	1990
2	중국 투자공사 (China Investment Corporation)	1조 2,223억	중국	비자원	2007
3	아부다비투자청 (Abu Dhabi Investment Authority)	7,087억	UAE	자원	1976
4	쿠웨이트투자청 (Kuwait Investment Authority)	7,084억	쿠웨이트	자원	1953
5	GIC프라이빗리미티드 (GIC Private Limited)	6,900억	싱가폴	비자원	1981
6	공공투자펀드 (Public Investment Fund, PIF)	6,200억	사우디	자원	1972
7	홍콩 금융관리국 투자포트폴리오 (Hong Kong Monetary Authority Investment Portfolio)	5,889억	홍콩	비자원	1993
8	테마섹홀딩스 (Temasek Holdings)	4,965억	싱가폴	비자원	1974
9	카타르 투자청 (Qatar Investment Authority)	4,610억	카타르	자원	2005
10	전국사회보장기금이사회펀드 (National Council for Social Security Fund)	4,473억	중국	비자원	2000

· 자료: Soverign Wealth Fund Institute(2022년 7월 기준)
· 상품 펀드(Commodity Fund): 국가의 천연자원 수출대금이나 민간기업의 천연자원 수출 소득에 대한 세금을 통한 수입원
· 비상품 펀드(No-Commodity Fund): 국제수지 흑자를 통해 축적된 외환보유액이나 재정흑자를 통해 축적된 자금

고 남는 돈을 국부펀드에 집어넣어 운용하기 시작했다.

세계 국부펀드의 57%는 석유와 같은 원자재 수출 수익으로 펀드 자금을 충당하고 있는 사우디, 아랍에미리트(UAE), 카타르 등 중동 산유국이 차지하고 있다. 나머지 43%는 외환보유고 초과분, 세금 등으로 충당하는 중국, 싱가폴, 한국과 같은 아시아 국가들이다.

2020년 기준으로 세계 국부펀드 규모는 약 8조 달러에 달한다. 그 중에서 아랍 산유국들이 석유 수출로 벌어들인 자금은 실로 어마어마해서, 실제로 아랍에미리트, 사우디, 카타르, 쿠웨이트가 세계 대형 국부펀드의 많은 부분을 차지하고 있다. 사우디는 2개의 주요 국부펀드를 가지고 있다.

: : 고수익·고위험의 사우디 공공투자펀드

최근 각광받고 있는 사우디의 국부펀드가 있다. 6,200억 달러 규모의 공공투자펀드(PIF, Public Investment Fund of Saudi Arabia)이다. 1971년에 설립된 PIF는 수십 년간 사우디 공기업 지분을 소유하며 주로 사우디 국내 프로젝트에 간간히 투자를 해온, 사우디의 여러 투자기관 중 하나일 뿐이었다.

그러던 중 2015년 PIF에 큰 변혁이 일어났다. 제6대 압둘라 국왕이 사망하고, 그의 동생 살만(Salman)이 새로운 국왕이 된 것이다. 살만은 국가의 경제를 총괄할 새로운 기관인 경제개발위원회(CEDA, the Council of Economic and Development Affairs)를 건립하고 자신의 1985년생 아들 모하메드 빈 살만을 의장으로 앉혔다. 모하메드 빈 살만은 국방부 장관 직까지 차지하며 사우디 권력의 핵심으로 부상하기 시작했고, 결국 2017년에 왕세자로 책봉되었다.

2016년 왕세자는 '사우디 비전 2030'을 발표하고 이를 통해 경제 다각화와 사회의 혁신을 이루어 사우디의 현대화를 이루겠다고 천명했다. 그리고 재정부 소속이던 국부펀드 PIF가 경제개발위원회 관할로 넘어갔다. 이후 왕세자는 PIF를 비전 2030 추진을 위한 자금줄로 삼아 몸집을 불리기 시작했다. PIF는 수동적인 안정적 펀드에서 공격적인 개발형 펀드로 탈바꿈하기 시작했다. 고작 40명의 인력으로 운영되던 것이 2018년에는 450명으로 대폭 늘어났다.

PIF는 거대한 자금을 끌어오기 위해 다음과 같은 3가지 방식을 취하고 있다.

첫 번째, 사우디 정부의 자금 출자다. 사우디 정부는 2016년 중앙은행 SAMA(Saudi Arabian Monetary Agency)의 자산 중 260억 달러를 PIF에 출자했다.

두 번째, 사우디 기관끼리의 자산이전을 통한 자금확보다. 우선 2019년 12월, 세계 최대 국영 석유회사 아람코가 시장공개(IPO)를 통해 지분 1.5%를 사우디 타다울 거래소에 공개했다. 주식거래를 통해 아람코가 확보한 현금 250억 달러는 PIF로 이전되어 운용되고 있다. 그리고 사우디는 추후 아람코 지분 3.5%의 추가적인 매각을 계획하고 있으며, 이로써 확보되는 자금도 모두 PIF로 흡수될 예정이다. 물론 투자자 관점에서 아람코의 상장 주식이 고스란히 PIF로 흡수된다는 것은 심히 우려스러운 일이다. 주식시장에서는 기업경영의 투명성과 독립성이 중요한데, 이러한 흡수 방식은 추후 아람코 기업가치 책정에 부정적인 영향을 미칠 수 있기 때문이다.

게다가 PIF가 고수익·고위험 상품에 투자하는 경향이 있어서 더욱 위험해 보인다. 이러한 우려를 완화시키고자 PIF는 2020년 6월에 소유하고 있던 주식 중 가장 대표적 주식이었던 사우디 석유화학 회사 사빅(SABIC, Saudi Basic Industries Corporation)의 지분을 모두 사우디 아람코에 매각하여 자금을 확보했다. 왕세자는 아람코와 PIF를 양손에 거머쥐고, 자신의 권력을 이용해 국영기업 아람코를 PIF 몸집 불리기에 이용하고 있는 모양새다.

세 번째, 외부로부터의 차입이다. PIF는 그저 정부의 남는 돈을 운용하는 역할을 넘어서 장기적인 미래 수익 창출을 위한 투자기관이 되었다. 즉 포트폴리오에 따른 투자계획을 차질 없이 진행하기 위해서는 원활한 자금의 제공이 필요하다. PIF가 투자자금을 외부에서 차입하는 방법까지 고려하는 이유다. 장기적으로 봤을 때, 추후 발생할 투자수익이 차입한 돈의 이자를 메꾼다는 것을 전제로 한 것이다. 2018

년 9월 PIF는 골드만삭스, HSBC, JP모건체이스 등 다수의 해외 은행들과 신디케이트론 형태로 110억 달러를 차입했다.

:: 자금의 행방_뉴캐슬 유나이티드, 쿠팡, 그리고 넥슨

이렇게 다양한 곳에서 자금을 충당한 PIF는 2가지 방향으로 운용되고 있다.

첫 번째는 비전 2030 추진을 위한 사우디 국내 기업, 부동산, 각종 인프라 건설 등에 대한 투자다. 특히 PIF는 '사우디 비전 2030'의 틀 내에서 국내 방위산업에 많은 투자를 할 계획인데, 이는 2030년까지 사우디를 세계 25위권 무기 생산국으로 만들겠다는 야심찬 목표를 이루기 위해서다. 2019년 사우디가 국방비에 지출한 돈만 해도 619억 달러로 세계 4위를 차지했다. 사우디가 방산 부분에서 자급자족이 가능해진다면 엄청난 예산 절감이 가능해질 것이다.

두 번째는 해외자산에 대한 과감한 투자다. 사우디는 이제 석유 수익에만 의존하지 않고 PIF 투자수익으로도 국가의 살림을 꾸려갈 수 있도록 준비하고 있다. PIF는 투자를 통한 수익 창출을 위해 단독으로 활동할 뿐 아니라, 다른 글로벌 펀드들과의 긴밀한 협업을 통해 공동 투자 활동을 추진하기도 한다. 투자 리스크를 분산시킬 뿐 아니라 타 기관의 노하우를 이용해 수익률을 높일 수 있는 방법이기도 하다.

대표적인 사례가 PIF와 소프트뱅크가 각각 45%, 28%를 출자해 만든 세계 최대 기술 투자 펀드인 소프트뱅크비전펀드(SVF, Softbank Vision Fund)다. PIF는 2016년부터 5년간 SVF에 무려 450억 달러 출자를 약속했고, SVF는 기술·스타트업 기업들 위주로 투자를 시작했다. 차량 공유 부문의 우버, 위워크, 디디추, 그랩, 그리고 한국의 전자상거래 업체 쿠팡이 그 대상이다. 또 틱톡(Tiktok), 마케팅 플랫폼 LTK 등 다양하다.

물론 이러한 회사들은 적자에 어려움을 겪고 있는 경우가 많지만, SVF는 멀지 않은 미래에 전 세계 산업 시스템에 변화가 올 것이라 예측하고 흑자로 전환되는 때를 기다리는 듯하다. 그러나 SVF의 성공 여부를 판단하기에는 아직 이르다. 쿠팡과 같이 6년 만에 투자원금이 7배가 되는 기업들도 있지만, 코로나19 팬데믹으로 인해 글로벌 차량 공유 시장이 막대한 타격을 입는 등 예상치 못한 사건들이 계속 일어나고 있기 때문이다.

PIF의 공격적인 투자 성향은 오히려 코로나 이후 확연히 드러났다. 2020년 코로나로 인해 세계 경제가 혼란에 빠졌고, 전 세계 주가가 급락하자, PIF가 폭락한 미국의 주요 기업 주식을 대거 사들였다. 세계 최대 크루즈 선박 운용사 카니발(Carnival), 항공사 보잉(Boeing), 호텔업체 메리어트(Marriott), 월트 디즈니(Walt Disney), 페이스북(Facebook), 씨티

그룹(Citigroup) 등이다. 특히 코로나19 대유행으로 이벤트 산업이 극심한 침체를 겪는 가운데, 미국의 콘서트 엔터테인먼트 기업인 라이브네이션(Live Nation) 지분 5.7%를 인수한 것은 다소 의아한 결정이었다. 그러나 사우디의 전략은 명확하다. 단기간 내에 수익이 나지 않더라도 언젠가 코로나가 잠잠해지고 유가가 다시 상승하여 세계 경제가 정상으로 돌아올 것을 예견한 것이다.

최근에는 한국의 온라인 게임업체 넥슨에 1조 8,104억 원(넥슨 지분의 6.03%)을 투자해서 큰 화젯거리가 되기도 했는데, 모하메드 빈 살만 왕세자는 게임산업에도 관심이 많은 것으로 알려져 있다. 실제로 PIF는 2022년 1월 새비 게이밍 그룹(Savvy Gaming Group)을 새롭게 출범시키기도 했는데, 이를 통해 전 세계 게임산업의 중심이 되겠다는 야심을 보여준다.

또한 스포츠 산업에도 적극적인 투자 행보를 보이는데, 2021년에는 타이슨 퓨리와 안소니 조슈아의 복싱 헤비급 통합 타이틀전과 F1 그랑프리 대회를 개최하기도 했다. 2030년에는 이탈리아와 월드컵 공동 개최를 추진하고 있다. 이는 2022년에 중동 카타르에서 월드컵이 열리는 관계로, 2030년 개최지 선정의 확률을 높이기 위해 다른 대륙 국가와 공동 개최를 추진하는 것으로 보인다.

또한 최근 영국 프리미어리그 뉴캐슬 유나이티드 FC를 5천억 원 규모에 인수한 것도 같은 관점에서 이해할 수 있다. 코로나로 거의 모든 축구팀이 심각한 적자를 기록하는 상황에서 상당히 파격적인 투자 행보라고 할 수 있다. 사우디 국부펀드 규모가 프리미어리그 최고 부자 기업인 맨체스터시티 구단주 만수르의 자산보다 14배 정도 많다는 사실 때문에, 세계 축구팬들에게 큰 화젯거리가 되기도 했다. 모하메드 빈 살만 왕세자의 과감한 승부사 기질이 보이는 부분이다. 세계 1위 국부펀드인 노르웨이 정부연기금(Norway Government Pension Fund Global)은 2020년 코로나가 터지고 오히려 현금 유동성을 위해 국부펀드 자산을 매각했는데, 사우디는 이와 상반된 전략을 사용한 것이다. 누가 옳은 선택을 했는지는 아직 알 수 없다.

:: PIF 수장 모하메드 빈 살만 왕세자, 그를 지켜보라!

2015년 12월 1,520억 달러였던 PIF 자산은 5년 만에 4천억 달러로 상승했고, 왕세자는 2025년까지 약 1조 달러, 2030년까지 2조 달러로 만들어 세계 최대 규모의 국부펀드로 성장시키려는 목표를 설정했다. 더 나아가 사우디를 세계 투자 협의의 중심지로 만들 작정이다. 2017년부터는 PIF 주최로 국제 투자 컨퍼런스인 '미래 투자 이니셔티브(FII, Future Investment Initiative)'가 매년 사우디 수도 리야드에서 열리고 있다. FII는 세계 정치·경제계 리더들이 모여 경제·투자 환경 트렌드를 논할 수 있는 플랫폼으로 왕세자의 야심작이다. '사우디 비전 2030'의 여러

도표 1-4-1   2015~2018년 PIF의 해외 투자 현황

투자일		투자대상	투자액 (달러)	부문	국가
2015년	2월	포스코 건설 지분 38%	11~13억	철강	한국
	7월	러시아 국부펀드 RDI와 9개 공동투자 합의(2017년 합작펀드 Russia-Saudi Investment Fund 설립)	100억	인프라, 농업	러시아
		Coface(investment)	30억	수출금융, 신용보험	프랑스
	10월	French Private Funds	20억	재생에너지 & SMEs	-
2016년	4월	이집트 투자 펀드와의 기본 협약	160억	-	-
	6월	우버 지분 5%	35억	테크/스타트업	미국
	7월	하파크로이트(지분 10.1%)	7.7억	물류 산업	독일
	11월	Noon.com (아랍 전자상거래 플랫폼, 지분 50%)	5억	기술/스타트업	UAE
		Adeptio(지분 50%)	20억	식품	UAE, 쿠웨이트
2017년	5월	소프트뱅크 비전펀드1, 비전펀드2 투자 합의	450억	테크	일본
		블랙스톤(양해각서)	200억	인프라	미국
	12월	AMC 엔터테인먼트 홀딩스 (양해각서)	-	영화	미국
2018년	-	TriLinc Global Impact Fund	5천만	모든 분야	미국
	3월	Penske Media Corporation	2억	미디어	미국
		Magic Leap(투자)	4.6억	테크/스타트업	미국

(뒤에서 계속)

2015~2018년 PIF의 해외 투자 현황(앞에서 이어서)

투자일		투자대상	투자액 (달러)	부문	국가
2018년	4월	Six Flags(합의서 체결)	-	엔터테인먼트	미국/ 사우디
	6월	Tushino Airfield Development/Project (러시아 국부펀드 RDIF 협업)	1억	인프라	러시아
	7월	Arcelor Mittal Tubular Products Jubail (지분 40%)	3억	철강	룩셈부르크/ 영국
	5월	AccorInvest(지분 57.8%)	53억	호텔, 부동산	프랑스
	8월	Tesla(지분 5%)	20억	전기자동차	미국
	9월	Lucid Motors(투자)	10억	전기자동차	미국
		Mriya Agro Holding	-	농산품	우크라이나

프로젝트들에 대한 외국 기업들의 투자 유치를 위한 홍보의 장으로서 활용하려는 전략도 내포되어 있다.

'사우디 비전 2030'을 통해 사우디가 추진해야 할 일들은 수적으로나 규모 측면에서나 상상을 초월한다. 특히 사우디 내 민간 부문의 큰 성장이 예상된다. 더 나아가 사우디는 기존의 보수적인 정서를 탈피하여 관광, 레저, 엔터테인먼트 등 새로운 분야를 성장시키려는 과감한 도전을 시도하고 있다. 더 개방적인 사우디는 더 많은 외국 자본을 유치할 뿐 아니라 젊은 세대들 사이에서 왕세자의 지지도를 높일 수 있는 전략이기도 하다. 이 모든 일들을 추진하기 위해서는 PIF가 성장 엔진 역할을 해줘야 한다. 그러려면 왕세자는 여러 전략을 통해 PIF의 덩치를 키울 수밖에 없다. PIF는 다양한 글로벌 투자기관들과의 협력을 통해 투자 규모와 범위를 늘리며 성장을 멈추지 않고 있다.

시간이 갈수록 PIF라는 우산 아래에서 모든 국가 경제 활동이 이루어지는 중앙집권적 형태의 경제 프레임이 점점 그 윤곽을 드러내고 있다. 옛날처럼 정치적 권력을 지닌 사람이 경제를 이끄는 것이 아니라, 국가의 거대한 경제성장 엔진을 거머쥔 지도자가 그 힘을 이용해 정치적 헤게모니를 장악해가는 형세다.

앞으로 사우디 경제의 중심은 PIF가 될 것이고, 정치의 중심도 PIF의 수장 모하메드 빈 살만 왕세자가 될 것이다. 뿐만 아니라 PIF는 중국, 러시아 등 타 국가의 거대 국부펀드와의 협업, 현금이 필요한 국가에 대한 투자 등을 통해 사우디의 외교에도 지대한 영향력을 행사할 수 있을 것이다. PIF가 사우디의 오랜 우방 미국의 스타트업 기업에 엄청난 투자를 하고 있는 것은, 꼭 경제적인 이유만 있지는 않을 것이다.

04

사우디 비전 2030과
사우디아라비아의 미래

: : 탈석유 시대로 가는 길목

'사우디 비전 2030'은 3대 주요 목표가 구성되어 있다. 활기찬 사회(Vibrant Society), 번영하는 경제(Thriving Economy), 진취적인 국가(An Ambitious Nation)가 그것이다. 다소 철학적인 슬로건으로 보이지만 그만큼 비전 2030이 경제, 교육, 사회, 문화, 복지 등 전 영역을 아우르는 거대한 프로젝트라는 것을 방증한다. 각 목표에는 관련 프로젝트들과 이를 추진하기 위한 세부 계획들이 가지처럼 뻗어 있다.

사우디 비전 2030의 목적은 쉽게 말해 탈석유 시대에 대비하여 석유 부문 외의 부문에서 돈 나올 구멍을 만들어놓자는 것이다. 이를 위해 사우디는 제조업 외에 다양한 산업을 발굴·개발하고, 기술 간

도표 1-5   사우디 비전 2030의 3대 목표

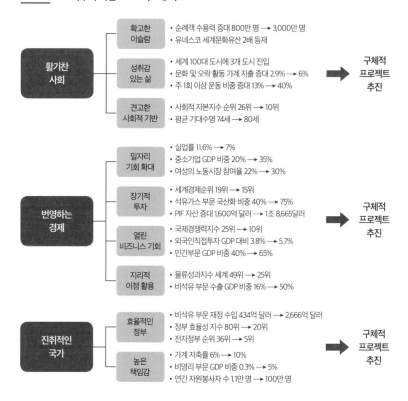

· 자료: Saudi Vision 2030 Document

융합을 시도하고 있다. 특히 4차 산업혁명 시대를 따라잡기 위해 IT, 신재생에너지, 인공지능(AI) 같은 첨단 과학기술 기반 산업을 육성하고 있다. 이미 사우디는 각종 분야에서의 새로운 기술 도입을 통해 공장의 스마트화와 내부 시스템 혁신을 이루고 있다.

초기에는 국영 석유회사 아람코를 중심으로 이러한 디지털화가 진행되었지만, 앞으로 설립될 수많은 기업에도 디지털 전환이 확대될 것이다. 이러한 과정을 거쳐 사우디가 산업 다각화에 성공한다면 석유 외의 수입원이 다양해질 뿐 아니라, 현재 공공 부문에 몰려 있는 70%의 사우디 노동력을 민간 부문으로 분산시키고, 15%에 달하는 실업자들도 새로운 일자리를 얻게 될 것이다. 비전 2030은 사우디의 미래 세대가 석유에 의존하는 수동적인 근로관에서 벗어나 진취적으로 일할 수 있는 사회로 가기 위한 초석이 될 것이다.

:: 모하메드 빈 살만의 한국 사랑

사우디 비전 2030는 사우디 혼자 해낼 수 있는 일이 아니다. 기술과 자본을 지니고 있는 다른 국가와 긴밀한 협력을 통해서만 가능하다. 이를 잘 알고 있는 사우디 정부는 비전 2030의 성공적 추진을 위해 5개의 중점 협력국가를 선정했는데 미국, 일본, 중국, 인도, 그리고 한국이 포함되었다.

실제로 2017년 본격적인 프로젝트 추진을 위해 한국과 사우디는 장관급 협의체인 '한-사우디 비전 2030 위원회'를 출범시켰다. 2017년 10월에 위원회의 1차 회담이 열렸고, 2019년 4월에 2차 회담을 통해 구체적인 협력 방향을 잡아갔다. 이후로 논의되었던 한-사우디의

도표 1-6   한-사우디 5대 협력 분야

분야	해당 산업	프로젝트
제조업 및 에너지	신재생에너지, 원자력, 조선, 자동차, 석유화학	12개
스마트 인프라 디지털화	전자정부, 스마트시티, 로봇, 정보통신망, 지능형 교통시스템	13개
인력양성	전략산업 인력양성, 사우디 내 직업훈련, 국책연구소 협력	4개
보건의료	ICT와 결합한 병원 건립, 바이오·생명과학, 성형외과, 제약산업, 병원 정보화, 건강보험	4개
중소기업 교류 및 투자	중소기업 JV, 창업진흥, 정책 컨설팅, 기술지도	7개

5대 분야 약 40개 협력과제는 〈도표 1-6〉과 같다.

2019년 6월에는 비전 2030을 진두지휘하고 있는 모하메드 빈 살만 왕세자가 직접 한국을 방문하기도 했다. 그는 대통령과 정부 대표들을 만나며 한국과의 협력을 강화할 것을 약속했고, 83억 달러 규모의 계약 및 양해각서(MOU) 체결이라는 큰 결실을 맺고 6월 27일 사우디로 돌아갔다(〈도표 1-7〉 참고).

특히 모하메드 빈 살만 왕세자는 이미 한국의 기술력을 잘 인지하고 있어 한국 기업 진출 여건이 유리한 편이다. 2019년 6월 26일, 한국을 방문한 모하메드 빈 살만 왕세자는 청와대에서 문재인 대통령과 만찬 후, 4명의 사우디 경제 관련 장관들을 대동하고 5대 그룹 총수(이

도표 1-7　　한- 사우디 기업·기관 간 양해각서 또는 계약

	구분	내용
1	**폴리프로필렌 컴파운딩 프로젝트 MOU** (한) SK가스 - (사) AGIC	4천만 달러 규모의 합작 투자를 통해 사우디(주바일)에 연간 10만 톤 PP 컴파운딩 생산 공장 건설
2	**프로판 탈수소화 폴리프로필렌 프로젝트 MOU** (한) SK가스 - (사) AGIC	약 18억 달러 규모의 합작 투자를 통해 사우디(주바일)에 연간 각각 75만 톤 프로필렌/폴리프로필렌 공장 건설
3	**석유 분야 협력** (한) 한국석유공사 - (사) 아람코	국제 공동비축 등 협력방안 모색
4	**석유화학 협력 MOU** (한) 현대오일뱅크 - (사) 아람코	석유화학 분야 R&D 검토
5	**로봇산업 협력 MOU** (한) 로봇산업진흥원 - (사) 왕립기술원	로봇 관련 세미나 공동 개최, 전문지식·경험 공유 등 협력
6	**수소차 협력 MOU** (한) 현대자동차 - (사) 아람코	미래차 기술협력 등 포괄적 협력
7	**선박엔진공장 합작 투자 계약** (한) 현대중공업 - (사) 아람코	킹살만 조선소 내 선박엔신공상 설립 계약
8	**S-Oil-아람코 투자협력 MOU** (한) S-Oil - (사) 아람코	S-Oil과 아람코 투자협력

재용 삼성 부회장, 정의선 현대자동차 수석 부회장, 최태원 SK 회장, 구광모 LG 회장, 신동빈 롯데 회장)들과 차담회를 가지기도 했다.

특히 삼성과는 인공지능, 5G, 사물인터넷(IoT) 등 미래 성장 산업 분야에 대해 긴밀한 협력 방안을 논의한 것으로 알려졌다. 삼성전자

는 5G 네트워크 장비, 스마트폰, 메모리 반도체 등 4차 산업혁명의 주요 분야에서 세계 점유율 선두를 다툰다. 게다가 삼성전자는 삼성물산, 삼성SDS, 삼성SDI 등 그룹 내 다른 계열사와의 협업을 통한 융합 기술 개발이 용이하다. 모하메드 빈 살만 왕세자가 삼성전자와의 협업에 관심을 두고 있는 이유로 보인다.

:: 4차 산업혁명의 실현, 네옴시티

석유 시대의 종말에 대비하려는 사우디 정부의 계획 중 3대 메가시티 프로젝트는 특히 눈여겨볼 만하다. 사우디 정부는 관광 도시 개발(Red Sea Project), 키디야 엔터테인먼트 시티(Qiddiya Entertainment City), 그리고 네옴시티(Neom City) 건설을 추진 중인데, 특히 첨단 미래도시 네옴은 비전 2030의 핵심 사업 중 하나다.

네옴은 중동판 실리콘밸리로 서울 면적의 약 44배인 사우디 북서부 타북주(Tabuk Province, 2만 6,500km²)에 건설될 예정이다. 투자 규모는 약 1조 달러 이상으로 정부 예산과 PIF 자금, 그리고 민간투자 유치를 통해 조달할 예정이다. 이집트 접경에 위치한 이 지역은 기반 시설이 전무한 낙후 지역이라, 얼핏 보면 터무니없는 계획으로 보인다. 그러나 두바이가 사막 한가운데 기적의 도시를 건설한 것처럼, 사우디도 네옴의 기적을 꿈꾸고 있다.

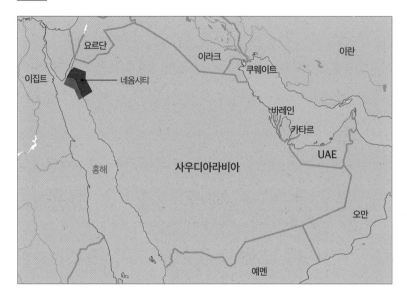

네옴의 목표는 대규모 생명공학, 식품공학, 로봇 연구·산업 시설을 유치해 세계적인 과학 허브로 만드는 것이다. 이 도시에서는 휴머노이드(Humanoid, 인간의 신체와 유사한 모습을 갖춘 로봇)들이 인간을 대신해 많은 일들을 할 것이다. 뿐만 아니라 하늘을 날아다니는 플라잉 택시, 로봇 집사, 로봇 공룡 테마파크, 군집 드론을 이용한 세계 최대 인공달(Moon), 인공강우 시스템 등 공상영화에나 나올 법한 것들이 네옴시티에 실현될 것이다. 사우디 정부는 이곳에 많은 외국인들이 와서 자유롭게 생활할 수 있도록 특별 법안 적용도 고려하고 있다.

"나는 나만의 피라미드를 짓고 싶다." 모하메드 빈 살만 왕세자가 건축가들에게 네옴시티 내에 혁신적 건축물을 지으라며 한 말이라고 한다. 그리고 2022년 7월, 월스트리트저널(WSJ)을 통해 '미러 라인 (Mirror Line)'이라는 믿기 어려운 건축물의 조감도가 공개되었다. 길이 120km, 최대 높이 488m의 '미러 라인'은 유리 벽면으로 된 거대한 건축물 2개가 사막과 산을 가로질러 평행하게 뻗어 설치된다. 서울에서 세종시까지의 직선거리와 비슷하다. 당연히 지구는 둥글기 때문에 1.6km당 20cm 가량의 굴곡이 진다. 이에 건축물의 두 라인은 792m 마다 라인 상부에 커다란 빈 공간을 두어 자연스럽게 휘는 형태를 갖도록 설계된다.

건축물 지하에는 고속철도가 운행되어 '미러 라인' 양끝을 편도로 오가는 데 20분이면 충분하다. 주민들이 먹을 농산품은 스마트 수직농장에서 재배되니 걱정할 필요가 없다. 500만 명을 수용하게 될 이 21세기 사우디의 피라미드는 1조 달러가 투입되어 2030년까지 완공이 목표다. 하지만 2021년 1월 발표된 초기 평가보고서에 따르면 단계적 건설을 통해 '미러 라인'이 완공되려면 50년은 걸릴 것이라고 한다.

:: 사우디로 오세요!

모하메드 빈 살만 왕세자는 삼성전자, 구글 같은 세계의 우량 기업들이 중동 본부를 리야드에 유치할 수 있도록 캠페인을 벌이고 있다. 특히 리야드 북부에 조성한 킹 압둘라 금융지구(King Abdullah Financial District)의 59개 고층 빌딩에 본부 사무실을 둘 경우, 50년간 법인 소득세 면제, 사우디인을 일정 비율로 의무적으로 고용해야 하는 '사우디제이션(Saudization)' 정책 적용 면제, 미래 규제로부터의 보호 보장 등 다양한 인센티브를 제공하겠다며 설득하고 있다. 어찌 보면 중동의 비즈니스 허브인 아랍에미리트의 두바이에 도전장을 내민 셈이다. 하지만 아직은 지난 수년간 두바이가 외국인의 풍요로운 삶을 보장하기 위해 닦아놓은 각종 인프라와 개방적인 분위기를 사우디의 리야드가 따라잡지 못하고 있다.

조바심이 생긴 사우디 정부는 2021년 초에 더욱 강력한 입장을 내놓았다. 2024년부터 사우디 내 중동 지역 본부를 두지 않은 기업과는 앞으로 거래하지 않겠다고 발표한 것이다. 물론 이 조치는 사우디 정부 발주 사업에 한정되며, 민간 부문에서 이루어지는 기업 간 거래에는 적용되지 않는다. 그러나 사우디에서 이루어지는 대부분 사업이 정부와 연관되어 있기 때문에 수많은 외국 기업들이 난감해하고 있다.

미국의 경제매체 CNBC는 반시장공동체적, 반경쟁체제적이라며 기업을 괴롭히는 처사라고 비판하고 나섰다. 이에 사우디 정부는 "해외 직접투자 유치와 지식산업 육성, 일자리 창출을 위해 내려진 결정"이라며 일관된 자세를 견지하고 있다. 현재 중동 총괄 지역본부를 두바이에 둔 동시에 사우디 정부에서 발주한 사업을 추진 중인 기업들에게는 큰 고민이 아닐 수 없다. 사우디라는 거대한 시장을 놓칠 수 없는 이들은 두바이에서 리야드로 본부를 옮겼을 경우의 손실을 빠르게 계산하여 2~3년 내로 결정을 내려야 하는 상황이다. 이미 일부 기업들은 총괄 본부가 아닌 특정 사업의 추진을 위한 사무소 개소를 통해 사우디 정부의 비위를 맞추려 하고 있다. 예를 들어 2020년 12월에 구글 클라우드는 아람코와 클라우드 컴퓨팅 서비스 인프라 제공 관련 계약을 체결하여 첫 사무소를 사우디에 개설하기로 했다.

이러한 상황이지만 여전히 사우디 정부는 사우디 내에서 활동하는 외국 기업들의 업무 환경을 개선하기 위해 여러 가지 노력을 기울이고 있다. 라이선스 발급 기간을 기존 3일에서 3시간으로 단축했고, 라이선스 기간도 최대 5년으로 늘렸다. 방산, 정보통신, 병원 등 일부 분야를 제외한 대부분 분야에서 외국인 100% 투자 지분을 허용했다. 수출입 통관시간도 기존 2주에서 4시간으로 대폭 줄였고, 현지인 초청 없이 비즈니스 방문 비자 발급이 가능해졌다. 문을 걸어 잠그고 폐쇄적인 자세를 취하며 "조건을 맞출 수 있으면 사우디로 오세요"라고 외쳤던 그들이, "조건을 맞춰드릴게요"라고 180도 자세를 바꾸고 있다.

: : 중소기업의 기회

기존 사우디 지도자들과 비교하자면 모하메드 빈 살만 왕세자는 비즈니스 부문에 대해서는 깨어있는 사람으로 보인다. 기업이 작아도 가능성이 보이면 투자하는 대범함을 보이기도 한다. 아마도 스타트업 기업 투자를 서슴지 않는 소프트뱅크 손정의와 협업을 하며 배운 감각이 아닐까 싶다. 다만 사우디의 의중을 잘 파악해야 한다. 사우디는 미래 산업 구조 변화에 대해 민감하다. 구식 기술이 아닌 새로운 시대에 필요한 것들을 찾고 있다. 사우디가 실리콘밸리에 적극적으로 구애하고 있는 이유이기도 하다.

한 예로 2021년 3월 사우디 게임사인 일렉트로닉 게이밍 디벨롭먼트 컴퍼니(EGDC)는 약 2,073억 원을 지급하고 게임사 SNK의 지분 33.3%를 인수하여 최대 주주가 되었다. 그리고 1년 후인 2022년 4월 기준으로 EGDC는 SNK의 지분 96.5%를 확보하고 있다. 왜 그랬을까? SNK는 e스포츠를 아시안 게임 정식 종목으로 유치하기 위해 노력했던 기업 중 하나다. 그리고 2022년 중국에서 열리는 '2022 항저우 아시안게임'에 e스포츠가 정식 종목으로 채택되었다. 시대의 변화에 따라 사우디도 SNK 등의 업체를 통해 e스포츠 비즈니스 모델을 개발하려는 것이다.

또 다른 예로 한국의 드론 개발업체 에이디이(ADE)가 '사우디 비전 2030'의 방위산업 분야 사업자로 선정되었다. 이후 한국의 반도체 후

공정 토탈솔루션 기업 에이티세미콘(ATsemicon)이 ADE의 지분을 인수하여 사우디에서 공동으로 방산용 드론 사업을 추진할 계획이다. 사우디의 석유 시설을 겨냥한 드론 테러가 빈번하게 발생하자, 이를 사전에 탐지하고 무력화하는 안티드론의 필요성이 높아졌기 때문이다. 거기다 미래 도시에서 사용될 대량의 드론 개발이 필요한 실정이다.

이 뿐 아니라 드론은 석유 생산 플랜트 곳곳에서도 찾아볼 수 있다. 파이프라인과 기계류 검사 뿐 아니라, '디지털 헬멧'을 도입한 센서·카메라 기능을 통해 점검시간을 대폭 단축할 수 있기 때문이다. 앞으로 사우디 정부와 에이티세미콘 등 해외 민간기업 간 합작회사 설립을 통해, 사우디 현지에 드론 개발·생산 공장이 증가할 것으로 예상된다.

한편 국내 헬스케어 솔루션 기업 포씨게이트(4Cgate)는 메르스 방역을 위한 사우디 왕립병원(KFMC, King Fahad Medical City)으로부터 시스템 개발의뢰를 받았다. 병원의 키오스크(무인 종합정보안내시스템)에 비접촉 안면온도 측정시스템(CSTS, Contactless Skin Temperature System)을 접목시켜, 2019년에 사우디 왕립병원에 키오스크 180대를 수출하기도 했다.

05

산업별 경제 전망과
한국의 투자 기회

:: 신재생에너지와 원전 사업

사우디 정부의 비전 2030에 의하면 2030년까지 재생에너지 발전량을 50%까지 확대하고, 발전용 연료유를 가스와 재생에너지로 대체하려는 목표를 세우고 있다. 또한 2060년까지 자국 내 탄소 배출량을 제로(0)로 만들겠다는 목표도 가지고 있다.

이는 중동 산유국들에게 불어 닥친 '탈탄소' 바람의 영향이 크다. 최근에는 신재생에너지와 청정에너지가 신 경제 생태계를 만들어가고 있는 모양새다. 탄소중립은 이 새로운 생태계에서 주도권을 차지하려는 치열한 경제 전쟁의 일환으로 볼 수 있다. 그러므로 화석연료에 의존해 경제성장을 이루어왔던 중동 국가들에게 '탄소중립'이란 국가의 운명이 걸린 문제이기도 하다.

수소는 생산 기술 방식에 따라 그레이수소, 블루수소, 그린수소로 분류가 된다. 첫 번째 그레이수소는 화석연료로부터 생산되는 수소다. 그레이수소를 생산하는 방식에는 여러 가지가 있는데, 그중에서 가장 많이 사용되는 방식은 천연가스 개질 방식이다. 천연가스의 주 성분인 메탄과 고온의 수증기가 촉매화학 반응을 하여 수소와 이산화탄소로 전환되는 것이다. 이때 다량의 이산화탄소가 발생하기 때문에 친환경적이지 못한 느낌의 색인 '그레이수소'라고 부르게 된 것이다.

두 번째 블루수소는 화석연료에서 수소를 생산한다는 점에서 그레이수소와 동일하지만, 생산 과정에서 발생한 이산화탄소를 포집·압축하여 지하에 저장한다. 대기 중으로 탄소 배출이 일어나지 않기 때문에 그레이수소보다는 친환경성이 높다.

마지막 세 번째 그린수소는 태양광이나 풍력과 같은 신재생에너지에서 얻은 전력으로 물에 전기 에너지를 가해 수소와 산소를 생산하게 된다. 그린수소는 오염물질이 전혀 배출되지 않아 가장 친환경적이다. 문제는 아직까지 그린수소의 생산 단가가 블루수소에 비해 5배 정도 비싸다는 것이다. 물론 그린수소가 궁극적인 친환경 수소이다. 그렇지만 아직까지는 경제성이 떨어지기 때문에 기술 성숙도가 높은 블루수소가 현실적인 대안으로 부각되고 있다.

이러한 상황은 중동의 산유국들에게 다소 유리한 분위기를 조성해준다. 블루수소 생산에는 석유와 나프타, 천연가스 등 화석연료가 필요하기 때문이다. 세계적으로 온실가스 감축이 심도 있게 다뤄지고 있는 가운데, 사우디 같은 중동의 산유국들까지 수소 경제 확산에 지지를 보내는 것은 이렇게 모두의 이해관계가 일치하기 때문이다.

사우디의 경우 빈 살만 왕세자의 주도로 네옴시티 내에 4GW(기가와트) 규모의 태양광·풍력 설비를 활용하는 세계 최대 규모의 그린수소 생산시설을 세우는 계획도 추진하고 있다. 완공되는 2025년부터는 하루 평균 650톤 규모의 그린수소를 생산하게 되는데, 이를 위해 세계 최대 상업용 수소 공급업체인 미국 에어프로덕츠(Air Products)와 합작기업을 세웠다. 또한 블루수소 생산을 위해 사우디 담만 남서쪽에 위치한 세계 최대 규모 자푸라(Zafura) 가스전 개발을 추진 중인데, 이를 위해 1,100억 달러를 투자할 계획이나. 이 개발을 통해 2030년까지 400만 톤 규모의 블루수소를 수출하겠다는 복안을 가지고 있다.

석유 중심의 경제구조에서 탈피하고 수소시장 선점을 위해 노력하고 있는 사우디는 현재 여러 나라와 적극적인 합작 투자를 추진하고 있다. 현재까지 일본과 가장 꾸준한 교류를 이어오고 있다고 한다. 그러나 한국 기업 기술도 이에 못지않다. 앞으로 신기술 개발을 위해 더욱 분발한다면, 사우디 수소시장 선점도 충분히 도전해볼 만하지 않을까? 특히 세계 최대 수소 수출국을 꿈꾸는 사우디로서는 초저온 기술이 핵심인 액화수소 운반선 분야에서 가장 앞선 기술을 가지고 있는 한국과의 관계가 매우 중요할 수밖에 없다.

또한 사우디는 2030년까지 58.7GW의 신재생에너지 발전소 확보를 목표로 하고 있다. 이 중에서 태양열 25GW, 태양광 16GW, 풍력 9GW를 추진할 것이다. 총 계획 용량의 30%는 신재생에너지 전담기관 REPDO(Renewable Energy Project Development Office, 사우디아라비아 에너지산업광물자원부 산하 재생에너지개발처)에서 입찰을 진행하며, 나머지 70%는 PIF가 진행할 예정이다. 추후 REPDO에서 제공하는 입찰 기회를 주시해야 할 것이다. 특히 현지 업체와의 파트너십 및 컨소시엄을 통해 현지화에 기여하는 방향으로 진출하는 것이 유리한 상황이다.

:: 제조업

석유화학

중동 나라들의 공통적인 문제이기도 하지만, 사우디 경제에서도 제조업의 비중은 미미한 수준이다. 사우디는 소비재 대부분을 수입에 의존하며 현재 약 90% 이상을 해외에서 들어오고 있다. 국내총생산(GDP) 중 제조업은 10% 정도를 차지하는데, 이마저도 석유와 관련된 석유화학 분야에 치중되어 있다. 사우디 정부로서는 경쟁력 측면에서 비교우위에 있을 수밖에 없는 석유화학 관련 산업과 지리적 이점을 살릴 수 있는 물류 관련 제조업에 투자를 집중할 수밖에 없는 처지인 것이다.

더 큰 문제는 사우디 내에 많은 석유화학 기업이 있음에도 불구하고, 정제 기술이 부족하여 고부가가치 석유화학 제품은 대부분 수입에 의존하고 있다는 것이다. 이에 사우디 정부는 비전 2030을 통해서 현재 사우디 내 생산되는 석유화학 제품들을 고부가가치 제품으로 전환하겠다는 장기적 계획을 발표하기도 했다. 이를 위해 사우디 정부는 셸, 토탈에너지스(TotalEnergies) 등 글로벌 석유화학 회사와 합작 투자를 통해 석유화학 제품 현지화 정책을 추진하고 있다.

이는 최근 한국의 대 사우디 석유화학 제품 수출이 감소하는 추세와 직접적인 관련이 있다고 할 수 있다. 향후 한국 석유화학 제품의 수출 시장 선점 뿐 아니라, 석유화학 제품의 원료 확보를 위한 경쟁이 불가피할 것이다. 한국 기업들로서는 끊임없는 혁신 기술 개발을 통해 현지 기업과의 합작 투자를 추진하는 것 외에는 특별한 전략이 없어 보인다.

조선업

한국과는 조선업 관련 합작 투자가 활발하게 진행 중인데, 서부 홍해 및 동부 아라비아해 개발과 함께 추후 조선소 및 선박 관련 기자재의 수출 기회가 많을 것으로 예상된다. 특히 사우디 동부 주베일항 인근

라스 알 카이르 지역에 건설된 킹살만 조선소 산업단지에서는 2030년까지 연간 초대형 원유 운반선(VLCC) 40대 건조가 목표라고 한다. 이는 한국 조선 기자재 수출 판로의 확대의 기회일 뿐 아니라, 한국인 조선 기술자의 새로운 일자리도 대거 생겨날 기회로 보인다.

실제로 2022년 1월에는 킹살만 해양 산업단지 내 9억 4천만 달러(약 1조 1,200억원) 규모의 주조·단조 합작 법인 설립을 위한 업무 협약이 한국과 사우디 정부 간에 체결되기도 했다. 이를 통해 향후 조선 분야 연계 진출로 총 66억 달러 규모의 합작 투자가 추가로 발생할 전망이다. 특히 두산 중공업은 2025년 완공을 목표로 사우디 최대 규모의 주조·단조 합작사 설립을 진행하고 있다. 주력 생산품은 사우디 내 석유화학 플랜트용 펌프·밸브, 조선·해양 플랜트용 기자재 등에 쓰이는 주·단조 소재다. 장기적으로는 풍력 발전 같은 신재생에너지 플랜트 및 발전 플랜트용 주·단조 제품까지 생산 영역을 확대할 계획이다. 또한 현대 중공업의 경우 같은 킹살만 조선 산업단지 내 해양 발전소 엔진과 해양 펌프를 만드는 제조 설비 공장의 주공사 사업을 맡아서 2024년까지 완공할 예정이다.

자동차 산업

최근 사우디 소비시장의 가장 큰 변화 중 하나가 바로 2018년에 폐지된 여성 운전 금지령으로 인한 여성 운전자 자동차 수요의 창출이다.

그간 코로나 상황과 부가가치세 도입 등으로 수요가 크게 증가하지는 못했지만, 경제 활동 연령층인 30~54세 여성인구 319만 명의 새로운 시장이 형성되었다는 점은 주목할 만하다. 게다가 사우디는 다른 중동과 마찬가지로 자동차 및 자동차 부품 교체시기가 짧다. 기후 조건과 도로 환경, 그리고 거친 운전 문화의 영향이 크다. 아직까지 전반적으로 일본차에 대한 선호도가 높지만, 케이팝(K-Pop)과 한국 드라마 등의 영향으로 여성 운전자 시장은 한국 자동차 업체들에게 잠재성이 큰 시장이다. 여성 운전자들이 집에서 보통 두 번째 차량을 운전하는 걸 감안하면 더욱 설득력이 있다.

자동차(완성차)는 한국의 대사우디 수출 1위 품목이다. 더 나아가 한국 기업이 사우디 내 완성차 조립 공장 건설을 추진한다면, 추후 한국산 자동차 부품 수출에도 기여를 할 것으로 보인다. 제조업 기반이 약한 중동 국가들의 경우, 현지 공장 설립을 통한 기술이전에 관심이 많을 수밖에 없다. 특히 스마트시티 추진과 더불어 사우디 정부 주도로 스마트시티 내 친환경 자동차 활용을 장려하고 있다. 추후 하이브리드 차량, 전기차, 수소차 관련 혁신 기술 개발과 발전을 통한 현지 진출 전략 수립이 필요하다. 중동뿐 아니라 세계 수소 에너지 시장 주도권을 확보하려는 사우디 정부의 입장에서 수소 차량에 대한 관심은 클 수밖에 없다.

중소기업 입장에서는 여성 운전자들을 배려한 내비게이션이나 자외선 차단 윈도우 필름 같은 자동차 액서세리, 그리고 일본 등 타 국가 완성차와 호환이 가능한 자동차 부품 개발도 필요할 것으로 보인다. 한편 사우디 내에는 이미 일반 생활 용품뿐 아니라 자동차 등 수송기계 시장에서 저가의 중국산 제품 점유율이 증가하고 있음을 주시할 필요가 있다. 한국은 기존 수출품의 지속적인 개발을 통해 중국 등 타 국가 제품과의 경쟁력을 강화해야 한다. 동시에 중국이 아직 따라잡지 못하는 기술력을 기반으로 한 제품 수출에 총력을 기울여야 할 것으로 보인다.

:: 스마트시티 프로젝트 참여

사우디 정부는 앞으로도 계속 비전 2030과 관련된 큼직큼직한 스마트시티 투자 프로젝트를 발표할 예정이다. 이러한 절호의 기회를 한국이 놓쳐서는 안 될 것이다. 치열한 경쟁이 불가피하기에 더욱 전략적인 접근이 필요하다. 특히 중국은 일대일로(육상·해상 실크로드)를 사우디의 발전 계획과 접목해 무역, 투자, 5G, 인공지능(AI) 등 다양한 분야에서의 상호협력 강화를 추진하고 있다.

우선 현재 사우디에서 가장 각광을 받고 있는 스마트시티로는 네옴·키디야·홍해, 3대 도시 기가 프로젝트가 있다. 이에 참여하기 위해서는 사우디 발주처(①네옴시티-PIF, ②키디야-Qiddiya Investment Company, ③

홍해-The Red Sea Development Company, TRSDE)와 기존 진출 기업들과의 네트워킹을 통한 정보 입수가 필요하다. 특히 키디야 엔터테인먼트 시티는 삼성물산이 사우디 측과 도시 개발 MOU를 체결하여 일부 시설물에 대한 마스터플랜을 수립한 경험이 있다. 삼성물산과 현대건설 컨소시엄은 '더 라인(The Line)' 인프라 공사 수주에 성공하기도 했다. 시공 또는 기자재 납품 형태로 프로젝트에 참가하려는 한국 기업은 삼성물산, 현대건설과 네트워킹을 시도하는 것이 좋은 방법이 될 것이다.

추후 기가 프로젝트에서 유망한 인프라 기자재로는 차세대 지능형 시스템, CCTV 연계 동선 관리 시스템, 에너지 관리 효율화를 위한 스마트 그리드 등이 될 것이다. 호텔, 쇼핑몰, 리조트 등 엔터테인먼트 인프라 건설 시 필요한 TV, 에어컨, 냉장고, CCTV, 사운드 시스템 등 가전제품 수요도 증가할 것이다. 앞에서 언급한 3개 프로젝트는 워낙 거대한 사업이라 국내외 대형 EPC(Engineering-설계, Procurement-조달, Contruction-시공) 기업과의 컨소시엄 구성을 통해 사업 참여하는 것도 좋은 방안이다.

:: 의료산업

사우디 정부는 비전 2030을 추진하는 데 있어 보건의료 분야 육성을 주요 축으로 발표할 정도로, 이 분야를 발전시키려는 의지가 크다. 사우디의 인구는 2022년 7월 기준으로 3,500만 명이 넘는데, 걸프협력회의(GCC) 국가 중 가장 큰 내수시장을 가지고 있다. 그러면서 국민소득도 높은 편이라 의료산업에 대한 수요와 기대치도 높다. 다만 사우디의 현 의료 수준은 아직까지 소비자들의 불만을 달랠 만큼은 아니다. 특히 높은 의약품 가격과 이를 처방하는 병원 및 약을 조제하는 약국 서비스에 대한 불만이 크다. 사우디는 이를 해외기업 유치를 통한 현지 생산공장 신설로, 시장 내 경쟁을 유도해 해결하려는 방안을 가지고 있다.

사우디 의약품 시장은 코로나 상황 직전 2019년 기준으로 89억 900만 달러 규모였으며, 연평균 5% 정도의 높은 성장률을 보였다. 사우디 국내총생산(GDP) 성장률에 비해 훨씬 빠르게 성장하는 분야임에는 틀림이 없다. 코로나로 인한 팬데믹 상황을 겪으면서 제약산업은 더욱 높은 성장을 이루고 있다. 또한 코로나 초기 한국 방역 상황을 접하게 되면서 한국산 의료기기에 대한 관심도가 증가한 상태다. 실제로 2020년에는 코로나19로 모든 산업이 정체되었음에도 불구하고 한국 기업인 웰바이오텍, 솔젠트, 바이오니아에서 개발한 한국산 진단키트를 대규모 수입하기도 했다.

2022년 현재 사우디는 산소호흡기, 마스크 등 방역제품을 생산할 수 있는 현지 공장 건설에 관심이 많다. 이미 미국, 유럽 등의 기업들과 마스크 공장 건설을 추진 중이다. 추후 산소호흡기 외에도 기타 의료제품의 현지 생산을 위해 해외기업과 지속적인 협력을 추진할 것으로 보인다. 이에 따라 한국은 단순한 제품수출을 넘어 사우디가 원하고 있는 현지화 정책을 간파하여 현지 공장 건설, 사우디 기술 인력 양성 등에 기여하는 전략을 사용하는 것이 좋다. 이 분야에 경험이 있는 사우디 또는 타 외국 기업과의 컨소시엄 구성도 고려해봐야 한다.

단, 의료기기 시장은 이미 GE, 필립스(Philips), 마인드레이(Mindray), 지멘스(Siemens), 히타치(Hitachi) 등 글로벌 대기업이 장악한 상황이다. 일반적으로 사우디는 국제적 신뢰도가 있는 유명 브랜드를 선호하는 경향이 있다. 그렇기 때문에 건강보험, 인공지능 환자관리 시스템, 의료 안내 시스템, 생체 신호 모니터링 등 소프트웨어 인프라 시장 공략에 초점을 맞추는 것도 좋은 전략으로 보인다.

현재 사우디는 한국 소프트웨어 기업인 이지케어텍에서 공급받은 비대면 진료 솔루션 등 병원 정보 시스템을 이용하여 비대면 서비스를 제공하고 있다. '사우디 비전 2030'의 일환으로 사우디 정부가 적극적으로 디지털 헬스케어 산업 개발을 추진하고 있기에, 앞으로도 국내 중소기업이나 스타트업들이 다양한 IT 기술을 적용해 충분히 진출을 시도해볼 만하다.

:: 방위산업

사우디는 대내외적인 안보 문제로 인해 방위산업에 대한 지속적인 투자가 필요하다. 심상치 않은 이란과의 관계, 그리고 예멘, 이라크 등과의 국경 안보 문제로 인한 갈등이 늘 큰 원인이었다. 사우디는 현재 4% 수준의 방산물자 자국 생산 비율을 2030년까지 50%로 확대할 계획이다. 이를 위해 한국의 방산기술 이전이 협력의 중요한 열쇠가 될 것이다. 사우디는 세계 3위의 국방비 지출 국가이기 때문에 한-사우디 간 방산협력이 확대될 시, 한국이 얻는 수익이 상당할 것으로 예상된다. 국경 보안 제품, 무기 탐지를 위한 레이더, 각종 관측 장비, 그리고 드론과 드론 방어 시스템 등에 대한 수요가 높다.

사우디의 방공전력은 중동 국가 중 가장 뛰어나다고 할 수 있지만, 드론 공격에 대해서는 속수무책이다. 그래서 미국과 유럽의 유명 방위산업체로부터 신형 방공무기를 조달할 계획이었지만, 사우디 정부가 2018년 사우디 왕실에 비판적인 언론인 자말 카슈끄지를 터키 영토에서 암살했다는 의혹을 받게 되면서 계획에 큰 차질이 생겼다. 공식 제재는 없었지만, 미국과 유럽 국가들이 무기 수출에 제동을 걸기 시작한 것이다. 2019년 끈질긴 설득 끝에 비밀 유지 조건으로 독일의 저고도 방공망 시스템을 구매하는데 성공했지만, 동급인 한국 '비호' 자주 대공포보다 57배나 비싼 가격을 지불했다는 이야기도 들렸다.

그러던 중 후티 반군이 2021년 11월 소형 드론 4대로 사우디 석유

회사 아람코의 정유 시설을 타격했다. 이에 사우디 정부는 좀 더 적극적으로 고성능 대공포 국산화 사업 파트너를 찾기 시작했고 한국을 주목했다. 사우디가 필요로 하는 수준의 첨단 무기체계를 합리적 가격에 제공할 수 있는 사실상 유일한 파트너는 한국이라는 점을 사우디 정부도 인정하기 시작했다.

실제로 최근 사우디는 한화디펜스가 개발한 비호-II 대공포를 CKD(반조립제품) 형태로 부품을 수입해, 자국 내에서 조립하는 세미국산화를 진행하고 있다. 이를 통해 향후 한국의 방산업체들이 사우디 방위산업에 참여하는 교두보가 될 전망이다. 특히 한국에 우호적이며 실용적 마인드를 가지고 있는 빈 살만 왕세자가 국왕이 될 경우, 사우디 무기체계 국산화는 더욱 가속화될 전망이다. 민간기업과 정부 차원에서 좀 더 체계적이고 전략적인 준비가 필요하다. 특히 방산 부문의 정보는 대부분이 비공개이기 때문에, 이 분야를 잘 아는 유력한 에이전트를 발굴할 필요성이 절실하다.

:: 엔터테인먼트와 관광

사우디는 코로나 이전 1,600만 명 수준이던 관광객을 2030년까지 연간 1억 명까지 유치하겠다는 목표를 갖고 있다. 2019년 기준 프랑스의 관광객 수가 9천만 명 정도였으니, 이러한 목표가 얼마나 야심찬 것인지 알 수 있다. 뿐만 아니라 목표 달성을 위해 2021년 기준 향후 10년 간 1조 달러 규모의 천문학적 투자를 계획 중이다. 실제로 사우디 내 에서도 엄청난 수준의 관광산업 변화가 감지되고 있다.

과거의 사우디 방문객은 연간 1,200만 명 규모의 성지 순례자들이 대부분이었다. 그러다가 2019년 9월 사우디 역사상 최초로 한국을 포 함 49개국 국적자에게 관광비자를 발급하기 시작했다. 코로나19가 발 생한 후 관광비자 발급이 일시 중단되었지만, 2021년 8월부터 다시 발급을 시작했다. 중동에서 가장 보수적인 나라라고 할 수 있는 사우 디에 획기적인 변화의 바람이 불고 있는 것이다.

사우디의 정책이 보수적인 것은 사우디 국가 이념인 '와하비즘 (Wahhabism)' 영향이 크다. 정통 이슬람으로 돌아갈 것을 촉구하는 이 슬람 복고주의 사상인 와하비즘은, 사우디가 현대 문명을 쉽게 수용 할 수 없도록 보수적인 사회 분위기를 만들어갔다. 이로 인해 여성의 권리도 억압되었고 심지어 여성의 운전도 허용되지 않았다. 이런 사우 디가 해외 관광객들에게 문호를 개방한다는 것은 전에 없던 획기적인 변화라고 할 수 있다.

'사우디 비전 2030'을 통해 강조되는 산업 다각화, 국가 브랜드 향 상, 일자리 창출을 동시에 달성하는 데 있어 관광업만한 분야가 없다. 사우디가 관광산업에 힘을 쏟는 이유이기도 하다. 사우디 관광국가 유적위원회(SCTH)는 관광산업의 활성화로 인해 2030년까지 100만 개의 새로운 일자리가 창출된 것으로 예상하고 있다. 구체적 계획을 보면 국제공항 수용 능력을 연간 1억 명 이상 증가시키고, 호텔 객실만 해도 향후 수년간 15만 개, 그리고 2030년까지는 50만 개 객실을 건설할 예정이다. 또한 국내총생산 중 관광업 비중도 현재 3%에서 10% 정도까지 성장할 것으로 보고 있다. 사실상 제조업 기반과 기술력이 빈약한 사우디로서는 비석유 분야의 첨단 산업 육성에 현실적인 한계가 있다는 것을 잘 인지하고 있다. 그래서 관광업 분야에서라도 세계의 주목을 끌고 싶을 것이다.

사우디 비전 2030의 성공을 위해 예술 및 공연 등 엔터테인먼트 산업의 필요성을 절실히 느낀 빈 살만 왕세자는, 2016년에 국가기관인 엔터테인먼트청(General Entertainment Authority)을 설립했다. 현재 사우디는 관광업을 위해 라이브 콘서트, 전시회, 극장, 스포츠 대회, 공연 등 다양한 엔터테인먼트 프로그램을 적극 추진하고 있다. 특히 수도 리야드 인근의 대규모 엔터테인먼트·문화 도시 키디야에 대한 프로젝트가 진행될 예정이다. 한류의 기세를 몰아서 한국 엔터테인먼트 기업들의 사우디 진출이 용이한 시점이다.

1970년대 한국과 문화협정을 논의할 때 '한국의 예술가, 음악가 및 무용가의 사우디아라비아 방문' 문항을 삭제해 달라고 요구했던 사우디였다. 그런데 2022년 6월, 사우디 문화부 장관이 한국을 방문하여 이수만 SM 총괄 프로듀서를 만나기 위해 성수동 SM 신사옥을 찾았다. 이는 변화하고 있는 사우디를 보여주는 상징적인 사건이었다. 또한 사우디 정부는 향후 20개 이상의 신규 관광지 개발 및 홍해 인근 22개 섬 개발 프로젝트, 5대 유네스코 세계문화유산, 그리고 역사적으로 흥미로운 1만 곳 이상의 미지의 유적지 개발을 추진 중이다. 이를 통해 사우디의 숨겨진 보물을 발견할 수 있는 '사우디 체험(Experience Saudi)'으로 외국인 관광객들을 유도할 계획이다.

다만 사우디 관광업의 성공에는 극복해야 할 요소가 몇 가지가 있다. 먼저 상대적으로 훨씬 개방적인 아랍에미리트, 오만, 바레인, 카타르 같은 이웃나라들과의 경쟁에서 아직까지는 지극히 보수적 이미지라는 것이다. 이러한 점에서 사우디가 얼마나 관광객 유치에 성공할 수 있을지 알 수 없다. 그간 관광객들과 접촉이 적었던 사우디 국민들이 얼마만큼 사회 변화를 용인할지도 지켜봐야 할 문제다. 또한 주변국과의 갈등이나 극단주의자들의 테러리즘을 통해 갑작스레 국제 정세가 불안해질 경우, 관광업 타격도 불가피하다. 사우디 정부가 얼마나 인내심 있게 관광산업을 육성해나갈지 지켜볼 필요가 있다.

06

코로나 이후의
사우디아라비아 경제 전망

2020년 생각지 못한 위기가 찾아왔다. 코로나19가 전 세계를 강타한 것이다. 세계 경기가 위축되자 석유 수요가 급감했다. 공급 과잉 현상이 나타났고 산유국의 석유 재고가 쌓이기 시작했다. 유가는 2019년 배럴당 평균 61달러에서 2020년 41달러로 대폭 하락했다. 2019년 사우디 GDP는 7,920억 달러로 성장률 0.3%를 기록했지만, 2020년 사우디 GDP 성장률은 -4.1%를 기록했다.

결국 사우디는 각종 사업을 중단하거나 축소·지연시켰을 뿐 아니라, 국가 재정을 충당하기 위해 2020년 6월 22일부터 철강, 석유화학, 일반기계 등 주요 수입품 약 1,390개 관세를 1.5~15%p 인상했다. 또한 2018년 도입했던 부가가치세 5%를 2020년 7월부터는 3배인 15%

로 인상했다. 주요 외신과 경제 전문가들은 '사우디 비전 2030'의 지속가능성에 대해 회의적인 견해를 보이기도 했다. 미국 사우디 전문가 데이비드 렌델(David H. Rndell)은 모하메드 빈 살만의 프로젝트가 좀 더 현실적인 비전이 되려면 '비전 2050'이 되었어야 한다며, "그렇더라도 2050년까지 사우디를 한국과 같은 산업국가로 변화시키지는 못할 것"이라고 말했다.

그러나 사우디 시장은 워낙 덩치가 크기 때문에 쉽게 포기해서는 안 된다. 게다가 2021년 하반기부터 유가가 급상승하면서 사우디가 중단했던 다수의 사업들이 재개될 것으로 보인다. 한국 정부는 우리 기업들이 사우디 시장에 진입할 수 있도록 여러 가지 방안을 구상 중이다.

한국무역보험공사(K-SURE)가 먼저 움직였다. 2021년 1월 한국무역보험공사는 사우디 재무부에 약 30억 달러(약 3조 3천억 원)의 중장기 금융을 지원하겠다고 밝혔다. 해외 정부를 대상으로 한 첫 금융 지원 사례다. 그만큼 '사우디 비전 2030'이 한국 기업들에게 중요한 기회가 되는 것이다. 사우디 정부 발주 사업을 한국 기업이 수주하거나 한국산 기자재를 사용할 경우, 한국무역보험공사가 관련 사업에 30억 달러의 금융을 제공한다는 조건이다. 이로 인해 한국 기업이 사우디 수주 경쟁에서 유리한 고지를 선점할 수 있게 될 뿐 아니라, 사우디 정부 입장에서도 금융 조달의 부담을 덜게 된다.

국제통화기금(IMF)은 2022년 4월에 발표한 「세계경제전망(World Economic Outlook)」에서 사우디 GDP 성장률을 2022년 7.6%, 2023년 3.6%로 낙관적으로 전망했다. 2022년 경제성장률 전망치의 경우 2021년에 발표된 4%보다 크게 상향 조정된 수치인데, 이는 최근 러시아-우크라이나 전쟁 이후 높아진 원유가격 영향이 크다. 2021년 예측치는 연평균 유가를 2021년 59달러, 2022년 55달러를 전제로 한 예측이었다. 그런데 실제 유가는 2021년 하반기에 이미 70달러대로 올라섰고, 2022년 들어와서는 100달러를 넘어섰다. 물론 사우디가 러시아나 우크라이나와의 교류가 미미한 수준이어서 전쟁의 여파가 크지 않은 점도 있지만, 한편으로 사우디 경제의 미래가 아직까지는 유가의 변동에 영향을 받을 수밖에 없는 운명임을 보여준다.

고유가가 어느 정도 유지되더라도 코로나 상황으로 인한 타격이 워낙 컸기에 정상화가 되는 데는 시간이 걸릴 것으로 보인다. 비전 2030 프로젝트 추진 속도도 기존의 계획보다 더딜 수밖에 없을 것이다. 또한 유가 변동에 따라 요동치는 국가의 재정 상황, 사우디인 의무 고용으로 인한 낮은 생산성, 지정학적 불안 요소(예멘 내전, 이란과의 갈등 등) 등도 있다. 더불어 PIF의 성공적 투자와 효율적인 운용, 민간 부문의 확대가 잘 이루어지고 있는지 계속 주시하면서 사우디 시장을 바라보는 자세가 필요할 것이다. 이 중에서 하나라도 엇박자를 낸다면 비전 2030의 추진이 지체될 수밖에 없기 때문이다.

Chapter 2

아랍에미리트
UNITED ARAB EMIRATES

01

아랍에미리트의
경제 역사

:: 7개의 토후국, 하나가 되다

아랍에미리트(UAE, United Arab Emirates)는 아라비아반도 남동부에 위치

하고 있다. 국가 면적이 한반도의 3분의 1 밖에 되지 않는다. 19세기

만 해도 이곳은 여러 개의 토후국이 '국가'라는 개념 없이 각자도생하

며 살아가는 땅덩어리에 불과했다. 토후국 내 가장 유력한 가문에서

선출된 리더가 각 토후국을 다스렸다. 그때의 통치 가문들이 지금까

지도 각 토후국의 통치 세력으로 남아있다. 당시만 해도 석유가 발견

되기 전이라서, 이 사막지대는 서구 열강들에게 그다지 매력적인 곳은

아니었다. 다만 영국은 인도를 오가는 중간 기착지로서 이 지역의 중

요성을 인지하고 있었다.

1820년 영국은 아라비아만(페르시아만)을 끼고 있는 아랍 토후국들과 '일반평화협정(General Maritime Treaty)'을 체결하고, 이 지역을 영국 보호령으로 삼았다. 이후 프랑스, 독일, 러시아 등 열강들이 걸프 지역에 진출하려는 움직임을 보이자 1892년 영국은 아랍 토후국들과 보호협약을 맺었다. 외부 세력의 침입을 막아주는 대신 영국의 동의 없이 타국가와 외교관계 수립이나 영토 양도를 금지한다는 내용이다. 이러한 영국의 제국주의적 협약으로 인해 아부다비, 두바이, 샤르자, 카타르, 바레인 등의 아랍 토후국들은 영국의 승인 없이 타 국가와 쉽사리 관계를 맺을 수 없게 되었다.

그러다가 1968년, 뜻밖에 영국은 아라비아반도에서의 철수를 발표한다. 군대 유지를 위한 경제적 부담이 그 이유였다. 이후 영국의 보호 아래 있던 아랍 토후국들은 독립된 그들만의 정부를 고민하기 시작했다. 아부다비 토후국을 통치하던 알나흐얀 가문의 셰이크 자이드 빈 술탄 알 나흐얀(Sheikh Zayed bin Sultan Al-Nahyan)은 가족들의 반대에도 불구하고 여러 토후국의 연합을 통한 단일국가 수립을 제안했다. 모든 아랍 토후국이 힘을 합쳐 더욱 강력한 현대 국가를 이루자는 것이었다.

두바이 등 일부 토후국들은 연방국가 수립을 주저했다. 풍부한 원유 수익원을 독점하고 있는 아부다비가 주도권을 잡게 될 것을 우려했기 때문이다. 자이드는 아부다비 주변의 9개 토후국 지도자들을 설득했다. 하지만 아쉽게도 3년간의 논의 끝에 카타르와 바레인은 뜻이 맞지 않아 각각 별개의 나라로 독립했다. 사실 두바이의 통치자 라시드(Rashid)도 두바이를 홍콩과 같은 현대화의 상징이 될 만한 독립 국가로 만들고 싶어했다고 한다. 그러나 라시드의 세 아들과 그의 자문관 마흐디 알타지르(Mahdi al-Tajir)는 아부다비와 연합하기를 원했고, 결국 라시드도 연합 쪽으로 마음을 돌렸다.

끝까지 남은 7개 토후국인 아부다비, 두바이, 샤르자(Sharjah), 라스 알카이마(Ras Al-Khaimah), 아즈만(Ajman), 푸자이라(Fujairah), 움 알 쿠와인(Umm Al Quwain)은 연합하여 하나의 정부를 수립했다. 그리고 1971년 12월 2일 아랍에미리트 연합 건국을 선포한다. 7개 토후국 부족들은 셰이크 자이드의 리더십을 믿고 과거 '부족주의'에서 벗어나 '국민국가(Nation-State)'라는 새로운 개념을 받아들었다.

아랍에미리트는 사우디아라비아와 같이 한 가문이 통치하는 왕국이 아니라 각 토후국을 해당 통치자가 다스리며, 각각의 토후국이 개별적인 내각까지 구성하고 있는 연방체제다. 단, 국가적 공통 사항은 7명의 통치자로 구성된 연방최고회의(FSC, Federal Supreme Council)와 연방내각을 통해 논의되고 결정된다. 1971년 연방국가 수립 당시 아랍에미리트 수익 중 80% 이상을 창출했던 아부다비가 수도가 되었고, 아부다비 통치자 셰이크 자이드가 대통령이 되었다.

도표 2-1　　아랍에미리트의 통치 구조와 행정구역

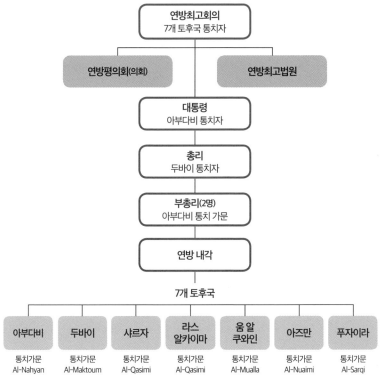

연방최고회의
7개 토후국 통치자

연방평의회(의회)

연방최고법원

대통령
아부다비 통치자

총리
두바이 통치자

부총리(2명)
아부다비 통치 가문

연방 내각

7개 토후국

아부다비	두바이	샤르자	라스 알카이마	움 알 쿠와인	아즈만	푸자이라
통치가문 Al-Nahyan	통치가문 Al-Maktoum	통치가문 Al-Qasimi	통치가문 Al-Qasimi	통치가문 Al-Mualla	통치가문 Al-Nuaimi	통치가문 Al-Sarqi

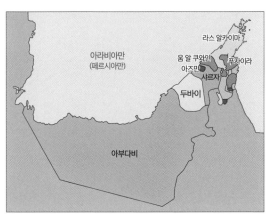

:: 자본주의, 사막에 들어오다

20세기 중반까지만 해도 아라비아만 토후국(현 아랍에미리트 지역)의 주 수 입원은 진주잡이, 어업, 대추야자 농사 등이었다. 그러던 1958년 힘겹 게 살아가던 이들에게 기적이 일어났다. 아부다비 지역의 움샤이프 (Umm Shaif) 유전에서 대량의 석유가 발견된 것이다. 석유 산업이 시작 되면서 아부다비를 중심으로 주변 토후국에 자본주의 물결이 들어오 기 시작했다. 이후 사회·경제 개발이 이루어지면서 1958년 8만 6천 명이였던 아랍에미리트 지역 인구수가, 1968년에는 약 18만 명으로 10년 사이에 2배가 증가했다.

이들이 일할 수 있는 분야는 석유, 제조업, 은행, 건설 등으로 확대 되며 본격적인 경제발전의 초석이 다져졌다. 1973년의 1차 오일쇼크 와 1979년 2차 오일쇼크로 유가가 급속히 상승하면서 경제개발에 가 속도가 붙었다. 아부다비 원유지대에서 나오는 수익으로 7개 토후국 에서는 학교, 주택, 병원, 도로 등 인프라 건설붐이 일어났다. 그 외에 도 식품 생산 공장, 직물 공장, 금속 산업 등 다양한 분야가 성장하면 서 석유에만 의존하지 않는 산업 다각화가 이루어지기 시작했다.

아랍에미리트는 다른 아랍 산유국에 비해 산업 다각화에 가장 성 공한 국가다. 2020년 기준으로 GDP의 약 80% 이상이 비석유 부문이 다. 후진적인 전통사회에 머물던 아랍에미리트는 1970~80년대를 거 치면서 현대 사회로 진입할 수 있었고, 국민들은 기본적인 의식주의 개선 뿐 아니라 고도대중소비(high mass consumption) 시대를 경험하게 되었다.

: : 천연자원의 저주를 극복한 아랍에미리트

석유와 같은 천연자원에 의존하는 경제로만 지속적인 경제성장을 이루기는 어렵다. 저소득 국가일수록 더욱 그렇다. 특히 원유 수출에 의존했던 나라 중 90% 이상은 원유를 발견하고 생산하면서 엄청난 오일머니를 경험했지만, 결국 시간이 지날수록 물가상승 및 제조업 경쟁력 쇠퇴라는 심각한 문제를 겪어야만 했다.

이는 장기적 성장 동력을 잃는 것이나 마찬가지다. 자원이라는 막대한 이권과 이를 둘러싼 정치적 갈등, 이러한 상황에서 발생하는 독재와 부정부패도 일반적인 현상이다. 이는 한 국가의 경제 전반에 비효율성을 불러오게 된다. 아프리카 보츠와나 공화국(Republic of Botswana)과 같이 광산자원 개발을 통해 모범적으로 경제성장을 이루어 낸 예외적인 경우도 있기는 하다. 하지만 대부분 개발 도상국가들은 이러한 천연자원의 저주에서 벗어나기가 쉽지 않다.

그러나 아랍에미리트는 달랐다. 보츠와나 공화국과 같이 천연자원 보유 국가로서 또 다른 모범적 예시를 보여주고 있다. 실제로 아랍에미리트 경제에서 석유와 천연가스 의존도가 높은 것은 사실이지만, 중동 국가 중에서 가장 산업 다각화에 성공한 나라이기도 하다.

:: 혁신적인 경제 허브로의 성장

1990년대 이후 아랍에미리트는 개방경제 정책을 도입했고, 시장의 기능과 민간의 자유로운 활동을 중시하는 신자유주의가 흘러들어 왔다. 두바이 증권거래소에서는 내국인에게만 허용되었던 주식매매가 외국인에게도 허용되기 시작했다. 아랍에미리트 내 외국인 투자가 자유로워지자 국제 무역이 활기를 띄기 시작했고, 동시에 다양한 기술을 가진 외국 인력이 대거 몰려들었다.

얼마 지나지 않아 아랍에미리트는 중동의 비즈니스 허브이자 동서를 잇는 환승 플랫폼이 되었다. 인도, 중국 등의 저가생산 공업지나 아프리카 같은 원자재 공급지와 가까울 뿐 아니라, 완제품 소비국인 유럽과도 거리가 가깝다는 지리적 이점도 한몫했다. 특히 아부다비와는 달리 석유 수익이 매우 적었던 두바이는, 1985년 자유무역지대(제벨알리 항구)를 개설하면서 이러한 지리적 이점을 100% 활용하여 경제발전을 추진했다. 2021년 기준으로 비석유 부문이 두바이 GDP의 98%를 차지하며 경제 다각화를 시도하는 타 산유국들의 모범적인 사례로 손꼽히고 있다.

아랍에미리트의 가장 큰 경제성장은 2000년 이후에 이루어졌다.

특히 ①에너지, ②제조업(시멘트, 알루미늄 등), ③관광, ④수송·물류, ⑤부동산·건설, 5개 부문이 성장 동력이 되어 아랍에미리트 경제를 끌어올렸다. 전략산업(에너지, 방산, 금융, 항공 등)을 제외한 전 산업에 대한 외국인 지분 제한도 폐지하는 등 법까지 바꿔가며 외국인 투자자들의 이목을 집중시켰다.

2019년 아랍에미리트는 세계경제포럼(WEF) '글로벌경쟁력지수(Global Competitiveness Index)'에서 25위, 세계은행(World Bank) '2020 기업여건순위(Ease of Doing Business Index)'에서 16위를 차지하며 아랍국가 중 투자 환경이 가장 우호적인 것으로 평가받고 있다. 특히 글로벌경쟁력지수 중 '안정적인 거시경제환경(macroeconomic environment)' 1위, '인프라(Infrastructure)' 12위, '안정적인 제품 시장(sound product market)' 4위를 차지하며 일부 부문에서는 미국, 영국과 같은 선진 경제국보다 앞서고 있다.

1960년대만 해도 아부다비가 영국을 비롯한 사우디 등 주변 토후국들로부터 재정지원을 받았던 것을 생각하면 그야말로 '사막의 기적'이 아닐 수 없다. 아랍에미리트는 반세기 만에 '요소가 이끄는 경제(a factor-driven economy)'에서 '혁신이 이끄는 경제(innovation-driven economy)'로 탈바꿈하였다. 한-아랍에미리트의 관계가 급속히 발전한 것도 2000년대 이후다. 양국은 2002년 투자보장협정, 2003년 이중과세방지협정, 2005년 항공협정, 2009년 원자력협력협정, 2015년 세관

협력협정 등을 체결했다. 2006년에는 '한-UAE 공동위원회'가 설치되어 이후 양국 경제 대표들이 주기적으로 만나 경제협력 사안을 논의하고 있다.

그러나 아랍에미리트 경제에도 한계점이 있다.

첫 번째는 혈족 중심의 부족사회 문화가 경제체제에도 스며들어, 국가 경제 최상위 직위는 대부분 통치자 가문이 이끌고 있다는 것이다. 이로 인해 사회계층과 정치·경제 권력의 배분은 모두 혈족과 가계 계보에 근거하고 있다. 아무리 능력이 뛰어나도 통치가문 혈통인 사람을 앞지르지는 못하는 것이다. 거기다 이러한 관념은 아랍에미리트 국민들에게 당연하게 받아들여진다. 그동안 정부가 추진했던 정치·경제 정책이 타 아랍국가들과 비교했을 때 성공한 케이스에 속하기 때문에, 통치자에 대한 국민늘 충성도도 높은 편이다. 어찌 보면 정권의 교체가 없기 때문에 지도자가 흔들림 없이 장기적인 비전을 이끌고 갈 수 있다는 장점도 있다.

두 번째 한계점은 7개 토후국 중 석유자원이 몰려있는 아부다비(석유 생산의 94% 차지)와 세계 물류·관광의 중심 두바이가 나라의 경제를 이끌고 있다는 것이다. 그래서 부자 토후국인 아부다비·두바이와 부존자원과 산업 기반이 빈약한 나머지 다섯 토후국 간의 균형적인 발전이 어려운 실정이다. 일반적으로 아부다비와 두바이가 연방 예산의 80~90%를 부담하며 다른 토후국을 지원해주는 모양새다.

:: 아랍에미리트의 자금줄, 아부다비 국부펀드

아랍에미리트의 하루 석유 생산량은 2020년 기준으로 366만 배럴로 전 세계 7위를 차지하고 있다. 국가 전체 GDP의 25%를 석유·가스 산업이 차지하는데, 이 중에서 약 95%가 수도인 아부다비 토후국에서 생산되고 있다. 그럼 아부다비는 지난 수십 년간 이 많은 돈을 어떻게 관리해왔을까? 바로 아부다비 석유 산업 중심에 있는 아부다비석유공사(ADNOC)다.

1972년 설립된 아부다비석유공사는 건국 이후 50년째 아부다비 석유 산업을 총괄하고 있으며, 14개 자회사가 석유·가스 관련 세부 분야의 각 사업들을 추진하고 있다. 아부다비석유공사의 진두지휘로 석유 산업의 수익이 들어오면 그 돈을 어떻게 사용할지는 최고석유위

도표 2-2 아부다비 석유 수익 운용 구조

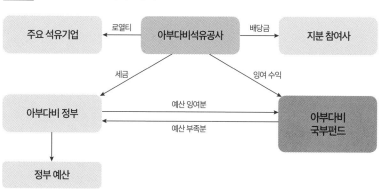

아랍에미리트의 주요 국부펀드

국부펀드명	자산규모	소속	세계 순위
아부다비투자청(ADIA)	6,978억 달러	아부다비	4
두바이투자공사(ICD)	3,024억 달러	두바이	11
무바달라(Mubadala Investment Company)	2,434억 달러	아부다비	13
에미리트투자청(EIA)	780억 달러	연방정부	20

· 자료: 국부펀드 연구소(SWFI, 2022년 2월) 및 각 국부펀드 홈페이지 자료(2020년 말 기준)

원회(SPC, Suprem Petroleum Council)와 아부다비 최대 국부펀드인 아부다
비투자청(ADIA)이 결정한다. 보통 원유 수익이 들어오면 생산 비용(약
5% 미만), 외국 참여사늘에 대한 로열티(배럴당 1달러), 정부에 대한 세금,
그리고 배당금 등을 먼저 지급한다. 그리고 나머지 잉여 수익은 대부
분 아부다비 국부펀드에 투입된다.

아부다비투자청

아부다비에는 투자 성향을 달리하는 여러 개의 국부펀드가 있다. 그
중 가장 규모가 크고 오래된 기관은 1976년에 설립된 아부다비투자청
(ADIA, Abu Dhabi Investment Authority)이다. 이 기관은 노르웨이, 중국에 이
어 세계에서 세 번째로 큰 국부펀드로 자리 잡고 있다. 이렇게 아부다

비투자청의 규모가 거대해진 이유 중에는, 아부다비 석유 수익 중 많은 부분이 아부다비투자청에 투입되기 때문이다. 이는 건국 이래 아부다비에 큰 전쟁이나 테러가 없어 꾸준한 석유·가스 생산이 가능했기 때문이다. 또 갑작스런 경제 위기로 인해 국부펀드 자산을 정부 재정에 충당할 필요도 없었기 때문이다. 이러한 아부다비의 안정적인 투자 환경은 여전히 중동에 투자하려는 외국인들에게 매력적인 요인이다.

아부다비투자청은 주로 미국, 유럽 등 선진국 안전자산에 투자해 장기 수익을 목표로 하는 보수적인 성향의 국부펀드다. 하지만 최근에는 투자범위를 다양한 지역과 분야로 확대하고 있다. 특히 투자청에서 발행하는 「ADIA Review 2020」에 따르면 투자청 인력은 65개 국가 출신으로 약 1,680명인데, 이러한 민족적 다양성이 다양한 지역으로 투자를 확대하려는 아부다비의 야심을 상징적으로 보여주는 듯하다. 아랍에미리트 지역 출신 직원(30%)을 뺀 나머지 인력의 출신 지역은 유럽(29%), 아시아·태평양(21%), 북아메리카 대륙(10%), 중동·아프리카(7%), 호주(3%) 등 다양하다. 이들은 자신이 더 잘 알고 있는 출신 지역의 시장을 면밀하게 분석하여 투자대상을 모색하고 있다.

아부다비투자청은 특히 중국과 인도를 미래 글로벌 성장의 주요 동력으로 보고 있으며, 풍부한 자원과 젊은 인력이 풍부한 아프리카 국가들도 장기투자 대상으로서 잠재성이 충분히 있다고 보며 예의주

아부다비투자청의 투자 포트폴리오

자산 부문	투자 비율
선진국 주식	32~42%
신흥시장 주식	10~20%
국채	10~20%
사모펀드	5~10%
부동산	5~10%
차관	5~10%
헤지펀드 등	5~10%
인프라	2~7%
소형 주식	1~5%
현금	0~10%

· 자료: 「ADIA 2020 Review」

시하고 있다. 뿐만 아니라 아부다비투자청은 향후 10년간 일어날 4차 산업혁명 시대의 기술 혁신이, 앞으로의 투자전략을 짜는 데 매우 중요한 요인으로 작용할 것이라 보고 있다.

이는 지역에 상관없이 창의적인 기술을 가진 기업이라면 투자할 의향이 있으며, 반대로 현재 투자를 받고 있는 기업일지라도 세상의 변화를 따라가지 못한다면 언제든지 투자금을 회수할 수 있다는 가능성을 보여준다. 이러한 글로벌 투자 환경의 급격한 변화를 따라잡기 위해, 최근 아부다비투자청 내에서 다양한 부서 간 정보 공유 및 협업을 통한 최상의 투자상품 발굴 작업이 이루어지고 있다. 1999년부터 2019년까지 아부다비투자청 수익률은 상승 추세를 이어왔으며, 20년간 평균 수익률은 6.9%에 달한다.

두바이의 국부펀드

수십 년간 두바이는 빈약한 석유자원의 한계를 극복하기 위해 무역·서비스 산업을 중심으로 경제 다각화를 시도해왔다. 두바이 정부도 그러한 동력 엔진으로서 국부펀드를 조성해왔으나, 아부다비와 달리 석유·가스 부문의 수익이 워낙 적어 외자 유치를 통해 규모를 키워왔다. 두바이의 가장 큰 국부펀드는 2006년 설립된 두바이투자공사(ICD, Investment Corporation of Dubai)다. 2020년 두바이투자공사는 자산 3,024억 달러 중 수익 370억 달러로 수익률 12%를 기록했다. 전년도 수익률 20%보다 대폭 하락한 것은 코로나19의 영향이 컸을 것이다. 두바이 정부는 경제개발 전략과 자금 조성부터 주요 산업 육성까지 전반적인 경제·산업을 직접 주도하고 있다. 이 모든 일을 추진하는 데 있어서 두바이 국부펀드, 특히 두바이투자공사가 주요 자금줄이 되고 있다.

게다가 두바이투자공사 이사회 9명 중 3명이 두바이 통치가문 출신인데, 회장 자리와 부회장 자리를 두바이 왕세자 셰이크 함단 빈 모하메드 알 막툼(Sheikh Hamdan bin Mohammed Al Maktoum)과 그의 동생인 셰이크 막툼 빈 모하메드 알 막툼(Sheikh Maktoum bin Mohammed Al Maktoum)이 각각 차지하고 있다. 즉 두바이 국부펀드인 두바이투자공사의 투자 포트폴리오도, 알 막툼 가문이 이끌고 있는 두바이 정부의 경제 다각화 전략과 그 맥을 같이할 수밖에 없다.

두바이는 지난 약 20년간 관광·교통·물류·부동산 등 비석유 분야 개발을 통해 우호적인 비즈니스 환경을 조성해왔다. 이 또한 두바이투자공사의 투자가 있었기 때문에 가능했다고 볼 수 있다. 현재 두바이투자공사는 6개 대륙 85개국 66개 기업에 투자하고 있으며, 매년 이 숫자는 증가하고 있다. 한국 쌍용건설의 100% 주주도 두바이투자공사다.

그러나 아부다비 국부펀드와 비교했을 때 두바이투자공사는 리스크가 크다. 만약 두바이 정부의 석유 수익이 매우 적어 경제 위기가 찾아오게 된다면, 두바이투자공사는 투자했던 상품들의 가치가 떨어지더라도 그 빈 자리를 메꿀 수 있는 여분의 돈이 없다. 게다가 두바이 국부펀드 자산 대부분이 외자를 통해 형성된 돈이라 항상 빚 독촉을 받는 입장이다.

예를 들어 2008년 하반기, 미국에서 시작된 세계 금융위기로 두바이는 직격탄을 맞았다. 많은 외국 기업들이 한창 잘나갈 때 두바이 내 설립했던 법인들을 없애거나 인원을 감축할 수밖에 없었다. 그러자 많은 외국인들이 일자리를 잃어 두바이를 떠났고, 이로 인해 수없이 많은 주택의 공실률이 치솟았다. 결국 두바이 부동산 가격 폭락으로 이어졌다.

뒤이어 두바이 부동산 부문에 투자했던 외국 기관들도 투자했던 자금을 쏙쏙 빼갔다. 두바이 국부펀드가 대거 투자했던 부동산 자산의 가치가 폭락한 데다가, 설상가상으로 두바이의 외자 800억 달러 중 200억 달러의 만기가 다가오고 있었다. 석유 수익도 워낙 적어서 이를 메꿀 수 있는 방법이 없었다. 결국 아랍에미리트의 맏형격인 아부다비 정부가 두바이에 250억 달러에 달하는 긴급 재정지원을 하면서 한숨을 돌릴 수 있었다.

아부다비의 지원에 경의를 표하기 위해 두바이는 세계 최고층 빌딩 '부르즈 두바이(Burj Dubai)'의 이름을 아부다비 통치자의 이름을 따서 '부르즈 칼리파(Burj Khalifa)'로 바꾸었다. 어떻게 보면 최고층 빌딩 부르즈 칼리파는 원유 수익이 없는 두바이가 언제든 또다시 경제 위기를 겪을 수 있다는 경각심의 상징으로 보이기도 한다. 2009년 이후 두바이투자공사는 기존의 공격적인 투자 성향을 좀 더 보수적으로 수정했지만, 여전히 과도한 주식투자와 부동산 거품으로 인해 리스크가 있다.

02

아랍에미리트의
경제 청사진

:: 두바이의 기적과 앞으로의 비전

아랍에미레이트의 급속한 경제발선과 성공적인 경제 나각화의 시초
는 아부다비를 통치했던 셰이크 자이드 빈 술탄 알 나흐얀 아랍에미
리트 초대 대통령(재임 1971~2004)과 두바이를 통치했던 셰이크 라시드
빈 사이드 알 막툼 초대 부통령(재임 1971~1990)이다. 현재 아랍에미리트
가 이룬 사막의 기적을 이야기할 때, 두 지도자의 미래에 대한 통찰력
과 비전을 제외하고 얘기하기가 쉽지 않다.

우선 초대 대통령 셰이크 자이드는 석유 수출로 얻은 수익을 국가
의 미래를 위한 투자에 아낌없이 쏟아 부었다. 부통령 셰이크 라시드
도 이러한 대통령의 지원에 힘입어 두바이의 산업 다각화를 이루어

냈다. 셰이크 라시드는 두바이의 미래가 석유 산업에 있지 않다는 강한 믿음을 가지고 있었다. 셰이크 라시드는 두바이의 미래에 대해 이야기할 때 종종 다음과 같이 말했다고 한다.

"나의 조부와 부친은 낙타를 탔고, 나는 벤츠를, 내 아들은 랜드로버를 운전한다. 그의 아들도 랜드로버를 운전할 것이지만 다시 그의 아들은 낙타를 탈 것이다."

석유가 몇 세대 안에 고갈될 것을 망각한 채 국민들이 현실에 안주할 것이 염려되어 경각심에 한 말일 것이다. 셰이크 라시드는 두바이가 살아남을 수 있도록 다양한 계획을 수립하고 이를 행동에 옮겼다. 옛 상인들이 오가던 두바이 크릭(Dubai Creek) 주변의 소규모 정착촌을 현대적인 항구도시 및 상업 중심지로 변화시켰다.

셰이크 라시드의 아들 셰이크 모하메드 빈 라시드 알 막툼은 아버지의 뜻을 이어받아 두바이의 기적을 만들어냈다. 특히 두바이의 가장 취약한 부분 중 하나인 민간 제조업 육성을 위해 2016년 두바이 산업 전략 2030을 발표하기도 했다. 이 전략의 핵심은 항공, 해양, 알루미늄 및 금속가공, 제약 및 의료장비, 식음료, 기계 및 장비와 같은 6대 비석유 산업 육성과 경제 다각화에 있다. 물론 그간 국가경제에서 제조업의 실질적 비중을 확연하게 증대시키지는 못했지만, '산유국'

이미지를 탈피하고 '기술 국가 브랜드'를 구축하기 위해 지속적인 투자를 하고 있다는 점은 상당히 고무적이다.

최근에는 방산, 우주 항공 등 첨단 제조업에 투자를 확대하고 있다. 향후 탈석유 시대에 대비해 국가 방위 뿐 아니라 우주를 새로운 국가 주력산업으로 삼으려는 셰이크 모하메드의 야심이 엿보인다. 아랍에미리트는 이미 2021년 2월에 화성 탐사선 아말(Amal)을 화성 궤도에 진입시켰으며, 2022년에는 아랍 지역 첫 번째 달 탐사선인 라시드(Rashid)를 발사할 계획이다. 더 나아가 2117년까지 화성에 도시를 건설하겠다는 그의 장기적 비전과 야망은 그저 놀라울 따름이다. 2006년 설립한 우주센터를 자신의 이름을 따서 '모하메드 빈 라시드 우주센터(MBRSC, Mohammed Bin Rashid Space Centre)'라고 명명한 것만 봐도 셰이크 모하메드의 우주를 향한 꿈이 어느 정도인지 짐작해볼 수 있다.

제조업의 기반이 약하고 기술력이 부족한 아랍에미리트에서 셰이크 모하메드의 이러한 우주산업으로의 행보는 의아해 보이기도 한다. 하지만 우주산업이 가지고 올 경제 파급 효과를 살펴보면 어느 정도 수긍이 간다. 우선 단위 중량당 판매가격으로 비교해보자. 승용차가 1톤당 2만 달러 수준이고 항공기 엔진이 96만 달러 수준인 반면, 통신위성은 874만 달러로 부가가치 수준이 현저히 높다. 또한 우주기술에는 대략 10만 개의 부품이 들어가는 것으로 알려져 있는데, 실제로도 우주기술은 전기·전자를 비롯해 기계, 화학, 신소재 등 첨단기술이 집약된 복합체라고 할 수 있다.

우주산업은 자동차 산업의 3배에 이르는 기술 파급 효과가 있는 것으로 알려져 있다. 예를 들어 우리가 흔히 알고 있는 방송, 통신, 기상, 자동차 네비게이터, 선박·항공 운항 등이 대표적으로 우주산업 파급 효과를 누리는 분야다. 우주산업 개발을 통한 우수 인력의 양성과 유입 또한 국가에 엄청난 자산이 된다. 게다가 성공적인 우주산업 육성이 가져올 기술 국가로서의 이미지는 그 가치를 환산하기조차 쉽지 않을 것이다. 물론 아직까지 셰이크 모하메드의 이러한 야심이 어느 정도 성공을 거눌지는 쉽게 확신할 수는 없다. 그러나 중동 국가의 리더들 중 가장 주목할 인물임에는 틀림없다.

아랍에미리트는 자국 기술로 제조업을 추진할 수 있는 자급자족 능력 확보를 경제 다각화의 궁극적인 목표점으로 삼고 있다. 이를 위해 수입 제품에 대해 관세 및 비관세 장벽을 더욱 강화하여 자국 제조업 자체 육성에 더욱 힘을 싣고 있다. 2017년 이후로 한국산 자동차 배터리, 도금강판, 콘크리트 가공 첨가제, 철강 제품 등에 대해서도 수입 규제가 이뤄지고 있는데, 이러한 정책들이 앞으로 완화될 것 같지는 않아 보인다. 게다가 코로나19 발생 이후 자국 우선주의 및 보호무역주의가 더욱 강화되고 있는 실정이라, 아랍에미리트의 자급자족을 위한 노력은 계속될 것이다. 이러한 상황에서 한국 기업들도 제품 수출에 만전을 기하는 동시에, 기술 전수와 아랍에미리트의 자체 생산을 도울 수 있는 현지 공장 건설 지원 등 맞춤형 사업 협력의 기회를 모색하는 것이 좋아 보인다.

:: 포스트 코로나 시대의 미래산업과 2020 두바이 엑스포

아랍에미리트는 중동 지역에서 코로나19 타격을 가장 많이 받은 나라 중 하나다. 지난 수년 동안 아랍에미리트가 이룬 경제성장은 국제 물류의 허브이자, 세계 관광객들의 중간 기착지로서 지정학적 이점에 크게 의존해왔기 때문이다. 코로나19 팬데믹으로 인해 급격하게 줄어든 항공 이동 수요가 아랍에미리트 경제에 미치는 파급력은 클 수밖에 없었다.

2019년만 해도 수많은 여행객들이 아시아-유럽 대륙을 가로질러 오갈 때, 두바이 공항을 경유했다. 그리고 잠시 공항 밖으로 나와 무인 메트로(전동차)를 타고 세계에서 가장 큰 쇼핑몰인 두바이몰(The Dubai Mall)로 향했다. 그곳에서 쇼핑을 하고 세계 최고층 빌딩 부르즈 칼리파 앞에서 사진을 찍은 후, 저녁 식사를 하며 분수쇼를 즐겼다. 어떤 이들은 에미레이츠몰(Mall of Emirates)로 이동하여 실내 스키장인 스키 두바이(Ski Dubai)를 구경하고, 좀 더 시간적 여유가 있는 관광객들은 근처 바닷가에 들러 인공섬 위에 지어진 7성급 호텔 부르즈 알 아랍(Burj al-Arab)을 배경으로 멋진 인스타용 사진을 찍었다. 이러한 성공적인 마케팅 전략과 지리적 이점으로 인해 2019년 두바이 공항은 런던 히드로 공항을 누르고 세계에서 가장 많은 승객들이 이용한 공항으로 선정되었다. 그러나 코로나19 팬데믹이 세계를 강타한 이후, 이제는 1위 자리가 부담스럽기만 하다.

아랍에미리트는 포스트 코로나 시대에 발맞춰 미래를 준비하고 있다. 오히려 코로나19로 인해 전례 없는 통행제한 조치와 관광객 급감을 경험하면서, 온라인 쇼핑에 대한 수요가 늘어나고 있다. 동시에 모바일앱을 통한 생필품 주문이 더욱 일상화됨에 따라, 모든 부분에서 비접촉 거래와 결제 활성화를 위한 산업 개발에 박차를 가하고 있다. 사실 스마트시티 등 미래 도시에 관심을 두고 준비해왔던 두바이와 아부다비의 입장에서는, 이미 오래전부터 계획했던 일들을 조금 앞당긴 것이라 봐도 무방하다.

아랍에미리트는 2013년 말부터 마카니(Makani)라는 두바이 고유의 시스템을 검토·보급해왔다. 위성 장치에서 좌표를 받아 건물의 주소를 10자리 고유식별번호로 전환하는 시스템이다. 향후 드론으로 배송이 가능할 정도로 위치 정보가 정확하고, QR코드를 사용해서 위치 정보를 전송할 수도 있다는 장점이 있다. 물론 굳이 드론이 아니더라도 주변 제3세계 국가들로부터 유입된 값싼 노동력을 통한 배달 서비스가 용이한 편이다. 그렇지만 조만간 드론을 이용한 배달 서비스 및 택시 등 더욱 스마트한 이동 방식을 아랍에미리트 땅에서 볼 수 있을 것이다.

또한 아부다비와 두바이의 도로에는 웬만큼 비싼 차가 아니라면 사람들의 주목을 받기 어려울 정도로 고급 스포츠카들이 즐비하지만, 이상하게 느껴질 만큼 과속딱지를 떼는 경찰차를 만나기는 어렵다. 속도 제한이 없어서가 아니다. 도로 여기저기 과속 카메라가 있기 때문이다. 이곳의 카메라들은 점점 진보하고 있다. 쉽게 위치를 바꿔 설치할 수 있는 이동식 카메라 뿐 아니라, 카메라가 위치한 구간에서만 속도를 급히 낮추는 차들까지 적발할 수 있는 정밀 카메라들도 생기고 있다. 이는 차 속도를 급하게 낮출 때 나타나는 차의 앞·뒷면의 경사까지 측정하는 기술의 도입으로 가능한 것인데, 아랍에미리트 정부는 이보다 더 새로운 기능의 카메라를 계속 연구·개발 중이다.

이 외에도 은행계좌나 신용카드 없이도 휴대전화 심카드만 있으면 주차비, 식사비 등의 결제 및 송금까지 가능한 디지털 지갑 서비스가 현지 주요 은행들을 통해 제공되고 있다. 말 그대로 현금 없는 사회로 진입 중인 아랍에미리트의 이러한 움직임은 코로나19 사태 이후 전염병 감염을 예방하기 위해 시민들이 현금거래를 거부하면서 더욱 빨라지고 있다.

한편 아랍에미리트는 두바이 엑스포(2021.10.1~2022.3.31)를 기점으로 스마트시티 관련 이슈를 더욱 부각시키고 있다. 이들은 국가 전역에 스마트시티를 건설하고, 최첨단 교통수단을 통해 이 지역들을 하나로 연결하는 초연결 스마트 국가로 발돋움하려 한다. 일반 차량으로 1시간 30분 정도 걸리던 두바이-아부다비 구간을, 10분 만에 주파하는 자기부상열차 '하이퍼루프(Hyperloop)'가 엑스포 박람회장에서 상세히 소개되었다. 테슬라의 일론 머스크 회장이 언급하여 더욱 유명해진 하이퍼루프는 공상과학 영화에나 나올 법한 초고속 진공튜브 캡슐열차로, 2030년까지 상용 운전을 계획하고 있다. 이 외에도 아랍에미리트 정부는 자율 주행 자동차, 무인 로봇 서비스, 하이브리드·전기차 등 친환경 스마트 운송·운반 수단에 투자를 늘리고 있다.

한 가지 흥미로운 일도 일어나고 있다. 그간 두바이 자유무역지구(Free Zone)를 제외한 아랍에미리트 내 모든 지역에서 외국인이 비즈니스를 하려면, 현지인과 합작 형태로 추진해야 했다. 특히 지분의 51%를 현지인 몫으로 내줘야 한다. 그러나 이러한 규정에서 예외적인 혜택을 보는 기업들이 늘어나고 있다. 첫 번째 사례가 바로 100% 지분을 허락 받았던 미국 기업, 애플과 테슬라다.

세계적으로 워낙 충성 고객들이 많은 애플이야 그렇다 쳐도, 석유가 넘쳐나는 아랍에미리트에서 전기차 기업 대표격인 테슬라에게 이러한 특혜를 허락했다는 것은 조금 의외라고 생각할 수 있다. 알려진 바로는 두바이 정부가 전기차 충전 인프라를 구축하는 데 테슬라가 투자한다는 조건으로 그 규정에서 제외될 수 있었다고 한다. 이러한 사례를 보면 두바이 정부의 미래산업에 대한 열정을 알 수 있다.

아랍에미리트는 이러한 미래산업의 성공과 외국인 투자 유치를 위해 오래된 제도들도 하나씩 바꿔나가고 있다. 특히 2022년 1월부터 시행된 주 4.5일 근무제는 파격적이었다. 이미 공공 분야는 적용되기 시작했고 민간기업은 자율에 맡기고 있다. 이슬람 관습에 따르면 금요일은 예배주일이다. 그래서 대부분 이슬람 국가들은 공휴일을 목요일과 금요일, 또는 금요일과 토요일을 지정하고 있다. 그러나 이러한 금기를 깨고, 아랍에미리트는 금요일은 정오까지만 근무하고 토요일과 일요일을 공휴일로 지정한 것이다. 미국, 유럽 등 주요국 근무 일정과 맞추겠다는 의도다.

이 뿐만이 아니다. 1948년 이스라엘이 팔레스타인 땅에 건국한 이후, 이스라엘-아랍민족 간 갈등이 지난 수십 년간 지속되어 왔다. 그러나 2020년 9월 15일, 미국의 중재로 아랍에미리트는 이스라엘과 정식 외교관계를 수립하고 '아브라함 협정(Abraham Accord)'을 체결한다. 협정명은 유대교, 이슬람교, 기독교가 공통의 조상으로 여기는 '아브라함'의 이름에서 따온 것이다.

양측은 안보, 경제 등 협력의 범위를 빠르게 확대하고 있다. 2022년 5월 31일, 아랍에미리트는 아랍국가 중 최초로 이스라엘과 자유무역협정(FTA)도 체결했다. 이는 아랍에미리트가 아랍민족주의라는 구태적인 생각을 버리고 실리주의로 전환했다는 것을 잘 보여준다. 여기서 더 나아가 인도(India), 이스라엘(Israel), 미국(United States), 아랍에미리트(United Arab Emirates) 4개국은 2021년 10월, 외무장관 회담에서 국가 명 알파벳 첫 글자를 딴 'I2U2'라는 협의체를 구체화했다. 2022년 7월 에는 4개국 정상이 첫 화상회담을 하는 등 4각협력의 틀을 만들어나 가고 있다. 아랍에미리트의 이러한 움직임은 추후 사우디아라비아 등 타 걸프 국가 정책 방향에도 영향을 미칠 것으로 보인다.

03

산업별 경제 전망과
한국의 투자 기회

: : 정보산업과 기술 분야

아랍에미리트 진출을 원하는 한국 기업들은 아랍에미리트 정부가 적
극적으로 추진하고 있는 스마트시티 관련 6개 핵심 영역을 잘 살펴
볼 필요가 있다. 예를 들어 스마트 정부(Smart Governance) 관련 최근 핫
이슈가 되고 있는 가상화폐 원천기술인 '블록체인 기술'을 공공 부분
에 적극적으로 활용하려는 시도는 눈여겨볼 만하다. 두바이 정부는
블록체인을 기반으로 디지털 여권을 도입해, 두바이 공항의 여권 심
사를 없애고 모든 절차가 자동화되는 공항 출입 시스템을 구축하려는
계획을 가지고 있다. 이러한 부분에서의 협력 및 한국 기업의 적극적
인 진출이 필요해 보인다.

도표 2-5   아랍에미리트 스마트시티 관련 6개 핵심 영역

영역	내용
스마트 생활 (Smart Living)	• 더 안정적이며 개선된 인터넷 통신망 구축 • 전기, 상하수도, 쓰레기, 오물처리 등 공공 서비스를 스마트홈 시스템으로 연동시켜 편의성과 효율성 향상
스마트 경제 (Smart Economy)	• 각종 규제를 축소하여 행정 절차 간소화 및 전산화 • 혁신 기술 장려를 통해 혁신 산업에 친화적인 환경 조성 • 숙련되고 혁신적이며 생산적인 노동력 확보를 통해 물류 및 항공 허브로서의 글로벌 경쟁력 향상
스마트 이동 (Smart Mobility)	• 대중교통, 공유 차량을 포함하여 교통, 도시 인프라, 교통 관리 등에 있어서 지능형 스마트 서비스를 통해 출퇴근 시간 단축 및 도시 내 쾌적한 이동 환경 조성 • 드론택시, 하이퍼루프, 스카이포드 등 혁신 교통수단 부상
스마트 정부 (Smart Governance)	• 정부 서비스 100% 온라인화 • 신기술을 적용하여 문서와 현금이 필요 없는 정부 서비스 개발 • 도시 거주자와 방문객에게 최적화되고 능률적인 스마트 서비스 제공
스마트 환경 (Smart Environment)	지속가능한 도시를 위한 자원 관리, 환경 관리, 에너지·폐기물 관리를 통해 도시 거주자와 방문객들에게 보다 나은 환경 제공
스마트 피플 (Smart People)	도시 주민과 방문객의 지속적인 행복 실현을 위해 의료 보건 시스템, 교육, 문화생활, 주택, 여가생활 등 일상생활에 있어서 중요한 영역들을 스마트 시스템으로 쉽게 이용 가능하도록 전환

아랍에미리트의 보건부는 장기기증 희망 등록자들에 대한 정보를 블록체인 기술을 통해 저장·관리하고, 장기이식을 수행하는 병원들과 효율적으로 연결시키고 있다. 이렇게 함으로써 불법 장기 매매를 방지하고, 신장투석을 위한 지출금을 연간 2천만 달러 이상 절약하는

효과가 있는 것으로 보고되고 있다. 또한 아랍에미레이트 통신업체 에티살랏 디지털(Etisalat Digital)의 경우, 은행 간 상호 교류가 없는 상황에서 청구서가 이중 혹은 삼중으로 사기성 중복 지급이 되는 것을 블록체인 기술을 통해 예방하고 있다. 이는 연간 4억 3천만 달러 이상의 손실을 예방하는 것이기도 하다.

두바이는 이미 블록체인 관련 기업의 수가 100개 이상이다. 현재 세계에서 가장 빠른 성장률을 보이는 두바이 산업 분야 중 하나이기도 하다. 이처럼 빠른 성장을 보이는 이유는 블록체인 기술이 효율성뿐만 아니라 좀 더 높은 수준의 안전성을 보장해주기 때문이다. 블록체인 기술은 분산 데이터 저장 환경에 관리 대상 데이터를 저장함으로써, 누구도 임의로 수정할 수 없고 누구나 변경 결과를 열람할 수 있어 데이터 위변소 방지에 탁월하나. 이러한 장점으로 인해 금융입, 소매업, 의료산업, 교육, 관광업, 부동산 등 산업 전반에 이미 적용되고 있으며 이는 스타트업 기업들에게도 좋은 기회가 될 수도 있다.

아부다비와 두바이는 이미 중소기업·스타트업 창업 장려를 위해 벤처 육성 혁신 허브를 신설해오고 있다. 예를 들어 아부다비는 국부펀드 무바달라(Mubadala Investment Company), 소프트뱅크 비전펀드, 마이크로소프트, 아부다비글로벌마켓(ADGM, Abu Dhabi Global Market)의 지원을 받아 기술 스타트업 허브인 '허브71(Hub71)'을 설립했다. 현재 다양한 스타트업 기업들이 지원대상으로 합류 중이다. 한국 스타트업 기업들도 두바이 코트라 무역관 등과의 지속적인 정보 공유를 통해 이러한 기회들을 예의주시해야 한다. 그래서 추후 단독 진출 또는 현지 기업과의 합작기업 설립, 그리고 한국 기술의 현지화를 위한 연구개발자금 확보 기회 탐색 등 다양한 진출 방법을 모색해야 할 것이다.

:: 방역과 의료 관광산업

스마트 피플(Smart People) 부문에서는 향후 방역과 의료 관광산업에 대한 투자 유치가 활발해질 것으로 보인다. 아랍에미리트는 여행·관광업이 국내 경제의 큰 부분을 차지하고 있기 때문에 코로나19뿐만 아니라 미래에 나타날 수 있는 또 다른 질병에 대한 장기적인 방역산업 투자가 필요한 실정이다. 특히 방역 관련 제품의 자국 내 자체 생산을 위해 심혈을 기울이고 있다. 한 예로 아랍에미리트는 중국 시노팜이 개발한 코로나 백신을 하야트백스(Hayat-Vax)라는 이름으로 아랍 최초로 국내 생산을 시작했다. 또한 시노팜과 백신 생산 합작기업을 설립하는 등 단순한 외국산 제품 수입이 아닌 자체 연구개발 및 생산설비 건설에 박차를 가하고 있다.

한국도 PCR 진단키트 수출 뿐 아니라 각종 ICT 첨단기술이 접목된 방역 용품(소독용 스마트 로봇, 고열자 탐지 스마트 헬멧 등), 첨단 방역 시설 개발 등에서의 장기적인 기술협력 및 아랍에미리트 국산화를 지원하는 방향으로 고민해야 할 것으로 보인다. 특히 두바이에는 두바이오테크(DuBiotech)라는 바이오테크 및 의약품 관련 경제 자유무역지구가 있다. 이곳에서는 누릴 수 있는 각종 혜택 외에도, 바이오테크 및 제약산업 업체 간 네트워킹·협력하기가 매우 용이하다. 더 나아가 심사 과정을 거쳐야 하긴 하지만 연구혁신재단(FRI, Foundation for Research and Innovation)을 통해 연구비 지원을 받을 수도 있고, 두바이오테크와 바이오 기업들과의 합작 투자 기회를 제공받을 수 있다는 점도 관심을 가져볼 만하다.

메나(MENA, Middle East+North Africa 합성어), 즉 중동과 북아프리카 지역의 의료시장 규모는 2021년 230억 달러 규모에서 2026년 360억 달러까지 성장할 것으로 예측되는 유망한 시장이다. 이러한 시장에서 두바이가 의료산업의 허브로 빠르게 성상하고 있는 점은 눈여겨볼 만하다.

참고로 현재 두바이헬스케어시티(Dubai Healthcare City)는 이미 세계에서 가장 큰 의료산업 자유무역지구다. 의료산업 관련 해외 투자자의 100% 지분 보장, 자본과 수익의 100% 해외 이전 보장, 개인 소득세 및 법인세 100% 감면 등의 혜택을 제공해주고 있다. 거주민들에게 고품질 의료 서비스 제공의 목적도 있지만, 그보다는 의료 서비스 이용을 위한 방문객 유치 및 의료 관광산업 확대에 더 큰 관심을 두고 있는 듯하다. 헬스케어시티는 두바이 국제공항과 세계 최대 규모의 두바이몰에서 모두 10분 이내의 거리에 위치해 있다. 이를 보면 두바이 정부의 의료 관광산업에 대한 관심도를 짐작해볼 수 있다.

물론 두바이 정부의 이런 야심 찬 계획에도 불구하고, 고급 의료진 확보는 두바이와 아랍에미리트 정부가 극복해야 할 가장 큰 장애물이라 할 수 있다. 일반적으로 외국인이 아랍에미리트에 거주하기 위해서는 3년마다 비자 갱신을 해야 한다. 의사들의 경우에는 10년 단위로 갱신할 수 있는 거주 비자까지 제공하는 등 당근책을 제시하고 있다. 그래도 해외 고급 의료 인력 확보는 결코 쉽지 않아 보인다. 이에 아랍에미리트 정부는 스마트 피플 정책의 일환으로 점차 원격의료 진료를 통한 의료 서비스 확대를 꾀하고 있다. 첨단기술의 접목이 꼭 필요한 부문이라 중소기업 및 스타트업 기업들이 도전해볼 만하다.

두바이와 아부다비를 벗어나면 아랍에미리트 내 의료 환경은 그다지 좋은 편이 아니다. 심지어 두바이와 아부다비 내에서도 민영 의료기관과 공공 의료기관의 수준 차이는 확연하다. 비용 절감이나 의료 소송 관련 편의성 등의 목적이 아니라면, 공공 의료기관은 거주민들이 기피하는 경향이 있다. 이에 아랍에미리트 정부는 원격의료 서비스를 통해 이러한 문제점을 해결하려고 하는데, 그렇기에 이 부분의 전망이 더욱 밝아 보인다.

현재 아랍에미리트 라스 알카이마 토후국 소재 셰이크 칼리파 전문병원(Sheikh Khalifa Specialty Hospital)은 서울대병원에서 위탁운영하고 있다. 이러한 병원들을 통해 이미 현지에서 우리 의료 서비스의 품질을 인정받고 있기에, 이 부문의 진입장벽은 다른 산업 분야에 비해 상대적으로 낮아 보인다. 참고로 두바이 현지에서는 불임치료, 성형수술, 치과치료 서비스 등이 인기가 많은 것으로 보고되고 있다. 의료 관광객들의 구성 분포를 보면 걸프협력회의(GCC) 37%, 범아랍 계열 25%, 유럽 20%, 아시아 18%로 매우 다양한 고객층을 두고 있다. 특히 아랍 계열이 반 이상이라 두바이 의료 분야 진출이 성공한다면, 향후 타 아랍 지역으로 진출할 때도 좋은 경험이 될 것이다.

:: 국방산업

아랍에미리트 국방비 지출은 세계 15위 수준이며, 2009~2018년 기간 동안 무기 수입액 규모로만 따지면 세계 5위다. 아랍에미리트는 2015년부터 사우디와 연합하여 예멘 내전에 참전 중인데, 예맨 반정부 세력인 후티 반군은 이란의 군사지원을 받으며 사우디-아랍에미리트 연합군에 대항 중이다. 지난 2019년 9월, 후티 반군은 드론 공격을 통해 사우디의 핵심 유전과 정유 시설을 파괴했는데, 이에 아랍에미리트도 철저히 대비해야 하는 상황이다. 특히 여행·관광업이 매우 중요한 국가로서 공항, 석유 가스전, 정유 시설, 원자력 발전소 등 주요 산업 시설에 대한 요격에 대비하는 미사일 방어체계가 절실한 상황이다.

한편 2021년 2월 미국 바이든 대통령이 최근 6년간 전쟁으로 11만 명 이상의 사망자가 발생한 예멘에 대한 공격 지지 철회를 선언했다. 더불어 아랍에미리트와 사우디에 첨단 무기 수출을 중단했다. 트럼프 전임 대통령이 남겨놓은 색깔 지우기의 의도가 다분히 보이기도 하는데, 어찌 되었든 미국의 지원 없이 전쟁을 이어가기 힘든 두 나라에게 이제 대안이 필요해졌다.

이러한 배경을 염두에 두고 미국 무기보다 저렴하면서도 고성능을 갖추고 있는 한국산 무기체계에 관심이 커지고 있는 건 분명해 보인다. 2021년 11월, 아랍에미리트 정부는 한국의 중거리 지대공 미사일 천궁-II을 구매할 계획이라고 발표했다. 한국의 단일 국산 무기 수출로는 가장 큰 4조 원(35억 달러) 규모다. 이는 추후 한국이 다른 아랍국가에서 국방협력 및 무기 수출을 확대할 수 있는 기반이 될 수 있다.

하지만 아랍에미리트는 국방 관련 제품의 자체 생산을 강력하게 선호하고 있기 때문에, 장기적으로는 국방 기술 전수와 공동 생산 협력 기회를 모색하는 것이 더 현실적인 방안이 될 수 있다. 아랍에미리트는 농업과 제조업 기반이 취약한 관계로 거의 모든 농산품과 공산품을 수입에 의존한다. 이런 상황에서 국가 안보와 직결되는 방산 분야까지 100% 수입에 의존하기에는 그 위험도가 더욱 크게 느껴질 것이기 때문이다. 또한 방위산업 육성을 통해 일반 제조업 분야로의 스필오버 효과(Spillover effect), 즉 파급되는 효과를 염두에 둔다고 볼 수도 있을 것이다. 이러한 점을 봤을 때, 방산 분야 자체 개발을 통한 자주 국방을 이루고자 하는 아랍에미리트 정부의 의지는 당연한 일이다.

이와 관련해 최근 아랍에미리트는 오랜 기간 공식 교류가 거의 없던 이스라엘과 평화협정을 맺은 후, 자유무역협정(FTA)까지 체결했다. 이러한 상황을 이끈 주요 요인 중 하나가 이스라엘 미사일 방어시스템에 대한 아랍국가들의 관심이라고 볼 수 있다. 실제로 평화협정 이후 이스라엘 항공우주산업(IAI)과 아랍에미리트 국영 무기회사 에지(EDGE Group)는 드론 방어체계를 공동으로 개발하는 계약을 체결하기도 했다.

물론 서로가 언제 다시 적으로 돌변할지 모르는 중동 지역 특유의 상황 속에서 이스라엘과의 방산 분야 협력에는 분명 한계가 있을 것이다. 하지만 안보를 위해서라면 아랍민족의 적으로 여겨졌던 이스라엘과도 손을 잡을 수 있다는 아랍에미리트의 융통성을 보여준다. 아랍에미레이트의 경우, 이란과 예멘 후티 반군과의 갈등 고조로 첨단 유도무기체계와 잠수함, 구축함, 무인통제사격시스템(RWCS) 등의 사업이 매우 유망하다.

:: 온라인 유통 비즈니스

코로나19 팬데믹 발생 이후 아마존 UAE(Amazon.ae), 세계 최대 규모의 쇼핑몰인 두바이몰(The Dubai Mall) 개발사 에마르(Emaar)가 운영하는 온라인 쇼핑몰 눈닷컴(Noon.com) 등을 통한 온라인 매출이 급성장했다. 아마존은 중동 내 온라인 판매를 주도하던 수크닷컴(Souq.com) 인수후 여전히 가장 큰 온라인 판매상의 위치를 지키고 있다. 하지만 눈닷컴이 미국의 이베이(Ebay)와의 연계를 통해 미국 상품을 들여오는 등점차 입지를 키워가고 있다. 이 외에도 모바일앱을 통한 배달 문화와 비접촉식 결제 플랫폼이 확대되는 등 아랍에미리트 온라인 시장은 계속 커지는 추세다. 한때는 국내 총 소비시장의 10% 규모에 지나지 않았지만, 2022년 내로 270억 달러 이상의 규모로 성장이 예상된다.

한국의 기업들은 아마존 UAE, 눈닷컴 등 등 현지 온라인 시장에서의 입점을 추진하고, 모바일앱이나 비접촉 시스템 등의 수출도 고려해볼 만하다. 더 나아가 한류의 바람을 타고 유행하고 있는 한국 화장품, 의류, 소품, 식품 프랜차이즈 등의 아랍에미리트 시장 진출도 매우 고무적이다. 다만 일부 제품(전기전자, 식품, 화장품, 세제, 담배, 재생 타이어, 윤활유, 생분해성 플라스틱 등)은 아랍에미리트 내 정식 유통을 위해 적합성 인증(ECAS, Emirates Conformity Assessment Scheme)이 필수적으로 선행되어야 하며, 식품의 경우 할랄 인증에 대한 대비도 필요하다. 참고로 현재까지 온라인 판매를 통해 가장 큰 수익을 올린 상품은 전자제품, 컴퓨터,

패션 액세서리, 여성 의류, 화장품, 향수 등이다.

아랍에미리트 내에서, 특히 소비의 도시 두바이에서는 영어가 공용어다. 하지만 좀 더 성공적인 온라인 시장 진출을 위해서는 아랍어 번역을 통한 현지화 전략을 잘 준비해야 한다. 실제 다수의 고급 브랜드 회사들은 이미 언어의 장벽으로 온라인 구매를 꺼리는 현지인들을 위해 아랍어 홈페이지를 만들어 사업 중이다. 물론 현지인들 사이에 남아있는 현금 거래에 대한 선호도, 온라인 거래의 안전성에 대한 우려, 표준화되지 않고 과도기인 주소 시스템과 같이 온라인 시장의 급성장을 방해하는 몇 가지 요소들이 있긴 하다. 하지만 점차 개선이 될 것으로 보인다.

: : 농수산업과 스마트팜

아랍에미리트에서 식량 안보 중요성은 코로나19 팬데믹으로 인해 수출입 제한을 경험한 이후 더욱 커지고 있다. 물론 사막이 대부분인 아랍에미리트에서는 대추야자를 제외하면 전통적인 농업 기술로 일반적인 농산물 생산이 매우 어렵다. 하지만 두바이 내에서만 약 1만 2천 개의 식당 및 카페가 영업 중이며, 이에 따라 보급해야 하는 식료품 양도 어마어마하다. 언제까지 식료품을 수입에 의존할 수는 없는 상황인 것이다.

사실 팬데믹 이전부터 아랍에미리트 정부는 농업 분야 해외 투자 유치를 위해 적극적인 행보를 보였다. 실제로 2019년 7월 각료회의를 통해 총 122개 산업 분야에 한해 외국인 지분 100% 허용을 결정했는데, 이 중에는 곡물과 야채 등 농산업 19개 부문도 포함되어 있다. 농산업 관련 해외 투자자에 대한 아랍에미리트 정부의 높은 관심도를 보여주는 예라고 할 수 있다.

또한 아랍에미리트 정부는 사막지대에 대규모 실내농장 건설, 사막 모래를 배합한 인공토양 개발 등을 통해 미래 먹거리를 자체 생산하겠다는 장기적인 비전을 구체화시키고 있다. 2051년까지 식량 안보 지수 세계 1위를 달성하겠다는 야심찬 목표도 가지고 있다. 최근 아부다비는 총 1억 4천만 달러 규모의 농수산물 관련 투자 프로젝트들을 승인하고, 400만m^2의 땅과 바다에서 첨단 과학을 이용한 농수산물 재배 작업을 시작했다.

한국의 농촌진흥청은 건조지역용으로 개발한 국산 품종 벼 '아세미'를 샤르자 토후국 사막 지역에 파종하는 것을 성공했는데, 이는 한국-아랍에미리트 간 농업 분야에서의 새로운 협력 방향을 제시하고 있다. 현 시대의 농업 분야에서는 다양한 기술의 융합이 필요하기 때문에 꼭 농업 전문 기업만 진출할 수 있는 것은 아니다.

예를 들면 한국의 KT는 샤르자 토후국의 인도주의센터(SCHS, Sharjah City For Humanitarian Services)와 협력하여 샤르자 코르파칸(Khor

Fakkan) 지역에 'UAE 장애인 맞춤형 스마트팜'을 출범시켰는데, 약 600m² 규모의 스마트팜을 조성하고 첨단 ICT를 적용했다. 이곳에서는 각종 쿨링 설비, 내·외부 센서, 차광막, CCTV, 유동팬, 연동 LED 등 다양한 기술 제품이 적용되었으며, 증강현실(AR) 글라스를 통해 외부에 있는 관리자가 현장에 있는 근로자에게 원격으로 실시간 교육을 하거나 솔루션 제공이 가능하다고 한다.

한편 아랍에미리트 정부가 가장 관심을 두고 있는 분야는 수직농장이다. 수직농장은 농작물을 수직으로 쌓아 올려 재배 가능하도록 만든 실내 구조물이다. 이는 자동화된 환경 조절 시스템을 통하여 작물의 생산량과 품질을 향상시키는 스마트팜의 대표적 방식이다. 통제된 시설에서 안정적인 생산이 가능하고 날씨나 병충해에 영향을 받지 않고 생산이 가능하나. 일반 농사보다 90% 이상 적은 양의 물로도 작물 생산이 가능하니, 사막의 나라 아랍에미리트에서 이보다 좋은 전략은 없는 것이다. 2017년 아랍에미리트 최초의 수직농장인 바디아 팜즈(Badia Farms)가 문을 연 후, 스타트업 뿐 아니라 글로벌 기업들까지 이 분야에 활발히 진출하고 있다.

컨테이너 재배도 스타트업이나 소기업들에 의해 최근 각광을 받고 있다. 이러한 방식의 경우 대규모로 조성되는 수직농장보다 비교적 소규모 재배시설을 갖출 수 있고, 재배 환경 통제가 더욱 용이하다는 장점이 있다. 정기적인 식자재 납품이 필요한 호텔과 레스토랑을 통해 공급 능력을 테스트한 후 사업 규모를 키워나가는 것도 좋은 방법일 것이다.

:: 에너지 부문

2020년 기준으로 아랍에미리트는 전기 에너지원 중 89%를 천연가스에 의존하고 있다. 나머지는 원자력 4%, 기타 재생에너지 6.9% 등 아주 미미하다. 아랍에미리트 정부는 2050년까지 천연가스 의존도를 38% 수준으로 낮추고 대신 청정에너지를 44%, 청정 석탄을 12%, 원자력을 6%로 높일 예정이다.

2012년부터 우리나라는 아랍에미리트와 원자력 발전 협력을 추진해왔으며, 현재까지 한국형 원전 APR1400 총 4기를 지었다. 2021년 1호기, 2022년 2호기가 각각 상업운전을 시작했다. 3호기와 4호기가 각각 2023년, 2024년 전력을 공급하기 시작하면 바라카 원전은 아랍에미리트 전력 수요의 25%를 공급하게 된다. 한국-아랍에미리트 양국은 이러한 협력이 제3국 원전사업 공동 진출 확대로 이어질 수 있도록 각별한 노력을 기울이고 있다.

한편 한국에서도 논쟁이 되고 있는 원자력에 대한 의존도를, 아랍에미리트 정부가 향후 크게 증가시킬 계획이 없는 점은 주목해볼 만하다. 대신 재생에너지의 의존도를 획기적으로 높이기 위해 바이오디

젤유, 수력, 풍력, 태양광 등에 많은 투자를 하고 있다. 한국은 태양광 패널, 태양광 트래커, 에너지저장장치(ESS), 탄소 배출 감축 등 신재생 에너지 개발 분야에서 아랍에미리트 현지 기업 또는 프랑스 전력공사(EDF), 중국의 진코파워테크놀로지(JinKO Power Technology Co Ltd)와 같이 이미 진출한 외국 기업과의 합작 형태로 사업 참여 기회를 모색하는 것도 좋은 방법일 것이다.

만약 아랍에미리트 현지 기업과 합작 형태로 진출한다면, 한국의 기술 노하우를 공유하는 대신 파이낸싱 지원을 받을 수 있는 혜택도 있을 수 있으니 면밀한 조사가 필요하다. 또한 아랍에미리트 정부의 청정 석탄 에너지 기술에 대한 관심도도 눈여겨 볼만하다. 이 기술은 석탄을 에너지원으로 사용하면서 발생되는 환경 부하를 감소시킬 수 있는 모든 기술을 의미한다.

단기적으로는 석탄 발전 시 발생하는 황산화물 등의 공해를 최소화하는 데 초점이 맞춰져 있지만, 중장기적으로는 탄소포집기술(CCUS, Carbon Capture·Utilization·Storage)을 적용해 발전 중 발생하는 탄소를 저감하는 게 목표다. 참고로 테슬라의 일론 머스크도 탄소포집기술 개발 상금으로 1억 달러를 기부하겠다고 발표했다. 현재 미국을 비롯 여러 나라들이 석탄 화력 발전을 차세대 발전 설비로 탈바꿈시켜 신재생에너지의 보완 수단으로 활용하려 하고 있다. 한국도 두산 중공업과 서부발전 등에서 추진하고 있다.

:: 교통 인프라

2020년 아부다비는 세계 스마트시티 경쟁력에서 42위, 두바이는 43위를 기록했다(2020년 9월, 2020 Smart city index). 47위인 서울보다 순위가 높다. 그만큼 아랍에미리트가 도시와 도시를 이어주는 스마트교통 인프라에 관심이 많다는 것을 보여준다. 이에 따라 5G, 사물인터넷(IoT), 보안, 인공지능, 자율주행, 지능형 교통체계(ITS) 기술에 대한 수요가 증가하고 있다. 이러한 흐름에 맞춰 한국 기업들은 빅데이터, 가상현실(VR), 사물인터넷, 인공지능 기술이 결합된 자율주행차량 공동개발 뿐 아니라, 다양한 대중교통 수단이 자유롭게 교차할 수 있는 통합 모빌리티 허브 인프라 및 관리 시스템 구축을 위한 공동개발을 추진하면 좋을 것으로 보인다.

04

코로나 이후의
아랍에미리트 경제 전망

현재 아랍에미리트가 추진하고 있는 모든 계획들이 실현된다면 과거와는 다른, 더 높은 차원의 경제성상을 날성할 것으로 보인다. 이는 해외 투자자들에게도 많은 수익을 가져다줄 것이다. 그러나 여전히 여러 가지 리스크가 존재한다. 가장 대표적인 것이 코로나 사태로 인해 예상치 못했던 엄청난 정부 지출과 불안정한 유가다.

2020년 기준으로 총 8천억 달러 규모의 국부펀드를 보유하고 있는 아부다비는 상대적으로 경제의 충격을 버텨낼 힘이 있지만, 두바이와 나머지 토후국들은 버겁기만 하다. 특히 두바이는 2019년 기준으로 이미 GDP의 약 110%에 달하는 부채를 떠안고 있었다. 이 때문에 침체된 경기를 극복하기 위해 추가적으로 정부 지출을 확대시켜야

했고, 두바이 엑스포마저 1년이나 연기했다. 참고로 한국의 2019년 정부 부채 규모가 GDP의 42% 정도였으니, 두바이 정부의 부채 규모가 어느 정도인지 가늠해볼 수 있다.

게다가 아랍에미리트 재무부는 2023년 6월 1일부터 모든 기업을 대상으로 9%의 법인세를 도입한다고 발표했다. 물론 2021년 180개국 법인세율 평균인 25%보다는 경쟁력이 있다. 하지만 여전히 법인세율 제로(0) 정책을 고수하는 바레인이나, 자국 경제특구에 지역본부 설립 시 법인세를 50년간 면제해준다는 사우디 정부와 경쟁을 해야 하는 입장에 놓일 것이다. 그럼에도 여전히 외국인을 위한 인프라는 아랍에미리트가 중동 최강이다. 개인 소득세를 물리지 않는 정책은 지속될 것이기 때문에 당분간은 큰 영향은 미치지 않을 것으로 보인다.

아랍에미리트 정부는 고정 환율을 택하고 있기 때문에, 미국 달러화와 운명을 같이 한다. 이러한 점은 투자자들을 안심시켜 줄 수 있는 큰 장점으로 작용한다. 하지만 향후 달러화의 가치가 급락하게 될 경우, 아랍에미리트 경제는 미국보다 심각한 타격을 입을 수 있다는 점 또한 놓쳐서는 안 된다. 특히 아랍에미리트는 여전히 제조업 기반이 약하고 수입 의존도가 높기 때문에 화폐가치 하락은 자국 경제에 큰 부담이 될 수밖에 없다. 미국의 유례없는 큰 규모의 확장 통화·재정 정책으로 인해 심한 인플레이션이 지속되고 있는 현 상황에서, 이러한 걱정이 기우에 그칠 것인지는 두고 볼 일이다.

또한 2021년 5월 기준으로 아랍에미리트의 백신 접종률이 대부분의 다른 중동 국가보다 월등히 높지만, 경제 회복의 필수 요건인 관광업이 언제쯤 예년 수준으로 회복할 수 있을지 불확실하다. 게다가 두바이 엑스포를 위해 엄청난 투자를 했지만 애초에 기대했던 투자수익이 현실화될지도 미지수다. 코로나19 전에는 최소 190여 개국에서 2,500만 명 정도 방문객이 아랍에미리트를 찾고, 엑스포로 인한 30만 개의 일자리 창출과 330억 달러의 경기부양 효과를 기대했었다. 그러나 기존에 비해 여행객들의 수가 줄어든 두바이 공항 상태를 보면, 과연 엑스포를 통해 두바이가 목표한 바를 얼마나 달성했는지 의문이 들 수밖에 없다.

더 큰 문제는 두바이 엑스포를 위해 만들어진 수많은 호텔과 거주 시설 들에 대한 수요가 유지되지 않을 경우, 두바이 부채 문제가 경제에 심각한 영향을 미칠 수 있다는 점이다. 최근 전 세계적으로 오르고 있는 금리는 상황을 더욱 불안하게 만들고 있다. 일반적으로 금리의 급격한 상승은 주택시장에 악영향을 미치기 때문이다.

그래도 꼭 부정적으로 볼 일만은 아니다. 특정 경기가 열리는 시간에만 사람이 몰리며, 수익의 대부분이 국제올림픽위원회(IOC)나 국제축구연맹(FIFA)에 귀속되는 국제 스포츠 대회와 비교했을 때, 상시 전시관이 존재하는 엑스포의 경제적 파급 효과는 훨씬 크다고 볼 수 있다. 정확한 측정은 어렵지만 국가의 브랜드 가치 상승으로 인한 간접적 파급 효과도 무시할 수 없다. 엑스포를 위해 사용되었던 자재들 중 90% 이상이 추후 아랍에미리트의 인프라 및 영구적 건축물에 재사용된다는 점도 장기적 관점에서 보면 분명 긍정적인 요소다.

특히 두바이는 엑스포 부지에 경제자유구역 'District 2020'을 조성하여 세계 혁신기업을 유치하려고 계획하고 있다. 이미 독일 기업인 지멘스(Siemens) 등의 입주가 확정되었다. 두바이 정부는 엑스포가 종료되면 이 부지를 약 1년간 개발하여 거주 및 상업 지역으로 전환할 예정이다. 즉 사회간접자본에 대한 장기적 투자 효과를 기대할 수 있는 것이다.

어떻게 보면 엑스포 준비를 위한 두바이 정부의 대규모 정부 지출과 투자는 경제학자 케인스가 대공황 해법으로 제시했던 '국가 개입' 방법과 일맥상통하는 면이 있다. 루즈벨트 대통령이 당시 대공황을 극복하기 위해 시행했던 뉴딜 정책을 바이든 정부가 업그레이드된 형식으로 새롭게 추진하는 것과 같은 맥락으로 이해할 수 있다.

그동안 아랍에미리트는 경기에 민감하게 반응할 수밖에 없는 에너지, 항공, 관광, 부동산에 중점적으로 자금을 투자해왔다. 그러다 최근 들어 우주 항공, 첨단 제조업, 4차 산업 등 혁신이 이끄는 산업 육성에 대한 투자를 강화하는 움직임을 보이고 있다. 이러한 미래에 대한 철저한 준비 자세를 잘 보여주는 두바이 엑스포는 아랍에미리트 경제의 전망을 밝게 하는 요소라고 할 수 있다. 게다가 2021년 하반기부터 세계 산업의 재개와 경제 활성화로 인해 유가가 상승하기 시작하여 미래산업에 투입될 오일머니가 증대되고 있으니, 아랍에미리트 정부 입장에서는 참으로 다행스러운 일이다.

Chapter 3

카타르
QATAR

01

카타르의
경제 역사

:: 카타르의 독립

카타르는 아라비아반도 동해안 중간 지대에 위치하며, 사우디와 육지로 연결된 작은 반도 국가다. 17~19세기 초에 걸쳐 현 사우디 지역에 있는 나즈드(Najd)와 알 하사(Al-Hasa)뿐만 아니라 아라비아반도 남동부에 위치한 오만 등 인근 사막지대에서 아랍 부족들이 카타르 땅으로 이주해왔다.

이 중에서 타밈(Tamim) 부족에 속했던 알 싸니(Al-Thani) 가문을 보자. 이들은 아라비아반도 중앙에 위치한 나즈드 남부에서 유목생활을 하다가 목초지가 부족해지자 18세기 초에 현재의 카타르반도로 이주해왔다. 이후 유목 생활을 접고 바닷가에서 진주 채취 등을 통한 더 안정적인 삶을 택했다. 그리고 이주한 지 약 100년이 지나고 알 싸니 가문이 카타르 지역의 통치 세력이 되었다.

카타르는 전 국토의 5%만이 목초지로 이용될 정도로 황량한 사막지대다. 1907년 이 땅에서는 25개 주요 씨족으로 이루어진 2만 7천명의 거주민들이 살고 있었다. 이들 중 거의 절반인 1만 2,890명이 바닷가에서 진주잡이에 종사할 정도로 별다른 먹거리가 없었다. 게다가 20세기 초에 일본이 진주조개 인공양식에 성공하여 인공진주 대량생산이 가능해졌다. 천연진주 시장이 붕괴되었고 카타르 주민들은 경제적 위기에 직면했다.

다시 사막을 누비며 유목 생활로 돌아가야 하는 것인가? 그때 기적이 일어났다. 1939년 카타르반도 서쪽에 위치한 두칸(Dukhan)에서 석유가 발견된 것이다. 제2차 세계대전으로 인해 잠시 탐사 활동이 중단되었다가 1949년이 되어서야 석유 수출이 시작되었다. 석유 덕분에 카타르는 작은 어촌 마을에서 근대 도시로 바뀌기 시작했다. 1952년에 최초의 학교가 설립되었고 의료 설비의 현대화가 이루어졌다.

1968년, 영국이 걸프 지역 토후국(에미리트)들과 맺었던 보호조약을 종결하고 1971년 걸프 지역을 떠나겠다고 발표했다. 카타르는 아부다비, 두바이 등 주변 토후국들과 연합하여 하나의 강한 현대 국가를 건립하기 위한 논의에 들어갔다. 그러나 카타르는 다른 토후국들이 카타르의 수자원을 통제할 것이라 염려했고, 결국 따로 독립하여 국가를 수립하기로 결정했다. 1971년 9월 3일, 카타르는 완전한 독립 국가를 선포함과 동시에 1916년 영국과 체결했던 보호조약의 굴레에서 벗어 났다.

:: 카타르의 변혁

카타르의 석유는 1939년에 처음 발견되었지만, 거대 유전과 가스전 이 발견되고 본격적으로 가동된 것은 1960년대부터라고 볼 수 있 다. 카타르의 가장 큰 해상 유전인 불하닌(Bul Hanine)도 1972년에서야 시추 작업이 시작되었다. 카타르의 국영 석유회사인 Qatar General Petroleum Company(현재의 카타르에너지공사, Qatar Energy)가 1974년에 설 립되는 동시에 1973~1977년에 걸쳐 석유 산업의 국유화를 이루었다.

무엇보다도 카타르가 석유 부국이 될 수 있었던 중요한 사건은 1973년과 1979년에 걸쳐 일어난 오일쇼크였다. 그러나 1981년에 석유 가가 절정에 달한 후 국제사회의 석유 수요가 줄어들자 유가가 지속 적으로 떨어지기 시작했고, 주변 산유국과 마찬가지로 카타르도 경제 적인 타격을 입었다. 결국 2000년까지 약 15년간, 1990~1991년 회계 연도만 제외하고 모두 재정적자를 기록했다. 사우디를 비롯한 주변 산 유국들은 모두 같은 패턴의 어려움을 겪었다.

이러한 경제 슬럼프 와중에도 1990년대 중반, 카타르에도 변화

도표 3-1　카타르의 지정학적 위치

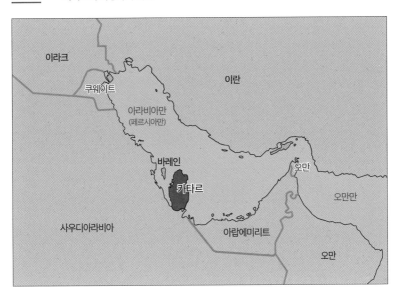

가 시작되었다. 변화의 주역은 1995년 궁정 쿠데타로 왕권을 잡은 셰이크 하마드 빈 칼리파 알 싸니(Sheikh Hamad bin Khalifa Al-Thani, 재임 1995~2013)였다. 영국 샌드허스트 군사대학(Sandhurst military college)에서 현대 서구식 교육을 받은 하마드 국왕은 카타르의 정치·경제·종교의 개혁 조치를 단행했다. 종교의 자유를 허용하고, 안보를 위해 미국과 전략적 협력을 추진했으며, 이스라엘, 이란 등과 평화 관계를 유지하며 대화를 시도했다.

　더 나아가 아랍민족이 그토록 미워했던 이스라엘과 친선 외교관계를 맺고, 카타르의 수도인 도하(Doha)에 이스라엘 무역 사무소까지 설치하는 과감한 정책을 추진했다. 주변 아랍국가들과의 공동 대의명분보다, 자국의 실리를 우선시하는 카타르의 독자적 외교 노선을 보여주는 대표적인 사례라 볼 수 있다. 이러한 카타르의 튀는 외교적 행보는 20년 넘게 지속되면서 주변 아랍국가들의 눈살을 찌푸리게 만들었고, 마침내 2017년 사우디 등 주변 아랍국가들은 카타르와 단교를 선택했다.

서구권이 독점했던 글로벌 뉴스 업계에 혜성처럼 등장한 아랍의 대표적인 뉴스 채널 알자지라(Al-Jazeera) 방송도 하마드 국왕의 작품이다. 당시만 해도 범아랍권 뉴스는 보통 통치자의 일정을 보도하는 일종의 의전 뉴스였다. 그러나 알자지라는 아랍권의 뉴스들을 가감 없이 보도했고 사우디, 이집트, 요르던 등 주변 친미 국가 비판도 서슴지 않았다.

이후 카타르는 중동에서 꽤나 개방적이면서 부유한 국가로 자리매김하는 동시에, 언론의 선두주자로 우뚝 서게 되었다. 특히 유가의 급상승에 따라 2004~2011년, 약 7년간 카타르의 경제성장률은 약 20%를 기록하였다. 같은 기간 카타르는 LNG와 석유화학 제품의 수출 상대국을 미국, 영국, 일본과 같은 선진국에서 중국과 동아시아 지역으로 확대하며 세계 무대에서의 정치적·경제적 위상을 높였다.

02

천연가스 보유 대국 카타르의 미래

:: 카타르, 어떻게 부유한 국가가 되었나?

카타르는 세계 1위 천연가스 수출국이자 러시아와 이란에 이은 세계 3위의 천연가스 보유국이다. 카타르 GDP는 한국의 10분의 1 수준이지만, 인구가 280만 명 정도라서 1인당 GDP는 매우 높다. 그러나 카타르는 재정 수입 중 약 80%가 석유·천연가스 산업에서 나올 정도로 자원에 대한 의존도가 매우 높다. 이는 산유국의 만성적인 구조적 문제이기도 하다.

그럼에도 불구하고 카타르는 2000년대 중반 이후로 세계에서 가장 빠른 경제성장률을 기록한 나라 중 하나다. 한강의 기적을 이룬 한국도 1960년대 중반부터 1990년 초반까지 평균 경제성장률 10%를 넘지 못했는데, 카타르는 1990년대 중반부터 2010년대 초반까지 평균 경제성장률이 무려 13%를 상회했다. 어떻게 이러한 일이 가능했던 것일까?

GDP는 한 국가에서 분기 또는 1년 동안 생산되는 재화와 용역의 총 가치로 측정된다. 우리가 흔히 말하는 '경제성장'은 작년보다 올해의 GDP 규모가 커질 때만 가능하다. 경제성장률이 플러스라는 것은 작년보다 올해의 GDP가 높다는 것이다. 즉 국민들의 생산성이 향상되거나 더 많은 자원의 공급을 통해 더 많은 양의 생산이 이뤄질 때만 가능하다. 국제 시장에서 석유와 천연가스에 대한 수요가 한정되어 있는 상황에서, 카타르가 일시적으로 생산량을 늘려 GDP 규모와 성장률을 높일 수는 있다. 하지만 10년 이상 지속적으로 높은 경제성장률을 유지하기란 사실상 불가능하다.

카타르가 장기간 높은 경제성장률을 유지한 배경에는 일반적으로 LNG라고 부르는 액화천연가스가 존재한다. 천연가스 생산 대국인 카타르가 천연가스를 액화천연가스로 만들어 부가가치를 높여 판매하기 시작한 것이다. 기체 상태의 천연가스를 대기압에서 영하 162도로 냉각하여 액화시킨 LNG는 기체 상태 대비 600분의 1로 부피가 줄어 저장 및 수송에 유리하다. 같은 양의 천연가스라도 LNG가 상품 가치가 더 높기에 GDP 규모가 커짐과 동시에 경제성장률도 높아질 수 있었던 것이다.

단, LNG의 생산을 위해서는 엄청난 규모의 투자가 필수 조건인데, 이러한 투자를 하려면 그만큼의 수요가 필요하다. 때마침 1990년대 초, 공급자 우위의 시장으로 돌아선 LNG 시장의 기회를 카타르가 잘 포착했다. 프랑스, 이탈리아, 벨기에, 스페인, 대만, 미국 외에도 LNG 수입이 급증하게 된 한국과 일본 같은 국가들이 증가하고 있음을 간파한 카타르는 세계 최대 단일 가스전인 북부 가스전(North Field)에 엄청난 투자를 단행했다.

천연가스 같은 자원은 '규모의 경제' 원칙이 적용되는 대표적 분야이기 때문에, 생산 규모가 커질수록 평균 생산 비용은 낮아지고 그만큼 진입장벽은 높아지게 된다. 결국 카타르는 LNG 부문에 대한 천문학적 투자의 결실로 2010년대 초까지 연간 7,300만 톤의 생산 능력을 보유하게 되었으며, 세계 최대 LNG 공급자로서 독과점적 지위까지 누리게 되었다. 현재도 카타르는 세계 천연가스 생산국 중 가장 낮은 생산단가를 자랑하고 있다. 사실 LNG를 생산하기 전인 1990년대 후반만 해도 카타르의 1인당 GDP는 일반적인 중동 산유국 수준인 2만 달러 정도였다. 그러다가 약 10년이 지난 2012년에는 1인당 GDP가 8만 5천 달러를 넘겼다. LNG의 경제부양 효과가 어느 정도인지 가늠해볼 수 있다.

카타르의 천연가스에 대한 야망은 여기서 그치지 않는다. 유럽의 다국적 기업 로열더치셸(Royal Dutch-Shell, 지금의 셸)과 합작으로 LNG보다 부가가치가 훨씬 높은 제트 연료(Jet fuel)를 세계 최초로 생산했다. 제트 연료는 '천연가스 액화 정제시설(GTL, Gas to Liquid)'을 통해 생산된다. 제트 연료는 액화석유가스와 기존의 석유 기반 등유(kerosene)를 50:50 비율로 합성하여 만든 대체 연료다. 기존 연료에 비해 대기오염 유발 물질 함량이 낮고 이산화탄소 배출량이 석탄의 절반, 석유와 비교해도 70% 수준으로 굉장히 낮아 친환경 연료로 각광 받고 있다.

이것 뿐만이 아니다. LNG에 비해 운송이 용이하고 안정성도 높아 카타르의 국영 항공사 카타르항공도 2012년부터 GTL로 만든 제트 연료를 사용하기 시작했다. 사실 GTL 방식은 천연가스를 액화한다는 점에서 LNG 생산 방식과 유사하다. 하지만 천연가스를 고압상태로 처리하여 액체의 상태로 변화시키는 LNG 방식과 달리, GTL 방식은 화학반응을 통해 가스를 아예 액체 상태의 석유 제품으로 만든다. 즉 일반적인 천연가스를 산업 전반에 걸쳐 활용되는 고부가가치 액상 석유 제품으로 만드는 것이다. 이 때문에 LNG 생산 방식보다 훨씬 고난도의 기술이 요구된다고 볼 수 있다.

:: 코로나19에도 카타르가 끄떡없는 이유

최근 국제사회의 환경 규제가 점점 강화되고 있다. 이에 따라 다른 연료에 비해 천연가스가 환경 규제에 효과적으로 대응할 수 있는 연료로 각광받고 있다. 특히 코로나19로 인해 환경에 대한 관심이 증폭되고 있는 최근 몇 년간은 서구사회뿐 아니라, 아시아 국가들도 환경 문제에 적극 대비함으로써 미래를 준비하고 있다. 중국의 경우 자국 내 대기오염 개선과 탄소 배출량 목표 달성을 위해, 탄소 배출량이 많은 에너지 자원을 LNG로 대체하려는 움직임을 보이고 있다. 이는 중국 내 LNG 차량 숫자가 증가함과 동시에 LNG 수요가 급증하는 추세까지 불러왔다. 2025년 이후에는 LNG 수요-공급의 격차도 벌어질 것으로 보이며, 글로벌 LNG 수요는 2040년까지 7억 톤에 달할 것으로 추정된다. 특히 아시아 지역은 이러한 성장에 75% 정도 기여할 것으로 예상된다.

글로벌 에너지 기업 셸(Shell)의 최근 분석에 따르면, 코로나19로 인해 전 세계적인 봉쇄 조치가 시행되는 전례 없는 상황 속에서도 2020년 글로벌 LNG 거래량은 3억 6천만 톤을 기록했다. 경미하지만 오히려 전년 대비 거래량이 증가했다. 코로나19 사태로 인해 전 세계 GDP가 마이너스 성장을 기록했던 것을 생각해보면, 글로벌 LNG 시장의 유연성과 회복력이 상당히 높음을 알 수 있다. 이것은 세계 각국이 시행하고 있는 친환경 정책과 결코 무관하지 않을 것이다.

이러한 역사적 흐름을 읽었는지, 카타르는 다른 국가들이 감히 천연가스 대국의 자리를 넘볼 수 없도록 기존의 연 생산량 7,700만 톤을 향후 수년 내에 1.2억 톤 정도까지 증가시킬 계획을 세웠다. 예상치 못한 코로나19 사태로 목표 생산량을 살짝 낮추었지만, 우선적으로 1억 1천만 톤 규모의 추가 생산시설을 2025년까지 완공하기로 했다. 이러한 LNG 증산 프로젝트에 따라 카타르는 추후 관련 기자재뿐 아니라 LNG 운반선의 도입도 필요할 것이다. 이는 한국 조선업계에게도 희소식이 아닐 수 없다.

이미 2020년 카타르에너지공사(QE)와 한국 기업 조선사 3사(한국조선해양, 삼성중공업, 대우조선해양) 간 LNG선 100척 슬롯 계약 체결이 성사되었다. 슬롯 계약은 새 선박용 도크, 즉 건조 공간을 미리 선점하는 것을 말한다. 그리고 드디어 2022년 상반기, 카타르가 34척을 발주했고, 이 중에서 30척을 대우조선해양(4척), 한국조선해양(10척), 삼성중공업(16척)이 휩쓸었다.

LNG 증산 계획이 차질 없이 실현된다면, 카타르는 천연가스 수출 대국으로서 입지를 더욱 탄탄히 할 것이다. 게다가 코로나19로 급락했던 천연가스 가격이 2020년 들어 회복세를 기록하고 있다. 2021년 9월 9일 기준으로 뉴욕상업거래소(NYMEX) 천연가스 선물 가격이 7년 만에 5달러 선을 돌파했고, 러시아와 우크라이나 전쟁 이후로는 천연가스가 세계적인 인플레이션을 야기하는 핵심 동력으로 부상하고 있기도 하다. 특히 2022년 6월에는 9달러를 넘기기도 했는데, 이후로는 5달러와 9달러 사이에서 움직이고 있다. 물론 이러한 가격이 언제까지 지속될지는 불확실하다. 그럼에도 LNG 사업 확장을 꾀하는 카타르가 높아진 천연가스 가격의 대표적인 수혜자임에는 틀림없을 것이다.

:: 단교 사태, 카타르 경제에 위협이었나?

2017년 6월 5일, 카타르가 이란과 무슬림 형제단을 지원한다는 이유로 주변 4개 국가(사우디, 아랍에미리트, 바레인, 이집트)가 카타르와 국교 단절을 선언했다. 기본적으로 수니파 국가인 4개국은 시아파 종주국인 이란에 반감을 가지고 있을 뿐더러, 무슬림 형제단을 테러리스트 단체로 규정하고 있기 때문이다. 특히 무슬림 형제단과 연계된 일부 인물들은 대중을 선동해 자국 내 정권을 뒤흔들 수 있기 때문에 더욱 위험하다는 입장이었다. 사우디를 비롯한 단교 선언 국가들은 눈엣가시 같았던 카타르의 알자지라 방송국 폐쇄, 이란 내 카타르 대사관 철수 등을 국교 복원의 선결 조건으로 제시했다. 하지만 카타르는 이를 거절했다.

카타르는 왜 이렇게 독자적인 외교 행보를 보일까? 조지타운대학 교수 메흐란 캄라바(Mehran Kamrava)는 이러한 전략을 약소국 카타르가 역내에서 위험을 회피하기 위해 도모하는 헷징(hedging) 전략이라고 설명한다. 마치 한국이 미·중 간 대립 속에서 유연한 헷징 전략을 구사해야 했듯이 말이다. 아라비아반도의 작은 나라 카타르도 사우디와 이란 등 주변 강대국의 영향권 아래에서 오랫동안 헷징을 실행해왔다는 것이다.

그럼 여기서 가장 중요한 질문을 던져보자. 과연 이러한 단교 사태가 카타르 경제에 큰 영향을 미쳤을까?

물론 단기적으로는 그렇다. 카타르 수입의 약 15%를 차지했던 주변 국가들과의 육해공 무역로가 막히자 낙농품, 일부 산업 기자재 수입에 차질이 생겼다. 그럼에도 카타르는 굽히지 않고 오히려 신규 수입 노선을 발굴해나갔다. 특히 미국, 영국 등 서방 국가들과 경제협력을 공고히 하는 한편, 터키, 이란, 오만, 쿠웨이트 등 역내 타 국가와의 무역 증진을 꾀하는 등 위기를 대체 무역로 확대를 위한 기회로 삼았다.

또한 미국 정부 입장에서 중동 최대 군사기지인 '알우다이드 공군기지(Al Udeid Air Base)'가 있는 카타르는 전략적으로 매우 중요한 협력국이다. 특히 미국이 이란을 고립시키기 위해서는 카타르와 다른 걸프 아랍국가들 간 분열이 큰 도움이 되지 못한다. 아니나 다를까 2021년 1월 미국의 중재로 카타르와 아랍국가들의 단교 사태는 일단락되며, 사우디를 중심으로 카타르에 대한 무역 및 금수 조치가 해제되었다. 카타르 경제의 미래를 우려했던 많은 경제인들은 가슴을 쓸어내렸을 것이다.

흥미로운 것은 카타르가 탈레반, 무슬림 형제단 등 걸프 아랍 정부들과 척을 지고 있는 테러 세력들과 지속적인 관계를 유지해왔기에,

오히려 아프간 사태가 터진 후 카타르가 서방과 탈레반을 잇는 키플레이어(Key Player)로 떠올랐다는 것이다. 이러한 것이 헷징 전략의 묘미가 아닐까?

03

카타르의
경제 청사진

:: 카타르 비전 2030

카타르 에너지 산업은 2020년 기준으로 GDP의 29%, 재정 수입의 78%나 차지한다. 반면 제조업 기반은 거의 전무하고 천연자원 이외엔 특별한 수출 산업도 없는 실정이다. 이 영향으로 2012년 이후, 카타르의 매년 실질 경제성장률은 감소 추세를 면하지 못했다. 게다가 미국의 셰일 자원이 국제 시장에 쏟아져 나옴으로써 2014년부터 국제 에너지 가격이 곤두박질쳤다. 코로나19로 인해 경제 충격을 받기 이전인 2019년에 이미 1%대 성장을 기록했던 이유다. 물론 2017년 시작된 주변 아랍국가들과의 단교가 큰 영향을 미친 점도 있다. 그러면 카타르 정부는 그동안 이러한 비균형적인 산업 구조를 타파하기 위해 무엇을 해온 것일까?

　우선 카타르 정부는 이미 오래전부터 천연가스와 석유 제품에 의존해서는 지속적인 경제성장이 힘들다는 위기의식을 가지고 있었다. 그리고 2008년에 이러한 위기의식을 타파하기 위해 '카타르 국가비전 2030(Qatar National Vision 2030)'을 발표했다. 비전 2030의 핵심은 장기적인 경제성장을 이루기 위한 4개 핵심 분야(인적자원, 사회, 경제, 환경)에 대해 집중투자하여, 높은 삶의 질이 보장되는 선진국으로 도약하자는 것이다.

　투자를 위해서는 자본이 필요하다. 일반적으로 선진국들의 경우에는 건실한 금융시장을 통해 투자에 필요한 자본이 융통된다. 이러한 사실을 잘 인지하고 있던 카타르 정부는 1997년부터 카타르개발은행(Qatar Development Bank)을 통해 산업, 관광, 교육, 의료, 농업, 어업 등 산업 전반에 걸쳐 창업과 중소기업들의 투자를 지원해주고 있다.

　카타르개발은행이 중소기업 지원에 역점을 두는 이유는 지식에 기반을 둔 중소기업들이 혁신적인 미래산업의 기반을 마련하는 일에 중추적인 역할을 할 것이며, 또한 카타르의 지속가능한 경제성장을 이루어줄 것이라는 믿음 때문이다. 국민소득은 높지만 워낙 작은 나라이기에, 중소기업 주도의 경제성장을 추진하는 것은 어찌 보면 지극히 현실적인 목표이기도 하다. 또한 제조업 기반이 약한 상태에서 성공적인 세계시장 공략을 위해서는 혁신 아이디어를 통한 틈새시장을 노릴 수밖에 없다. 이러한 점에서 카타르는 올바른 방향을 설정하고 있어 보인다.

:: 카타르 디지털화 프로젝트, 타스무

카타르의 국가 발전 전략 중 한국 투자자들이 눈여겨볼 사업이 하나 있다. 카타르 교통 통신부(MoTC, Ministry of Transport and Communications) 주관으로 추진되고 있는 국가 디지털화 프로그램인 타스무(TASMU Smart Qatar Program)다. 타스무는 2017년 카타르 정보통신기술(ICT) 산업의 핵심 성장 전략으로 도입한 프로그램이다. 정보통신기술을 활용해 국가 디지털화를 추진하는 데 역점을 두고 있다. 2017년부터 2022년까지 약 16억 달러의 예산을 투입해 5대 분야(교통, 물류, 환경, 헬스케어, 스포츠), 107개 유망 정보통신기술 프로젝트를 선정하여 추진하는 중이다.

물론 현재 카타르 GDP 중 ICT 산업 비중은 1.4% 밖에 되지 않는다. 하지만 세계경제포럼(WEF) 글로벌경쟁력지수에 따른 2019년 카타르 ICT 보급률은 세계에서 8위다. 결코 낮은 수치가 아니다. 더 높은 목표를 가지고 있는 카타르는 앞으로 ICT 강국인 한국을 더욱 필요로 할 것이고, 한국 기업들은 카타르에서 협력 사업을 할 수 있는 더 많은 기회를 갖게 될 것이다. 다음은 타스무의 5대 주요 스마트 전략 분야를 살펴본 것이다.

스마트 운송

카타르는 인구 증가에 따른 교통 인프라 수요에 대비하기 위해 도로 건설 및 개보수 프로젝트를 진행하는 동시에, 타스무 프로그램을 통해 스마트 운송(Smart Transport) 관련 25개 프로젝트를 추진할 예정이다. 주요 프로젝트로는 여행정보 수집의 간편화, 이동 및 대중교통 접근성 강화·간편화·안전화가 있다. 카타르가 추진 중인 몇 가지 대표적인 사업을 보자. 모바일앱이나 택시 내 스크린을 통한 여행 정보 제공, 스마트 파킹(Smart Parking), 지능형 교통 표지판(Digital Road Signage), 스마트 택시(Smart Taxi), 실시간 교통정보(Intelligent Road Signage), 스마트 차량 모니터링(Smart vehicle monitoring), 장애인, 임산부, 노약자를 배려한 특별 교통 서비스 제공 등이 있다.

스마트 물류

카타르는 다양한 원자재 및 상품 시장의 수요·공급 관련 정보, 운송 및 배송 정보, 해외 공급망 정보를 이용자들이 편리하게 제공받을 수 있도록 전산화와 함께 물류 업계의 자동화도 추진하고 있다(Smart Logistics). 드론을 통한 배송뿐 아니라 드라이브스루(Drive-through) 쇼핑몰을 통해 온라인으로 미리 상품을 선택하고, 지정된 시간과 장소에서 간편하게 상품을 받을 수 있는 새로운 쇼핑 문화도 시도하고 있다. 또한 글로벌 공급망 트랙킹 시스템을 통해 시시각각 변하는 국제 공급망에서 보다 효과적이고 신속하게 대처하려는 목표를 세우고 있다. 카타르는 최근 주변 국가들과의 분쟁을 경험하고 코로나19를 겪으면서 글로벌 공급망 트래킹 시스템의 중요성을 더욱 절감했을 것으로 보인다.

스마트 환경

카타르 정부는 환경문제를 해결하기 위해 스마트 환경(Smart Environment) 계획을 추진 중이다. 식량 안보를 확보하고 에너지 절약을 통해 기후 변화에 대한 적절한 대응을 하자는 것이다. 그리고 이를 실천하기 위해 스마트 환경 틀 내에서 구체적인 계획들을 세우고 있다. 예를 들어 식량 자원의 국내 수요와 공급 및 해외로부터의 수입량을 전산화하여 향후 식량 안보 추세를 실시간으로 분식·대응하고 있다. 또한 도심 고층 건물을 일종의 농경지로 활용하는 수직농장(vertical farming)을 통해, 면적이 좁은 농장에서도 효율적으로 농산물을 생산할 수 방안을 연구하고 있다. 특히 에너지 효율이 높은 자동화된 생산 방식을 활용해 농산물 재배와 생산이 가능토록 연구 중이다. 여기에 태양 에너지 활용, 스마트 빌딩화 등을 통해 에너지 효율성을 극대화하고 기후 변화에 대응하는 자세를 보이고 있다.

스마트 헬스케어

OECD 회원국들에 비해 현저히 뒤처진 의료 시설 및 수준을 개선하기 위해 카타르 정부는 스마트 헬스케어(Smart Healthcare) 계획을 추진 중이다. 부족한 병상 수와 의료 인력 문제를 해결하기 위해 화상 진료와 이동식 진료소 및 디지털 자가 진단이 가능하도록 추진하고 있다. 특히 노인들을 위한 디지털 간호사 서비스 뿐 아니라, 스마트 앰뷸런스로 응급환자를 신속하고 안전하게 응급 시설로 이동시킬 수 있도록 계획하고 있다. 또한 카타르 거주민들의 개인 건강정보를 국가가 일괄적으로 전산화 및 관리하면서, 민간-공공 의료기관 간 원활한 정보 공유를 통해 더욱 효과적인 건강관리가 가능하게 하고 있다. 고급 의료 시설과 충분한 의료 인력 확보가 현실적으로 쉽지 않은 상황에서 카타르의 스마트 헬스케어 계획은 매우 시의적절한 전략이라 볼 수 있다.

스마트 스포츠

카타르 정부는 국민 체육 활동을 증진시킬 뿐 아니라, 2022년 카타르 월드컵 등 국제 스포츠 행사에도 활용할 수 있는 '스마트 스포츠(Smart Sports) 프로젝트'를 추진 중이다. 예를 들면 스포츠 경기장 스마트화를 통해 운동경기 관람과 경기장 내 소비활동을 간편화하는 방안을 연구 중이다. 또한 생활체육의 증진을 위해 체육 관련 시스템을 디지털화하고, 전문 체육인 양성을 더욱 효율적·체계적으로 하기 위한 시스템과 정보를 전산화하는 방안을 추진 중이다. 각 학교 또는 스포츠 클럽별로 코치와 체육교사들이 카타르 선수 양성 프로그램 (Qatar's National Athlete Development Progra) 사이트에서 소속 스포츠 영재 개개인의 정보를 입력하여, 체계적인 스포츠 영재 관리가 가능하게 하고 있다.

04

산업별 경제 전망과
한국의 투자 기회

:: 소프트웨어 및 콘텐츠 수출

카타르는 1인당 GDP가 미국에 뒤처지지 않고 5G 상용화 등 국가 하드웨어 기반을 잘 다지고 있다. 하지만 소프트웨어와 콘텐츠 면에서는 상대적으로 기술력이 미흡하여 해외 의존도가 클 수밖에 없다. 그렇기 때문에 디지털 경쟁력이 우수하고 이미 세계적 콘텐츠 역량을 갖춘 한국의 투자처로 카타르는 좋은 조건을 갖춘 셈이다. 게다가 한국은 카타르 LNG의 주요 고객으로 친밀한 관계를 이어오고 있다.

물론 카타르 시장 규모는 작다. 하지만 다양한 인구(외국인 비율이 약 88%)가 상존하는 시장 특성을 활용하여 카타르를 시험 무대로 삼고 장기적 진출 전략을 세워볼 필요가 있다. 소프트웨어나 콘텐츠를 현지화하는 노력과 함께 다양한 국적별 이용객에 대응하기 위한 치밀한 전략이 필요할 것이다.

이전에는 카타르에서 외국인 100% 지분 투자 가능 산업이 제한적이었다. 그러나 2019년 1월 8일, 외국인 투자법이 개정됨에 따라 모든 경제 분야에 대해 최대 100%까지 외국인 투자 및 지분 소유가 가능하게 되었다. 외국 자본을 카타르로 끌어들여 산업 다각화를 통한 경제성장을 꾀한다는 전략이다. 다만 신청한 사업 계획 등을 상세히 검토한 후에 승인 여부가 결정된다는 조건이 붙어있다.

:: 인프라 사업

일반적으로 한국 기업이 많이 진출하는 건설업 분야는 동 투자법 개정을 통해 100% 지분 투자 신청이 가능하며, 제조업 중시 정책에 따라 제조업을 위한 공장도 대부분 신청이 가능하다. 특히 2019년 하마드항(Hamad Port)과 하마드 국제공항(Hamad International Airport) 인근에 일부 개장되어 인프라 조성 단계에 있는 경제자유구역에서는 외국인 투자자들의 100% 지분이 허용된다. 또한 경제자유구역에서는 법인세 및 관세 감면 혜택뿐 아니라, 자유로운 영어 구사 환경에서 저임금 노동자부터 고급인력까지 다양한 인재를 활용할 수 있다.

2020년 카타르는 PPP법(Public-Private Partnership Law)을 제정하여 민

간-공공 부문 간 협력 강화를 통한 국가경제 발전을 도모하기 시작했다. 2020년 초에 발주된 알카르사(Al Kharsaah) 태양광 발전소를 비롯, 2019년 1월 공공사업청에서 발주한 45개 공립학교 건설 프로젝트도 PPP 형식으로 진행되었다. 카타르는 비전 2030에 따라 도로, 메트로 등 중대형 인프라 프로젝트를 활발히 진행할 뿐 아니라, LNG 증산과 2022년 월드컵 준비를 위한 다양한 사업도 추진하고 있다. 한국 정부와 기업들은 이러한 기회를 잘 포착하여 카타르 민간기업과 합작 형태로 민관 협력 사업에 참여할 수 있어야 한다.

:: LNG 증산 관련 사업

카타르는 현재 연간 LNG 생산량 7,700만 톤을 2027년까지 1.26억 톤으로 64% 증산하겠다는 계획을 가지고 있다. 추후 관련 플랜트 건설, 운반선의 신조 및 기존에 보유한 LNG선박의 개조, 기자재 수출과 서비스 공급 계약을 체결할 수 있는 기회가 많을 것으로 보인다. 특히 다국적 석유기업 쉘(Shell)의 보고서에 따르면, 남아시아에서의 LNG 수요는 2040년까지 3배가량 증가할 것으로 전망되고 있다. 카타르는 이곳의 수요 증가에 큰 관심을 가지고 있으며, 이로 인해 카타르의 LNG 공급 규모는 향후 수십 년간 안정적으로 계속 증가할 것으로 보인다. 문제는 이러한 안정적인 카타르 LNG 공급망이 역설적으로 해외 투자자들의 투자수익 감소로 이어질 가능성이 크다는 점이다.

경제학에는 '고위험 고수익, 저위험 저수익'이라는 피할 수 없는 법칙이 있다. 투자자들 사이에서는 이미 공식화되어 있다. 위험도가 가장 낮은 미국 국채 금리가 기타 위험 자산 주식에 비해 수익률이 훨씬 낮은 이유이기도 하다. 카타르 LNG 증산은 누가 봐도 안정적인 투자 종목으로 여겨져 이미 세계 많은 기업들이 관심을 가지고 있다. 그리고 이것이 오히려 수익률의 감소로 이어지는 것이다.

실제로 카타르에너지공사(QE)는 최근 입찰 기업들에게 8~10%의 수익률을 제시했는데, 이는 이전 기업들에게 제시했던 15~20%에 비해 현저히 낮은 수익률이다. 카타르 LNG 공급망의 안정성이 높아질수록 수익률은 낮아질 수밖에 없다. 큰 위험을 감수하고 높은 수익을 갖느냐, 작은 위험을 감수하고 낮은 수익을 갖느냐, 선택은 투자자들 몫이다.

: : 이산화탄소 포집 사업

카타르 정부는 친환경 에너지 생산이라는 시대적 요구에도 준비를 하고 있다. 특히 LNG 생산 시 발생하는 이산화탄소를 포집(Capture)하는 기술에 계속 투자하고 있다. 이를 통해 현재 연간 200만 톤의 처리 수준을 2030년까지 700만 톤 규모로 증대할 계획이다. 국내에서는 현재

LNG 사업을 하는 SK E&S가 주도적으로 이산화탄소 포집 기술 개발에 참여하고 있다.

기술의 핵심은 미래 기술인 '탄소포집기술(CCUS, Carbon Capture Utilization and Storage)'을 적용해 LNG 생산 시 발생하는 이산화탄소를 포집(Capture)한 후, 압축·수송 과정을 거쳐 육상 또는 해양의 지중에 저장하거나 화학소재 등 유용한 물질로 전환하여 활용하는 것이다. 2000년대 이후부터 세계적으로 대기업뿐만 아니라 스타트업들도 이산화탄소 포집, 저장, 활용에 관한 독창적인 기술을 내세워 CCUS 시장에 진입하고 있다. 그렇기에 진취적인 국내 기업들의 많은 도전이 기대된다. 현재 이 기술 개발에 참여하고 있는 스타트업 기업들은 미국이 2개, 스위스 1개, 캐나다 1개이다.

참고로 글로벌CCS연구소(Global CCS Institute)의 보고에 따르면 전 세계 탄소 배출 제로(0)를 달성하기 위해 2050년까지 필요한 이산화탄소 포집·저장 용량은 연간 3.6기가 톤에 달한다. 오늘날 전 세계적으로 설치된 CCUS 시설의 포집 용량은 약 40메가 톤(= 0.04기가 톤)에 불과하다. 미래에는 어떤 기업이든 이산화탄소 배출에 신경 쓰지 않을 수 없는 시대가 올 것이다. 그렇기에 이 분야에서 엄청난 수요가 예상되며, 국가와 민간 부문에서 좀 더 적극적인 관심과 참여가 필요해 보인다.

:: 온라인 시장과 디지털 산업

코로나19로 인한 상황은 카타르도 예외가 아니어서, 최근 1~2년 사이 전자상거래 비중이 크게 높아졌다. 사실 카타르의 인터넷 보급률은 99%로 세계 1위의 국가다. 다른 중동 국가들에 비해 신용카드가 이미 널리 통용되고 있었기에, 온라인 거래 증가는 자연스러운 수순으로 보인다. 코로나19 팬데믹 이전에도 카타르의 전자상거래는 증가 추세에 있었는데, 2018년 15%에서 2019년에는 37%로 2배 이상 성장하고 있었다. 코로나 사태로 이제 전자상거래는 생활의 필수가 되는 분위기다.

이와 관련하여 카타르 내 주요 유망 기술로는 주문 접수 및 배송 관리 시스템, 핀테크(Fintech) 기술, 전자상거래 시스템 구축 서비스 등이 있으니 관심 있는 한국 기업들은 눈여겨봐야 할 것이다. 특히 카타르 온라인 비즈니스의 경우, 사업을 시작하기 위해 거주 비자를 요구하지 않는다. 간단하게 사업자등록 과정을 거치면 사업 비자로 사업을 시작할 수 있으니, 오프라인 비즈니스보다 진입장벽이 훨씬 낮다고 볼 수 있다.

카타르의 디지털 시장은 중동 지역에서 가장 빠르게 성장하는 시장 중 하나다. 2019년 21~23억 달러 규모의 디지털 관련 소비는 2023년에는 32억 달러까지 성장할 전망이다. 정부 차원에서도 전자정부 전략(Qatar E-Government)을 통해 정부 서비스를 디지털 기반으로 전환하는 중이다. 국가 전체의 전략적 디지털 프로젝트 규모는 800억 달러 정도인데, 이 중에서 스마트시티 관련 규모가 500억 달러, 카타르 월드컵 관련 디지털 프로젝트 규모가 100억 달러 정도인 것으로 알려져 있다.

카타르 디지털 시장의 세부 지표를 보면 방위산업, 에너지, 물류와 교통, 통신, 소비재, 스포츠 관련 부문 비중이 크다. 그리고 사이버 보안, 사물인터넷(IoT), 클라우드 컴퓨팅, 빅데이터 분석 기술, AR/VR, 블록체인, 인공지능 등의 기술이 활발히 이용되고 있다.

예를 들어 코로나19로 사회적 거리두기 방침이 강화되자 카타르 박물관청(Qatar Museums Authority)은 카타르 내 박물관의 각종 온라인 전시장 활용을 확대했다. 특히 구글의 문화예술 프로젝트인 '구글 아트 앤 컬처(Google Art & Culture)'를 활용해 전시품들을 온라인 이미지로 구현해 전시하거나 VR 무료 관람 서비스를 제공하고 있다. 이러한 가상 전시장 형태 서비스는 향후 부동산, 관광업 등 다양한 분야로도 확산될 전망이다. 또한 5G 기술을 활용한 무인 자율 주행 배달 서비스도 현재 시범 운행 중인데, 성공할 경우 카타르 디지털 전환의 성공적 사례가 될 것이다.

:: 제조업

카타르는 GDP의 9% 밖에 되지 않는 제조업 육성이 시급하다. 2017년 주변 국가들과의 단교 이후 그 중요성이 더욱 커졌다. 2020년 7월 기준 제조업체 수는 1,396개이지만, 이것 또한 대부분 석유화학과 경공업 분야에 편중되어 있어 다원화가 절실한 상황이다. 에너지 및 건설 인프라 관련 제조업의 현지화에 많은 노력을 기울여 왔지만, 현재 카타르 정부는 2022년 월드컵 준비로 여력이 없다. 이는 코로나19의 영향이기도 한데, 2020년 제조업 분야가 카타르 실질 경제성장률에 미친 영향은 -6.5%였다. 월드컵 유치와 직접 관련이 있는 관광, 교통, 건설 부문에만 집중하고 있는 상황이다. 바꾸어 생각하면 월드컵 이후에는 이들 분야의 많은 노동력이 제조업으로 옮겨 갈 수밖에 없을 것이다.

카타르 정부가 전략 사업으로 추진하고 있는 제조업 부문은 석유화학, 플라스틱, 금속(알루미늄 포함), 식품 및 식음료, 의약품 등이다. 하지만 현실적으로 봤을 때 카타르가 비교우위에 있는 석유화학 산업을 통해 부품 및 재료 비용을 절감할 수 있는 3D 프린팅 응용이 가능한 일부 제조업 분야 외에는, 단기간 내 비약적 발전을 이룰 수 있는 부문이 별로 없어 보인다. 카타르 정부도 이러한 점을 인정하고 있기에 기술을 전수 받을 수 있는 해외 직접 투자 유치에 더욱 관심을 보일 것으로 보인다.

흥미로운 점은 2017년 카타르 정부 발표에 의하면, 전체 예산 중 12%가 보건의료 분야에 투입되고 있다는 것이다. 이는 월드컵 준비를 위한 교통 인프라 구축에 투입되는 예산에 이어 두 번째로 큰 규모다. 카타르 정부는 자체 의약품 제조기업 신설을 지원하는 동시에, 현재 조성 중인 특별경제구역 내 해외 유수 의약품 제조기업을 유치하고 있다.

: : 식량 안보

제조업 분야와 마찬가지로, 단교 사태 이후 카타르에서는 식량 안보가 중요한 국가적 화두로 떠올랐다. 이에 따라 '국가 식량 안보 전략(National Food Security Strategy 2018~2023)'을 통해 2023년까지 농산물 자급률을 70%까지 높이려고 한다. 이를 위해 농장 시설 지원 프로젝트 추진 등 다양한 노력을 기울이고 있다. 단교 이전에는 85%의 채소를 수입에 의존해왔지만, 향후 수년 내로 국내 수요의 60% 정도까지를 수직농장 기술을 이용한 현지 생산으로 충당할 계획이다. 또한 가축산업과 어업기술을 혁신하여 해당 부문의 자급량을 2022년까지 각각 30%, 60%까지 증대시킬 목표를 가지고 있다.

이러한 시기에 한국의 스마트팜 기자재, 그리고 이와 관련된 IoT 기술 등의 수출 및 기술 전수 사업 추진이 필요하다. 이 부분에 관심이 있는 우리나라 국내 기업들은 매년 3월에 카타르에서 개최되는 '카타르 국제 농업·환경 전시회(QATAR INTERNATIONAL AGRICULTURAL & ENVIRONMENTAL EXHIBITION)'에 참관해, 현지 사업 기회 등 여러 유용한 정보들을 수집할 필요가 있다.

05

코로나 이후의
카타르 경제 전망

카타르는 주변 중동 국가들에 비해 코로나 이후의 미래가 상당히 밝은 편이다. 그간 주변 국가들과의 단교 사태를 경험하면서 위기를 겪기도 했지만, 오히려 새로운 무역로 확충을 통해 이를 잘 극복하면서 장기적 경제성장의 기반을 잘 마련했다고 볼 수 있다. 또한 신속한 백신보급으로 코로나 상황도 비교적 잘 대처했을 뿐 아니라, 코로나에 영향을 받지 않는 안정적인 LNG 수요로 인해 경제가 크게 흔들리지도 않았다.

큰 악재를 비교적 무난하게 잘 버텨낸 카타르는 이제 2022년 겨울 월드컵이라는 큰 스포츠 행사를 앞두고 있다. 월드컵은 스포츠 시설과 인프라 투자 및 관광객들의 소비 지출을 통한 직접적인 경제적 효과가 있다. 그 외에도 관련 산업의 생산과 고용 유발, 국가 브랜드 상승을 통한 부가가치 효과 등 개최 국가에 상당한 간접적인 경제 효과도 있다. 2022년에 겨울 코로나 상황이 어떻게 될지 예측하기 쉽진 않지만, 많은 국가들이 방역 규제를 해제하고 코로나 바이러스와 함께 사는 방향으로 전환하려는 움직임은 카타르에게 분명 호재다.

월드컵을 성공적으로 개최하길 원하는 카타르가 위드코로나(With Corona) 현상을 누구보다 반기고 있을 듯하다. 포스트 코로나 시대로 들어가며 경제 회복의 기지개를 펴야 하는 카타르에게 2022년 겨울 월드컵 개최보다 더 좋은 경제개발 프로젝트가 있을까? 개최지 선정부터 월드컵 공사 현장에서의 이주 노동자 인권문제, 개최 시기 변경까지 말도 많고 탈도 많았다. 그러나 현재 상황에서 카타르 정부는 조커 카드를 들고 조커의 미소를 짓고 있는 포커 플레이어 같아 보이기도 한다.

또한 높아진 에너지 가격과 북부 가스전(North Field) LNG 증산 프로젝트, 그리고 카타르 내 외국인 투자 환경 개선 등을 고려해볼 때 한동안 카타르 경제성장의 엔진이 쉼 없이 가동되지 않을까 기대해본다. IMF의 자료에 의하면 2022년 기준 원유가격이 40달러 이상일 경우 카타르의 재정은 흑자를 유지할 수 있다고 한다. 최근 100달러 수준까지 치솟은 원유가격은 분명 카타르에게 재정적으로 많은 여유를 줄 것이고, 카타르 정부가 좀 더 안정적으로 미래 정책들을 수행하는

데 큰 힘이 될 것으로 보인다.

　전 세계적으로 환경문제가 더욱 이슈화되고 국제사회가 탄소 배출 감소 방향으로 의견을 모으고 있는 추세도 카타르의 미래를 밝게 한다. 전 세계의 많은 국가에서 가스가 기본 전력 공급원으로 석탄을 대체함에 따라 LNG 수요는 늘어날 수밖에 없다. 카타르는 탄소 배출을 줄여주는 탄소포집기술에도 엄청난 투자를 하고 있으니, 이 분야에서는 계속 비교우위를 이어갈 것으로 보인다. 특히 공해 문제가 심각한 중국을 비롯한 아시아 개발도상국에서도 LNG 수요가 점점 늘어나고 있다는 점이 이를 뒷받침해준다. 이러한 사항을 고려했을 때, 카타르는 포스트 코로나 시대에 중동에서 가장 밝은 전망을 가진 국가 중 하나로 예측된다.

Chapter 4

바레인

BAHRAIN

01

바레인의
경제 역사

사우디아라비아와 카타르반도 사이에는 작은 섬이 하나 있다. 바로 지금의 바레인이다. 서울 면적의 약 1.3배 밖에 되지 않는 곳이다. 17세기에 시아파 종주국 페르시아(이란)가 이 지역에 침입하여 오랫동안 지배를 했다. 그 영향이었을까? 아직도 바레인 국민 중 약 60%가 시아파무슬림이다. 그러다가 1783년, 수니파인 알 칼리파 가문(Al-Khalifa)이페르시아 세력을 축출하고 이곳의 통치권을 장악했다.

바레인 지역도 어김없이 1861년 영국과 보호조약(General Treaty of Peace)을 맺으면서 영국의 지배를 받기 시작했다. 영국은 자국의 식민지인 인도로 가는 바닷길을 보호하기 위해 아라비아반도의 아랍 토후국 중 걸프만을 끼고 있던 토후국(바레인, 오만, 카타르 및 현 아랍에미리트 7개 토

후국)과 조약을 맺었다. 바레인을 비롯한 토후국들은 모두 영국의 '보호'라고 포장된 식민적 영향을 받았다.

20세기 들어 중동의 곳곳에서 석유가 발견되기 시작했다. 1932년 바레인의 석유를 처음 발견한 것은 바레인 석유탐사권을 가지고 있던 미국의 소칼사(Standard Oil Company of California, 현 셰브론의 전신)였다. 당시 바레인 주민들에게 큰 돈벌이는 진주 산업이었다. 20세기 초만 해도 바레인 남성 절반이 진주 산업에 종사할 정도였다. 그러나 일본이 인공진주를 대량 생산하면서 바레인의 진주 산업은 무너졌고, 1930년대 세계 대공황까지 걸프 지역을 강타했다. 그때 소칼사의 석유 발견은 바레인을 절망의 늪에서 건져주었다.

이후 1968년 영국이 걸프 지역 토후국들과 맺었던 보호조약을 종결하고 1971년에 철수했다. 당시 바레인은 아랍에미리트 연합의 7개 토후국과 카타르까지 총 9개의 토후국이 한 국가를 이루자는 논의에 참여했으나, 의견 차이로 카타르와 같이 연합을 포기했다. 그리고 1971년 알 칼리파 가문의 주도로 바레인은 현대 국가로서 지위를 인정받고 완전 독립을 이뤄냈다.

바레인도 석유 수출로 들어오는 오일머니를 통해 근대화를 추진했고 1973년, 1979년 두 번의 오일쇼크 덕분에 중동 부국 대열에 오르게 되었다. 1980년대 유가가 하락하면서 재정적자에 직면하게 되었고, 이러한 현상은 2000년대 초반에 유가가 다시 오르면서 사라졌다. 그러나 그것도 잠시, 미국 셰일 오일이 쏟아져 나오면서 국제 유가가 폭락했고 바레인은 다시 재정적자와 맞닥뜨렸다. 이를 해결하기 위해 긴축재정 정책을 추진할 수밖에 없었다. 결국 바레인도 유가의 변동에 따라 경제가 휘청일 수밖에 없는 구조였던 것이다.

02

바레인의
경제성장 동력

:: 이슬람 금융 중심지로의 도약

바레인의 면적은 중동 지역에서 가장 작은 나라에 속한다. 하지만 1인 당 국내총생산(GDP)은 2021년 기준 2만 3천 달러 정도로 부유하다. 사실 바레인의 화석연료 매장량은 타 중동 산유국에 비해 매우 적다. 석유와 천연가스 산업 비중이 GDP의 17.8%다. 석유·천연가스 제품 생산이 GDP의 40~60% 이상을 차지하는 사우디, 쿠웨이트, 카타르 와 대비된다.

물론 18%도 결코 낮은 비중은 아니기 때문에 바레인의 경제는 국 제 유가에 상당한 영향을 받는다. 이로 인해 바레인 역시 금융, 중화 학 공업, 소매업, 관광업 등 경제 다각화를 위해 노력을 기울여 왔다.

타 산유국에 비해 석유 매장량의 규모가 상대적으로 작기 때문에 빠른 다각화가 절실했을 것이다. 2000년에 석유·천연가스 부문이 GDP에서 차지하는 비중이 44%였음을 감안할 때, 경제 다각화가 성공적으로 진행되어 왔음을 알 수 있다.

이 중에서 금융과 관광산업에서의 성공은 주목할 만하다. 특히 금융은 바레인 정부가 가장 역점을 둔 분야이기도 하다. 이슬람권에서 돈은 오로지 가치 보존의 수단일 뿐이다. 이러한 인식 때문에 이슬람에서의 가치 창출은 오직 상업 활동이나 생산 활동을 통해서만 가능하다고 여겨진다. 즉 이슬람 율법에서는 이자소득이 불로소득 및 부당이득으로 간주되어 금기시된다. 따라서 많은 무슬림들은 이자소득이 붙지 않는 당좌예금을 이용하거나 이자소득이 발생하더라도 인출하여 기부를 하는 등 샤리아(Shariah, 이슬람 율법)에 위배되지 않도록 금융거래에 각별한 주의를 기울였다.

그렇다면 이자소득에 의존하는 금융산업을, 이슬람 국가인 바레인이 투자를 하고 발전시킨다는 것은 어떻게 이해할 수 있을까?

바레인을 비롯한 이슬람 국가들은 오랫동안 샤리아에 어긋나지 않는 금융 방식을 개발해왔다. 이렇게 개발된 이슬람 금융상품 중에서 가장 인기 있는 것이 수쿠크(Sukuk)이다. 수쿠크는 투자자들에게 이자를 지급하지 않는 대신, 사업에서 창출된 수익을 투자 배당금 형식으로 지급한다. 이러한 현대적 수쿠크 기법은 1990년 다국적 기업인

셀의 말레이시아 법인이 처음으로 개발했고, 이후 여러 형태로 진화해 왔다.

기업들이 수쿠크를 발행해 돈을 빌린다는 점에서 채권과 비슷하게 볼 수도 있지만, 어떻게 보면 실물자산에 투자를 하여 수익을 창출한다는 점에서 펀드의 성격도 가지고 있어 흥미롭다. 예를 들어 자금이 필요한 기업 A는 자산(예를 들면 소유하고 있는 빌딩 등)을 수쿠크 거래를 위해 설립된 특수목적회사(SPV, Special Purpose Vehicle)에 형식적으로 매각한다. 이때 SPV는 투자자들로부터 얻은 돈으로 동 자산을 매입한 후, 다시 기업 A에 해당 자산을 임대해준다. 여기서 창출되는 임대소득이 투자자들에게 배분되며, 기업 A는 향후 그 자산을 다시 사들여서 원 자산을 회수한다. 결국 임대소득이 이자소득인 셈이다. 이슬람에서는 임대소득을 금하지 않기 때문에 수쿠크는 이슬람 사회에서 광장히 좋은 금융상품이 된다.

샤리아 버전의 금융산업에 대한 관심은 1960년대를 기점으로 젊은 무슬림 경제학자들을 통해 시작되었다. 바레인의 경우 2001년 바레인중앙은행(The Central Bank of Bahrain)을 통해 세계 최초로 이슬람 금융산업 관련 규정들을 체계화하고 적용한 나라로 인정받고 있다. 이 규정들은 샤리아에 적합하면서도 선진국형 법체계를 가지고 있어, 현재까지도 이슬람 국가들 사이에서 표준 법체계로 널리 인정받아 사용되고 있다.

특히 바레인은 세계에서 가장 먼저 샤리아에 따라 수쿠크를 발행했고, 이슬람 보험을 만든 나라이기도 하다. 사실 현재 바레인이 발행하는 수쿠크 비중은 전 세계 수쿠크의 1~2% 밖에 되지 않는다. 하지만 표준 법체계를 만들었다는 명성에 걸맞게, 바레인에는 이슬람금융기관회계감사기구(AAOIFI, Accounting and Auditing Organization for Islamic Financial Institutions) 등 내로라하는 이슬람 금융의 대표적인 국제기구들이 밀집해 있다. 바레인이 중동 지역 내에서 이슬람 금융의 허브로 불리는 이유다.

최근에는 이슬람을 넘어 세계적인 금융 허브로 도약하기 위해 비이슬람권 국가의 금융기관 유치에도 공을 들이고 있다. 현재 바레인에서 활동하고 있는 해외 금융기관만 해도 약 406개에 이른다. 이러한 바레인의 금융산업이 GDP에서 차지하는 비중은 2020년 기준으로 17.1%다. 제조업 비중(14.8%)보다는 높고 석유와 천연가스(17.8%)보다는 조금 낮다.

금융산업의 발전은 국내 투자로 이어지기 때문에 장기적 경제성장에 미치는 파급 효과도 상당하다. 선진화되고 샤리아 율법에 적합한 법체계는 그동안 해외 투자자들이 안심하고 투자할 수 있는 환경을 조성할 수 있도록 큰 도움을 주었다. 게다가 2002년 이후 한동안 지속된 고유가는 금융산업 발전과 더불어 바레인이 중동에서 가장 빠른 실질 경제성장을 이뤄나가는 원동력이 되었다.

:: 사막의 오아시스?

금융산업과 함께 바레인의 관광산업 또한 경제성장에 중요한 역할을
해왔다. 하지만 바레인의 관광산업은 우리가 일반적으로 생각하는 특
정 관광 명소들을 기반으로 발전한 것이 아니다. 대부분 관광객들도
사우디나 쿠웨이트 같은 이웃 중동 국가 출신들이다. 그렇다면 바레
인은 어떻게 중동인들에게 인기 있는 관광지가 되었을까?

바레인은 이슬람 국가이면서도 서구 문화에 관대하고 개방적이다.
이슬람에서 엄격히 금지하는 술도 4성급 이상 호텔과 관광 지역에서
는 자유롭게 판매가 가능하다. 중동에서 금기하는 돼지고기도 베이컨
부터 소시지, 삼겹살까지 다양하게 맛볼 수 있고, 수도 마나마는 음주
가무를 즐길 수 있는 클럽들이 즐비하다. 중동의 청년들이 몰려들 수
밖에 없다. 사실 이러한 문화는 이슬람에 반하는 것이라 바레인 내에
서도 관광업에 대한 우려의 목소리가 있었고, 한때 적극적으로 대처
하는 시도도 있었다. 하지만 정부 차원에서 어느 정도 바레인의 밤 문
화에 대해 묵인하는 면이 있어 보인다.

이웃 나라 사우디와 쿠웨이트 등 주변국 남성들이 이곳을 계속 찾
는 이유도 바레인만의 자유로운 분위기가 가장 큰 이유일 것이다. 특
히 사우디와 바레인은 1986년 건설된 25km의 해상연륙교(Causeway)
로 연결되어 있어, 사우디 부유층에겐 집에서 벗어나 주말을 보내기
에 최적의 위치에 있다고 볼 수 있다. 차로 30분밖에 걸리지 않기 때

문에 주말이나 휴일에는 차량 행렬이 줄을 잇는다. 사회 전반에 이슬람 교리가 깊게 뿌리 내리고 있어 중동에서도 가장 보수적인 나라 중하나인 사우디 국민들에게 바레인은 사막의 오아시스 같은 곳이다.

물론 바레인의 장기적인 목표는 좀 더 많은 국제 관광객을 유치하여 국제 관광 국가로 자리매김하는 것이다. 그럼에도 바레인의 주 타깃은 비행기로 2시간 거리인 나라에 거주하고 있는 약 3억 명의 잠재적 관광객들이다. 이웃에 있는 아랍에미리트 같은 나라와 해외 관광객을 놓고 경쟁한다는 것이 현실적으로 무리라는 사실을 바레인도 인식하고 있는 듯하다.

사실 바레인은 아랍에미리트와 비슷한 시기인 1990년 초반부터 관광업에 투자해왔는데, 그 후 30여 년간 두 나라의 관광산업은 아주 다른 방향으로 발전해왔다. 아랍에미리트가 좀 더 국제적인 관광의 명소로 발돋움을 했다면, 바레인은 사막의 오아시스 이미지를 벗어나지 못하고 있다. 앞으로도 당분간은 이러한 방향성이 바뀌기는 힘들 듯하지만, 바레인 정부는 관광업의 업그레이드를 위해 계속 노력 중이다.

바레인 정부의 노력 중 대표적인 것이 스포츠 경기 유치다. 바레인 정부는 2004년부터 F1 자동차 경주 대회를 적극적으로 유치해왔다. 반정부 시위로 취소된 2011년을 제외하면 매년 개최하고 있다. 한 연구에 의하면 2008년에 개최한 F1 대회는 바레인 GDP의 2.5%에 해당

· 자료: wikimedia commons by Mohamed Ghuloom

하는 6억 달러가량의 수입을 안겨주기도 했다. 바레인의 성공적인 F1 대회 유치에 자극을 받아 아랍에미리트도 2009년부터 같은 대회를 유치하고 있지만, 여전히 중동에서 F1 대회의 선구자는 바레인이다. 참고로 F1 대회는 한국에서는 그다지 인기 있는 종목이 아니지만, 자동차 경주 대회에서 가장 긴 역사를 자랑하고 있으며, 매년 19개국을 순회하며 19개 경주로에서 경주한다.

　화석연료의 매장량이 많지 않은 바레인이 일찌감치 관광 레저 산업에 투자를 해온 건 현명한 선택이었다. 관광산업의 한계에도 불구하고 2019년 기준으로 바레인 관광업 비중은 GDP의 13.4% 수준이다. 오히려 아랍에미리트 관광업 비중인 12.1%보다 살짝 높다. 관광객이 계속 증가하고 있고 관련 업종에 대한 투자가 이어지는 추세라서, 경제성장에 간접적인 파급 효과도 크다. 또한 관광업계 종사자들이 고용과 소비를 통해 경제에 미치는 직간접적 효과도 무시할 수 없다. 이러한 점을 잘 알고 있는 바레인은 관광 부문의 개발을 지속하면서 해외 투자자들을 끌어들이기 위해 다양한 유인책을 제시하고 있다. 다만 그간 아랍에미리트만큼 관광 명소로서의 자랑할 만한 명성을 쌓아오지 못한 데다, 코로나19 팬데믹까지 겹쳐서 아쉬울 뿐이다.

:: 개방적 자유무역정책

금융산업의 발전과 관광업에 대한 투자와 더불어 바레인 경제성장의 주요 요인 중 하나는 바로 개방적 자유무역정책이다. 바레인은 중동 국가 중 최초로 2006년에 미국과 자유무역협정(FTA)을 체결했으며, 미국 외에도 세계 40여 개국과 여러 형태의 상호무역협정을 체결했다. 또한 모든 경제 활동에서 해외 투자자들의 100% 소유권을 허용했을 정도로 개방적인 정책을 취해왔다.

일반적으로 자유무역정책은 자원의 효율적 배분을 가능하게 하고, 시장경제에서 경쟁을 촉진하는 결과를 가져와 경제성장에 긍정적인 효과를 준다. 경쟁력 없는 국내 산업은 저렴한 해외 수입품으로 대체하고, 대신 경쟁력 있는 국내 산업은 수출을 추진하여 시장의 규모를 크게 만드는 것이다. 즉 '규모의 경제'를 가능케 한다. 물론 제조업 기반이 없는 개발도상국의 경우, 1차 상품 수출이 주를 이루기 때문에 제조업 성장의 기회를 잃어버리고 장기적으로 선진국 경제에 종속된다는 비판도 있다. 선진국은 기술 발전을 통해 고부가가치의 상품에 집중하게 되고 개발도상국은 1차 상품 생산에 집중하게 될 경우, 세계의 빈부격차가 더욱 확대될 수도 있다.

바레인은 이러한 자유무역정책의 혜택을 많이 보는 국가다. 특히 알루미늄 관련 제품이 수출의 20% 정도를 차지할 정도로 알루미늄 산업이 특화되어 있다. 실제로도 바레인은 중국에 이어 세계에서 가장 큰 알루미늄 제련소를 가지고 있을 정도다. 알루미늄 완제품 생산은 바레인 국내총생산 12%에 해당될 정도로 경제에서 중요한 생산품이기도 하다.

문제는 석유와 알루미늄을 제외하면 특별한 수출 품목이 없다는 점이다. 특히 코로나 전후로 자국 보호무역주의가 강화되는 상황은 바레인에게 불리할 수밖에 없었다. 2022년 초에 전 세계적으로 위드 코로나 분위기가 확산되면서, 다시 바레인의 자유무역주의가 진가를 발휘할 때가 오기를 바랄 뿐이다.

03

바레인의
경제 청사진

:: 바레인의 차별화된 비전 2030

중동의 이웃 나라들과 마찬가지로 바레인도 석유 시대 종말에 대비한 장기적 경제개발계획을 가지고 있다. 계획의 핵심은 비 석유 부문 개발 및 산업 다각화를 통한 자원 의존도 감소라고 할 수 있다. 2008년 10월 발표된 바레인의 '경제 비전 2030(The Economic Vision 2030)' 3가지 원칙은 지속가능성(sustainability), 경쟁력(Competitiveness), 그리고 공정성(Fairness)이다.

먼저 지속가능한 경제개발을 위해 바레인 정부는 2030년까지 민간 부문 주도의 경제 시스템 구축을 목표로 설정했다. 이는 정부 재정의 한계 때문이다. 또한 여러 산업 부문의 세계 경쟁이 치열해지는 상황에서, 정부 주도의 지속적 경제성장이 더 이상 가능하지 않다는 것을 바레인 정부가 인지했기 때문이기도 하다. 민간 주도의 경제 시스템 구축을 위해 바레인은 교육과 인력 양성 프로그램들을 통해 인적자본을 증진시킬 것이다. 동시에 환경을 보존하는 방향으로 경제발전을 추구한다는 기본원칙도 고수하고 있다.

또한 바레인 정부는 국제화 시대에 경쟁력 있는 나라로 성장하고 나라의 생산성을 향상시키려면, 국내의 산업 환경이 충분한 경쟁력을 지녀야 한다는 것도 잘 알고 있다. 이를 위해 자국민의 교육 수준 향상은 물론이고 해외 고급 인력을 유치하기 위해 부족함이 없는 생활여건 형성과 인프라 구축을 추구하고 있다. 다른 걸프 아랍국가들처럼 많은 해외 투자를 유치해 고부가가치 산업 발전을 적극 추진할 계획도 있다.

마지막으로 바레인 정부는 공정한 시스템 구축을 추구하고 있는데, 이는 중동 이웃나라들의 경제발전계획과 가장 차별화되는 부분이다. 경제발전계획에 '공정'이라는 원칙이 들어간다는 게 의아할 수도 있다. 하지만 바레인은 이슬람 금융산업 관련 법규를 제정하고 적용하면서, 모든 개개인이 공정하게 법적 보호를 받을 수 있는 경제 환경이 금융산업의 발전과 해외 투자자 유치에도 효과적이라는 사실을 이미 경험으로 알고 있다. 또한 자유시장경제에서 공정한 경쟁은 자원의 효율적 배분으로 이어지고, 이는 지속적인 경제성장에 필수조건이라는 점 또한 잘 인지하고 있다.

물론 바레인도 해결해야 할 사회적 문제들이 산적해있다. 2011년 광범위한 반정부 폭동 이후에도 바레인 정부의 정적에 대한 탄압이 있었다고 한다. 바레인 내무부는 시위 진압 과정에서의 인권 유린 문제를 조사하기 위해 바레인 독립조사위원회(BICI)를 설립했고, 그 이후에도 국민 신문고를 설치하는 등 정부 개혁의 의지를 보여왔다. 물론 이에 대한 인권운동가들의 비판도 있다. 바레인 정부가 '공정'이라는 원칙을 내세우면서 내부적 허물과 약점을 포장하고 감춘다고 말이다. 그럼에도 바레인의 공정에 대한 원칙 자체는, 바레인의 미래에서 얼마 되지 않는 긍정적인 요소라고 할 수 있다.

📊 04

산업별 경제 전망과
한국의 투자 기회

:: 금융산업 및 핀테크

경제성장 과정을 거치면서 이슬람 금융산업의 중심지로 성장했던 바레인은, 이제 비이슬람 금융시장까지 포용하여 세계적인 금융 도시로의 도약을 꿈꾸고 있다. 현재 약 40개의 금융기관이 사업을 하고 있고, 금융시장 규모는 2019년 기준으로 2천억 달러이다. 금융산업은 코로나19로 인한 팬데믹 상황에도 크게 영향을 받지 않고 그럭저럭 잘 버텨낸 부문이기도 하다.

대부분 나라에서와 마찬가지로 정부 차원의 많은 지원이 있었지만, 금융기관들이 위기 극복을 위해 새로운 운용 방식을 개발하여 많은 기능들을 비대면 방식으로 전환한 것도 한몫했다. 오히려 코로나

19를 겪으면서 바레인의 금융기관들은 그간 인식하지 못하고 있던 디지털 역량 관련 결점들을 발견하고 디지털 역량을 강화할 수 있었다.

특히 바레인 정부는 이전부터 핀테크(FinTech) 산업을 더 집중적으로 육성하고 지원해왔는데, 중동 지역에서는 아랍에미리트와 더불어 핀테크의 중심지로 성장하고 있다. 핀테크는 Finance(금융)와 Technology(기술)의 합성어인데, 금융과 IT의 융합을 통한 금융 서비스 및 산업의 변화를 통칭하고 있다. 중동 지역에서 핀테크는 매년 30%씩 성장하는 추세고, 벤처 자본이 가장 많이 몰리는 부문이기도 하다. 이 뿐 아니라 바레인은 르완다와 더불어 세계 최초로 현금 없는 경제를 도입하려는 움직임을 보이고 있으며, 이러한 이유로 결제 시스템에 많은 지원을 하고 있다.

핀테크 산업이 성장하기 위해서는 이에 적합한 생태 환경이 조성되어야 한다. 일반적으로 투명한 규제, 충분한 자본과 전문 인력, 시장 접근성, 그리고 벤처 자금 조달 가능성 등이 중요하다. 바레인은 이러한 조건들을 모두 갖추고 있다는 점에서 앞으로 전망이 밝다. 바레인 내 핀테크 산업의 중심지는 '바레인 핀테크 베이(Bahrain FinTech Bay)'라는 곳이다. 이곳에서는 '규제 샌드박스(Regulatory Sandbox)'라는 제도를 통해 핀테크 혁신 아이디어를 가진 스타트업들에게 규제 유예 특혜를 제공하고 있다. 핀테크 기업들은 이 제도를 활용하여 국적에 상관없이 새로운 아이디어를 9~12개월 동안 자유롭게 테스트할 수 있다.

　뿐만 아니라 바레인 핀테크 베이는 싱가포르와 실리콘밸리를 포함하는 글로벌 핀테크 컨소시엄의 일부이기도 하다. 바레인이 가진 이러한 네트워크는 바레인 핀테크 산업의 잠재성과 역량을 엿볼 수 있는 부분이다. 그 외에도 바레인 중앙은행은 핀테크 생태 환경의 개선을 위해 핀테크 사업에 장애가 되는 규제들을 계속 줄여나가고 있다. 중동 국가 중 바레인의 모바일 및 인터넷 보급률이 가장 높다는 점도 바레인 핀테크 산업의 전망을 더욱 밝게 한다.

　2021년 1월, 암호화폐 교환소 코인메나(CoinMena)가 바레인 규제 당국으로부터 영업 허가 승인을 받았다. 2021년 12월에도 세계 최대 암호화폐 거래소 바이낸스(Binance)가 영업 허가를 받았다. 중동에서 암호화폐 거래에 대해 가장 개방적인 바레인은 당연히 안전한 암호화폐 거래에도 많은 관심을 가지고 있다. 암호화폐의 원천기술이 되는 블록체인 기술을 보유한 한국 스타트업들이 진입장벽이 낮은 바레인 진출을 고려해볼 만하다. 사실 블록체인 산업은 워낙 발전 속도가 빨라서 기존의 법이나 제도가 그 변화 속도를 따라가기 힘들다. 이러한 상황에서는 훌륭한 아이디어를 가진 한국의 스타트업 기업들에게 바레인이 좋은 선택지가 될 수 있다.

:: 물류 산업

바레인은 가장 낮은 비용으로 가장 빠르게 세계시장으로 뻗어 나갈 수 있는 물류 허브를 준비하고 있다. 물론 두바이가 중동 물류 허브로서 상징적 도시가 되었지만, 바레인은 아랍에미리트를 비롯한 타 GCC 국가에 비해 물류 가격이 33~44% 정도 적게 든다. 특히 사우디 시장으로 들어가는 관문으로서는 두바이 등 타 국가나 도시보다 더욱 가깝고 효율적이라 볼 수 있다. 바레인 내부만 보더라도 항구와 공항, 그리고 물류 목적지와의 운송 속도가 GCC국가 중 가장 빠르다. 지금도 바레인은 운송·세관 시스템의 효율성을 지속적으로 높여 물류 부문의 발전을 도모하고 있다.

바레인 물류지대(BLZ, Bahrain Logistics Zone)에서의 법인 설립, 사무실 임대, 공장 설립 등 초기 사업 세팅 비용과 연간 운영 비용은 저렴하다. 사우디의 '압둘라국왕 경제도시(KAEC, King Abdullah Economic City)', 리야드, 담맘, 그리고 아랍에미리트의 두바이 알 막툼 신공항 자유무역지대인 두바이 사우스(Dubai South) 및 제벨알리 프리존(JAFZA, Jebel Ali Free Zone), 두바이 인베스트먼트 파크(DIP, Dubai Investments Park)와 비교해도 더욱 그렇다. 2018년 기준으로 타 GCC국가들보다 초기 세팅 비용은 약 8~10%, 연간 운영 비용은 33~43% 절감이 가능하다. 법인세와 소득세가 제로(0)이고, 노동력 비용도 아랍에미리트와 사우디보다 약 33% 저렴해 사업하기 매우 매력적인 곳이다.

특히 바레인 현지인 중 갓 대학을 졸업한 신입직원 또는 경력직원을 고용할 시 인건비를 최대 36개월간 1년차에는 70%, 2년차에는 50%, 3년차에는 30% 지원해주는 제도까지 있다. 아무래도 사우디, 아랍에미리트, 쿠웨이트 등 타 중동 물류 중심지들과의 경쟁을 염두에 둔 가격경쟁력 전략인 듯 보인다. 게다가 발전된 금융 시스템은 바레인 물류 부문의 안정성을 잘 보여주고 있다.

바레인 물류 부문의 이점을 잘 파악하여 중동 지역에 제품을 수출하려는 기업, 특히 사우디 시장에 집중적인 수출을 원하는 기업들은 바레인에 제조업 기반을 만들고 GCC국가 뿐 아니라 중동과 북아프리카 지역으로 수출 시장을 확대하는 방법도 고려해볼 만하다. 뿐만 아니라 바레인의 물류 분야 발전을 위해 한국의 물류 시스템을 수출하거나, 내륙 운송에 필요한 운송 수단, 운송 차량 및 저장소 등을 수출하는 방안도 모색해야 할 것이다.

:: 의료 부문

바레인의 의료시장은 성장세를 유지하고 있다. 다른 GCC국가와 마찬가지로 바레인은 의료 부문에 대한 투자 확대를 모색하고 있다. 바레인 국민들은 당뇨, 심혈관계 질환, 만성호흡기 질환 등 생활 패턴으로 인한 만성적 질병이 증가하고 있어 의료 시설에 대한 의존도가 높다.

게다가 2018년 기준 150만 명이었던 인구가, 2030년에는 210만 명으로 42%나 증가될 것으로 예상됨에 따라 의료 시설 확충이 더욱 절실하다. 이에 따라 바레인 정부는 의료 부문에 대한 지출을 2016년 160만 달러에서 2019년 21억 달러로 증대했다.

무엇보다 바레인은 다른 GCC국가들 중에서 GDP 의료 부문 비율(2016년 4.86%)이 가장 높다. 따라서 한국의 관련 기업들이 눈여겨봐야 할 국가이다. 의료기기 수출 뿐 아니라 아랍에미리트와 쿠웨이트에서 성공시킨 현지 병원 위탁 사업 또한 고려해볼 가치가 있다. 특히 바레인은 국토 전체가 일종의 자유무역지구(Freezone)로 봐야 한다. 그래서 건설 산업 등 일부 업종을 제외하고는 대부분 업종이 한국 기업의 100% 지분 소유가 가능하다. 병원도 여기에 해당되니, 여러 가지 전략을 구상하여 바레인 의료시상 진출을 적극적으로 모색해야 할 것이다.

∷ 게임산업

중동에서 게임 등의 온라인 엔터테인먼트 산업 시장 전방은 무척 밝다. 우선 중동 및 북아프리카(MENA) 전체 인구의 50%가 25세 이하이며, 인터넷 보급률이 119%로 전 세계에서 가장 높다. 게다가 세계의 아랍 인구가 4억 명이 넘는데, 온라인 콘텐츠 중 아랍어로 된 것은

5%도 되지 않으니 어찌 보면 블루오션일 수도 있다. 즉 한국에서 개발한 콘텐츠를 아랍어로 번역하여 수출한다면, 중동 내 온라인 콘텐츠 시장을 선점할 수 있지 않을까 기대해본다.

특히 바레인 정부는 국내 게임산업을 강화시킬 수 있는 IGN 컨벤션(IGN Convention), 드림랜드 엑스포(Dreamland Expo), 애니매니아(Animania), 바레인 게이밍 익스피리언스(Bahrain Gaming Experience) 등 각종 게임 관련 컨퍼런스나 이벤트를 적극 지원하고 있다. 또한 FPS 게임인 〈카운터 스트라이크〉의 e스포츠 대회 '블라스트 프로(Blast Pro)'를 주최하기도 했는데, 이는 바레인 게임계의 대표적 성공 사례다. 바레인 정부는 게임과 e스포츠 등 성장하는 디지털 엔터테인먼트 분야를 지원하는 것이 바레인 경제성장과 다양화에 중요한 역할을 할 것이라 믿고 있다. 디지털 경제의 선구자가 되고자 하는 바레인의 비전과도 일치한다. 이러한 이유로 바레인 정부의 e스포츠 및 게임산업에 대한 지원은 미국, 유럽, 아시아와 비교해봐도 상당히 진보적인 것으로 평가 받고 있다.

바레인에서 성공리에 진행되고 있는 행사들을 통해 게임산업의 흐름을 파악하고 이에 적합한 한국 게임 콘텐츠의 아랍화 전략을 모색한다면, 추후 바레인을 시작으로 타 아랍국가로의 수출 확대 효과를 볼 수 있을 것이다. 최근 수년간 아랍 지역의 비디오 게임에 대한 인식이 많이 바뀌어, 비디오 게임을 더 이상 청소년에게 유해한 취미로만 취급하지 않는다. 오히려 많은 아랍국가들은 그것이 미래에 가져올 긍정적인 교육적 효과를 생각했을 때, e스포츠에 대한 투자를 청소년에 대한 투자와 동일시하고 있을 정도다. 또한 발전하는 5G 모바일 시장과 여성 참여율 증가를 봤을 때, 이 지역에서 게임산업의 미래는 더욱 밝아 보인다.

05

코로나 이후의
바레인 경제 전망

관광업과 알루미늄 수출이 경제에서 차지하는 비중이 큰 바레인의 경우 코로나19로 인한 타격이 클 수밖에 없다. 2019년 기준 바레인 관광객 85% 이상이 사우디 국적이었는데, 사우디 정부는 자국민 해외 여행 금지 조치를 2021년 6월에야 해제했다. 바레인 정부는 자국 내 기업과 거주민들의 피해를 최소화하기 위해 연간 GDP 29.6% 상당의 경기부양책을 시행했다. 이로 인해 정부 부채는 2019년 GDP의 102%에서 2020년 133%로 증가했다. 2014년 이후 저유가의 영향으로 재정 적자가 커지는 상황이었는데, 코로나 사태는 이를 더욱 심화시키는 결과를 가져왔다.

또한 코로나로 인한 경제 위기를 기점으로 각국에서 일어나는 보호무역주의 강화 움직임은 아직은 알루미늄 외에 수출 다각화를 이루지 못한 바레인의 미래를 더욱 암울하게 만든다고 볼 수 있다. 실례로 미국은 2021년 4월, 바레인 및 18개국의 알루미늄에 반덤핑 관세를 부과할 계획을 발표했는데, 알루미늄이 주요 수출품인 바레인으로서는 다른 나라보다 타격이 클 수밖에 없다.

다만 중소기업과 스몰 비지니스를 중심으로 포스트 코로나 시대에 대비해 경제 다원화를 추진하려는 바레인 정부의 계획은 긍정적인 요인이다. 이를 위해 바레인 정부는 중소기업들에 총 6,400만 달러가량의 전기세 보조금을 제공하고 있으며, 정부 프로젝트를 중소기업들 중심으로 배정해주고 있다. 이러한 영향으로 많은 스타트업 기업들이 생겨나고 있는 상황이다. 2019년에는 이미 한국의 정보통신(ICT) 관련 유망 스타트업 4곳이 바레인의 협력으로 신출했을 성노나. 바레인은 우수한 스타트업 비지니스 환경을 가지고 있고, 정부 차원에서도 해외 스타트업 유치에 우호적이다.

예를 들어 한국 스타트업 기업이 바레인에서 5명을 고용하는 경우, 바레인 경제개발청(EDB) 전문가 100여 명의 무료 지원을 받게 되고, 그 외에도 벤처 캐피탈 보조금 및 재정지원을 받게 된다. 자유무역지구(Freezone)가 특정 지역에만 위치한 두바이와 달리, 국토 전체가 자유무역지대인 바레인은 국제적 성장을 꿈꾸는 한국의 스타트업들이 시험 무대로 삼아 볼 만하다. 또한 바레인의 스타트업 생태계는 타국과 비교해 운영비가 최대 40% 저렴하다는 장점도 있고, 물가가 두바이 같은 곳보다 상대적으로 저렴하다는 점도 있다.

특히 바레인 경제가 비교적 특화되어 있는 금융 서비스(핀테크) 분야 뿐 아니라, 바레인 정부가 관심을 가지고 있는 정보통신(ICT), 의료, 교육 관련 한국 기업들에게는 최고의 선택지가 될 수 있다. 2020년 9월, 아랍에미리트와 함께 바레인도 이스라엘과 상호 평화 협정(아브라함 협정)을 체결했다. 2022년 2월에는 나프탈리 베네트 이스라엘 총리가 사상 처음으로 이슬람 국가 바레인을 방문했고, 이를 기점으로 앞으로 더욱 활발한 인적·물적 교류가 기대된다. 이는 바레인을 거점으로 중동 및 세계 진출을 꿈꾸는 스타트업들에게 긍정적인 신호다. 특히 2021년 하반기부터 유가가 다시 오르기 시작했으니, 바레인 정부의 전략적 경제성장에 기대를 걸어도 될 것 같다.

Chapter 5

쿠웨이트
KUWAIT

01

쿠웨이트의 경제 역사

아라비아반도 나즈드(Najd) 지역에는 아나이자(Anaiza)라는 부족이 거주하고 있었다. 18세기 초, 이들은 오래된 가뭄을 피해 현 쿠웨이트 지역으로 이동한다. 당시 쿠웨이트 지역에서 살아가던 주민들은 아나이자 부족에 속해 있던 사바흐 가문의 사바흐 1세(Sabah, 1751~1762)를 통치자로 추대했다. 그리고 1756년 이 지역에서 사바흐 왕국(아미르국)이 건국되었다. 이후 사바흐 가문의 후손들은 쿠웨이트의 통치권을 대대로 물려받는다.

걸프만 주변의 다른 아랍인들처럼 쿠웨이트 지역에 살던 주민들도 바닷가에서 진주 채취와 무역을 생업으로 살아가고 있었다. 특이한 건 당시 상인 계층 주민들은 소유하고 있는 재정적인 자원을 이용해 왕권을 견제할 수 있었다는 것이다. 즉 아무리 사바흐 가문이 정치적 권력을 가지고 있다 해도 상인 계층의 재정적 도움 없이는 그 권력을 유지할 수 없었던 것이다.

그러나 1938년 쿠웨이트의 부르간(Burgan) 유전에서 석유가 발견되고 1946년 생산이 시작되면서, 양측 간 힘의 균형이 깨지기 시작했다. 쿠웨이트에서 생산되는 석유를 사바흐 왕가에서 보유하고 관리하자 상대적으로 상인 계층의 영향력이 줄어든 것이다. 이후 사바흐 가문은 오일머니를 이용하여 정부 급여의 증대, 각종 사회복지정책을 추진하면서 국왕 중심의 중앙집권적 힘을 강화하기 시작했다.

쿠웨이트는 원래 오스만 제국의 자치령이었다. 그러나 사바흐 왕족은 자신들의 세력을 유지하고 영토를 보호하기 위해 영국과 손을 잡았고, 1899년 다른 걸프만 토후국들과 마찬가지로 영국과 보호조약을 체결했다. 영국은 '보호'라는 명분으로 쿠웨이트 땅을 통제하기 시작했다. 더 나아가 영국 기업 BP와 미국 기업 걸프오일(Gulf Oil)이 '쿠웨이트오일컴퍼니(Kuwait Oil Company Ltd.)'라는 합작 석유회사를 설립하여 쿠웨이트 석유 개발에 나섰다.

영국은 미국을 견제하기 위해 실제 현장에서의 작업은 전적으로 BP가 하도록 했고, 이들이 1938년에 쿠웨이트의 첫 석유를 발견했던 것이다. 그러나 석유 산업으로 인해 쿠웨이트의 경제력이 급속히 성장하고 민족주의 풍조가 일자, 영국은 쿠웨이트의 중요한 석유 산지마저 상실할까 염려했다. 그래서 더 늦기 전에 사바흐 가문과 협의하여 1960년엔 사법권과 통화 관리권을 넘겨주고, 마침내 1961년에는 1899년 체결했던 보호조약을 폐기했다.

완전 독립국이 된 쿠웨이트는 석유로 벌어들인 돈으로 국가경제를 일구기 시작했다. 쿠웨이트 주변의 산유국과 마찬가지로 1973년과 1979년의 오일쇼크 덕분에 재정 수입이 크게 증가했다. 1975년 쿠웨이트는 정치·경제적 힘을 받아 석유 산업을 국유화시켰고, 1980년 쿠웨이트 석유공사(KPC, Kuwait Petroleum Corporation)를 설립했다. 기존에 석유 부문에서 활동하던 다양한 기업들은 쿠웨이트 석유공사의 자회사가 되었다.

그러나 그것도 잠시, 1980년대 쿠웨이트는 저유가로 어려움을 겪기 시작했다. 설상가상으로 1990년 사담 후세인 이라크 대통령이 쿠웨이트가 원래는 이라크의 한 주였다고 주장하며 영유권을 주장했고, 끝내 쿠웨이트를 침공하였다. 제1차 걸프전이라고 불리는 이 전쟁으로 인해 쿠웨이트는 엄청난 경제적 위기를 맞이하게 되었다. 실질적 GDP 성장률이 급감한 것은 물론, 전쟁이 끝나고 나서도 파괴된 석유 시설 등 주요 인프라를 복구하느라 막대한 비용을 지출했다.

문제는 쿠웨이트가 석유 부문에 대해 과도하게 의존할 뿐만 아니라, 민간 부문의 역할도 미미했다는 점이다. 그래서 국제 금융시장에서 돈을 차입하는 것 외에는 별다른 해결책이 없었다. 이에 따라 IMF

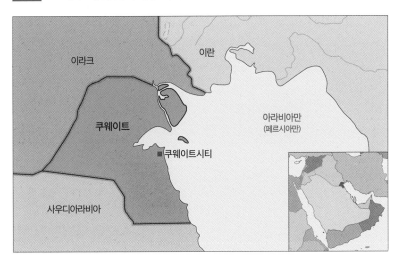

는 2002년도 쿠웨이트 백서에서 쿠웨이트의 석유 시장 의존도를 최소화하기 위해 민영화 법 초기 도입과 이미 통과된 외국인 투자법의 이행을 강력하게 촉구하기도 하였다.

　물론 현재 쿠웨이트는 중동 지역에서 카타르와 아랍에미리트 다음으로 1인당 국민소득이 높은 나라다. 그럼에도 여전히 석유 의존도는 높다. 원유와 석유화학 제품 부문이 전체 수출의 95% 이상을, 그리고 GDP의 50% 정도를 차지하고 있다. 자원에 의존하는 대부분의 나라가 그렇듯, 쿠웨이트도 경제구조가 건실하지 못하고 경제성장률은 원유가격에 의해 오르락내리락 할 수밖에 없다. 코로나19 이전인

2014~2019년에는 저유가로 인해 쿠웨이트 평균 경제성장률이 0.3%에도 미치지 못했다. 또한 제조업이 발달하지 못했고 농업 부문까지 취약한 관계로, 대부분 식품과 기타 생필품 및 자본재까지 수입에 의존하고 있다.

02

쿠웨이트의
경제 청사진

:: 쿠웨이트의 국부펀드

사우디, 아랍에미리트와 마찬가지로 쿠웨이트도 유가 변동에 취약한
국가 재정에 대한 대책으로 국부펀드를 활용해왔다. 1953년에 설립된
쿠웨이트투자청(KIA, Kuwait Investment Authority)은 세계 최초의 국부펀드
다. 국부펀드 연구소(SWF Institute)에 따르면 2022년 7월 기준으로 쿠웨
이트투자청 자산 규모는 약 7,084억 달러로 세계 4위다. 아부다비투자
청과 어깨를 나란히 하는 중동 최대 규모의 국부펀드 중 하나다.

특히 쿠웨이트투자청은 1983년 이후 미래세대기금(Kuwait Future
Generation Fund)을 관리해오고 있다. 또한 매년 석유 수출로 인한 소득
15%를 미래세대기금에 적립하여 해외자산 투자에 활용해왔다. 이 외

에도 일반준비기금(General Reserve Fund)을 관리하고 있으며, 자산운용의 투명성을 위해 2개의 독립적인 해외 감사기관으로부터 관리까지 받고 있다.

쿠웨이트의 국부펀드는 수익률보다는 투자의 안정성을 우선순위로 두는 보수적인 자산운용을 하는 것으로 알려져 있다. 이러한 정책은 신용평가기관의 좋은 평가로 이어진다. 코로나19를 겪으면서도 쿠웨이트 국가신용등급이 안정적으로 유지되고 있는 이유다. 쿠웨이트 투자청은 런던 지부 외에도 최근 상하이에 지부를 설립함으로써 아시아 시장 투자 기회에 대한 깊은 관심을 보여줬다.

:: 비전 2035 뉴 쿠웨이트

쿠웨이트를 새로운 금융·상업 중심지로!

아무리 거대한 국부펀드라 할지라도 쿠웨이트의 미래에 대한 불안감을 지워줄 수는 없다. 2007~2008년 미국에서 시작되어 전 세계로 파급된 금융위기는 쿠웨이트의 미래에 대한 위기감을 고조시켰다. 그리고 2010년, 쿠웨이트는 '비전 2035'라는 이름의 미래 경제개발계획을 발표했다. 물론 비전 추진을 위해서는 적지 않은 규모의 정부 재정이 필요했고, 이로 인해 쿠웨이트 국내에서 비전 2035에 대한 비난이 적지 않았다. 비전 2035에 따른 여러 계획 중 하나는 쿠웨이트를 중동 지역의 금융·산업 중심지로 만드는 것이었다.

그러나 이미 중동 지역에서 금융의 중심지로 입지를 굳힌 두바이, 카타르, 바레인을 제치고 새로운 금융 중심지로 만든다는 계획에 대해 당시 회의적인 시각이 많았다. 특히 비전 2035가 발표된 같은 해에 미국이 이라크에서 모든 병력을 철수하기 시작했는데, 미군 철수 이후 이라크가 내전 없이 재건을 이어갈 수 있을지에 대한 우려가 많았다. 이렇게 불안한 주변 지역 상황에서 이라크 남부, 이란 남서부, 그리고

도표 5-2   중개무역 허브 기능을 되찾으려는 쿠웨이트의 지정학적 위치

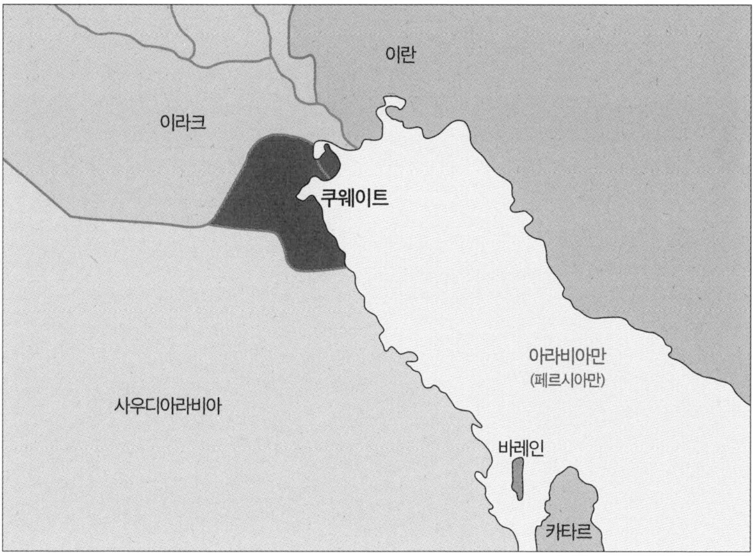

사우디 동부에 둘러싸인 쿠웨이트가 중계무역 기지로 탈바꿈한다는 것은 다소 무리가 있어 보였다. 결국 쿠웨이트 비전 2035는 이행되지 못한 채 2011년 말에 조용히 사라지게 된다.

수년 후 이웃 중동 국가들이 '비전'이라고 명명된 국가적 미래 청사진을 속속 발표하기 시작했다. 쿠웨이트 정부는 이에 자극을 받아 몇 년 전 자취를 감췄던 '비전 2035'를 다시 끄집어냈다. 그리고 2017년 1월 31일, '비전 2035 뉴 쿠웨이트(Kuwait Vision 2035 "New Kuwait")'를 발표한다. 이전 계획과 다른 점은 개발 프로젝트 이행에서 정부의 역할이 기존 90%에서 30~40% 정도로 줄고, 대신 민간 부문의 참여를 확대했다는 것이다.

새로운 비전 2035의 핵심은 민간 부문 주도로 다각화된 경제개발을 이루고, 지식과 정보 기반의 경제를 구축하자는 것이다. 이는 OECD 주요 국가들이 추구하는 변화의 방향과 동일했다. 연구개발을 통한 혁신 산업 창출을 경제성장의 원천으로 삼는 경제 시스템을 구축하는 것이다. 즉 기술 혁신으로 고부가가치 제품을 생산하고, 이를 통해 장기적인 경제성장을 이뤄나가는 것이다.

한편 10년 전 우려와 달리, 미군 철수 후 약 10년간 이라크에서도 재건 활동이 활발해진 점도 비전 2035의 부활에 영향을 미쳤다고 볼 수 있다. 쿠웨이트는 주변 강대국인 사우디, 이란, 이라크가 만나는 접점에 위치해 있으면서 이라크 재건시장으로 진출하는 관문이다. 그렇기 때문에 비전 2035의 계획은 지정학적으로도 꽤나 설득력이 있다. 이는 이라크 남부 지역에 바닷길이 있지만 대형 화물선이 지나기엔 수심이 낮아 쿠웨이트를 지날 수밖에 없기에 더욱 그렇다.

쿠웨이트는 비전 2035를 통해 1990년 걸프전 이후 두바이에게 뺏긴 중동의 중개무역 허브 기능을 다시 되찾으려는 의지를 불태우고 있다. 만약 그 기능을 정말로 되찾게 된다면 쿠웨이트는 한국의 소비재를 이라크, 이란, GCC국가 등에 수출할 수 있는 최적의 물류 플랫폼이 될 수 있을 것이다.

쿠웨이트의 실크로드 전략

비전 2035의 계획 중 눈여겨볼 만한 것 중 하나는 고대 동서양의 연결 통로였던 실크로드를 되살려 중앙아시아–유럽을 잇는 초대형 무역 도시 '실크시티(The Silk City)'를 건설하는 것이다. 쿠웨이트 동북부 알수비야(Al-Subiyah) 지역에 건설될 '실크시티'는 그 면적만 250km²(송도국제도시의 약 4배)에 달하고, 인구 70만명이 거주할 수 있는 공간이 될 것이다. 쿠웨이트는 약 860억 달러를 투자하여 금융, 위락, 문화, 환경, 4개의 주요 테마 단지를 25년간 연차적으로 조성해나갈 계획이다. 이 프로젝트는 높이 1,001m의 250층 세계 최고층 빌딩 '부르즈 무바락 알카비르(Burj Mubarak Al-Kabir)'를 포함하고 있어 세계인들의 관심을 끌고 있다.

수도와 알수비야 지역을 잇는 해상 교량

실크시티가 건설될 알수비야 지역과 수도 쿠웨이트시티 사이는 약 30km 정도 밖에 되지 않지만, 바다로 가로막혀 있다. 그래서 두 곳을 이어줄 수 있는 인공 해상 교량이 필요한데, 쿠웨이트는 이 해상 교량을 '셰이크 자베르 코즈웨이(Sheikh Jaber Al-Ahmad Al-Sabah Causeway)'로 명명하고, 쿠웨이트만 남쪽 슈웨이크 항(Shuwaikh Port)과 북쪽 알수비야 지역(실크시티)을 잇는 거대 교량 건설사업을 추진했다.

이 사업에서 우리 기업의 활약이 있었다. 남부 지역인 셰이크 자유무역 지역에서 북부 지역인 알수비야 지역까지를 잇는 주요 구간(36.14km)은 현대건설이, 쿠웨이트 북서부인 도하 지역까지 잇는 연결 구간(12.43km)은 GS건설이 시공하여 2019년 5월과 2018년 12월에 각사 완공되었다. 1984년 리비아 대수로 공사 이후로 국내 건설업체가 수주한 해외 토목공사로는 최대 규모다. 또한 2022년 기준으로 세계에서 가장 긴 다리이기도 하다. 쿠웨이트 도심에서 알수비야 지역까지 1시간 10분 이상 소요되던 거리를 20분 남짓이면 주파할 수 있어, 균형적 국토 발전을 이루는 데 크게 기여할 것으로 보인다.

사실 쿠웨이트의 신도시 계획은 2006년부터 구상 단계에 있었지만, 국내외 정치 상황과 맞물려 여러 잡음 속에서 최근에야 진척되고 있다. 그동안 쿠웨이트 국민들은 신도시의 실현 가능성과 건설의 당위성에 회의적 시각을 보이고 있었다. 현재까지도 신도시 건설 계획에

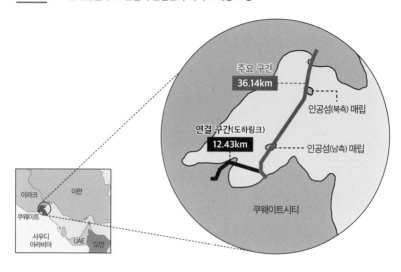

쿠웨이트의 모든 국민들이 찬성하고 있는 것은 아니다. 2019년에는 이와 관련해 자국민들의 시위가 격화되어 총리가 해임되는 사건도 일어났을 정도다. 2018년 겨울에 내린 비로 배수시설이 제대로 준비되어 있지 않았던 쿠웨이트의 도로들이 심한 타격을 입었고, 1년이 지난 후에도 크게 변한 게 없는 상황에서 여전히 신도시 개발에만 신경을 쓰는 정부에 국민들의 불만이 폭발했던 것이다.

이를 무마하기 위해 쿠웨이트 정부는 총리를 교체했다. 그래도 여전히 신도시를 향한 불씨가 남아있어 불안하다. 대표적인 것이 신도시에서 음주를 허락하려는 계획에 대한 반발과 함께 프로젝트 진행에 대한 불투명성으로 인한 의구심이다. 1단계 도시 개발에 사용될 860억 달러가 어디에 어떻게 사용될지 구체적 계획이 아직까지 발표된 적이 없기 때문이다.

한편 알수비야 신도시 건설의 성공을 위해서는 해외직접투자(FDI, Foreign Direct Investment) 유치가 필수적이다. 쿠웨이트 정부는 제1단계 신도시 프로젝트를 통해 우선 철도, 국제공항, 물류센터, 경제자유지구, 중소기업들을 위한 산업단지 및 올림픽 경기장 등을 건설할 계획이다. 이후 70만 명의 거주민을 위한 각종 거주 시설, 호텔, 리조트, 국립공원 뿐 아니라 세계 최고층 빌딩 '부르즈 무바락 알카비르'와 그 주변에 5개 인공섬도 건설할 예정이다. 앞에서 언급했다시피 이 빌딩의 높이는 1,001m가 될 예정인데, 2021년 세계 최고층 빌딩인 두바이의 부르즈 칼리파(Burj Khalifa)의 828m보다 높다(부르즈는 아랍어로 '탑'이란 뜻). 나아가 신도시 주변에는 그린벨트를 조성하여 환경 친화적 도시를 만들려는 계획도 가지고 있다.

다만 문제는 신도시를 완성하기 위해서는 아직도 엄청난 돈이 더 필요하다는 것이다. 신도시 완공에 총 소요되는 비용은 1단계 개발 비용보다 53% 더 많은 1,320억 달러에 이를 것으로 추정된다. 신도시와 수도 간 연결을 위해 투입된 36억 달러의 해상 교량 비용이 신도시 완공에 필요한 총 예상 비용의 3%도 되지 않으니, 앞으로 많은 투자가 필요하다.

:: 중국의 일대일로와 쿠웨이트

한국 기업이 '셰이크 자베르 코즈웨이' 해상 교량을 성공적으로 건설하고 개통했다는 것은, 분명 한국 건설업계가 쿠웨이트 신도시 건설 프로젝트에 더 많이 참여할 수 있다는 긍정적인 신호다. 쿠웨이트는 중동 지역에서 인맥에 의한 의사결정, 아랍어로는 '와스타(wasta)'라고 하는 행태가 가장 심한 국가로 알려져 있다. 그래서 어떻게 보면 이곳에서 한 번 맺어진 인연은 계속 이어질 확률이 크다는 점도 잘 알아둬야 한다.

한 가지 아쉬운 점은 쿠웨이트 신도시 계획에 현재까지 가장 깊이 관여되어 있는 나라가 중국이라는 것이다. 중국은 쿠웨이트의 신도시 계획을 중국의 일대일로 계획의 일부로 인식하고 있다. 두 나라는 이미 2014년과 2018년, 일대일로 관련 협업 사항에 대해 계약을 체결하기도 했다. 이를 통해 중국의 건설·통신 업체가 신도시 개발의 1차 프로젝트를 총 감독하는 것으로 합의되어 있다. 이러한 합의에 어떠한 이야기가 오고 간 것일까?

일반적으로 중국 정부는 일대일로 계획에 동참하는 협력국들의 인프라 건설을 위해 중국의 자금을 빌려주는 대신, 해당 인프라 건설을 전적으로 중국 기업이 실행하고 중국인 노동자까지 고용하는 전략을 사용한다. 그러나 쿠웨이트는 굳이 해외 차관이 필요한 국가는 아니다. 이에 중국은 쿠웨이트 측에 석유 수입량을 늘린다는 조건을 제시한 것으로 보인다. 실제로 중국은 쿠웨이트로부터 2020년 기준으로 이전보다 18% 이상 늘어난 석유를 수입하고 있다.

:: 해외 투자 다각화 노력

쿠웨이트 정부는 중국 외에도 다른 해외기업들이 비전 2035에 직접 투자를 할 수 있도록 장려하고 있다. 해외 중소기업들이 투자할 수 있도록 여러 가지 인센티브도 제공하고 있다. 특히 쿠웨이트 정부는 정보통신, 재생에너지, 여행, 의료산업, 교육 분야 등에 관심이 많으니 이 부문을 집중적으로 공략하는 것도 좋을 것 같다. 또한 쿠웨이트는 주택 공급 문제에 어려움을 겪고 있어 주택건설 분야에도 많은 해외 투자 유치가 필요한 상황이다.

2017년 11월에는 해외 투자자 유치를 위한 법 개정안을 공표했다. 이를 통해 쿠웨이트의 프로젝트에 참여하고자 하는 외국 기업들은 현지 에이전트 없이 단독으로 입찰 과정에 참여할 수 있게 되었다. 단, 이러한 법 개정에도 불구하고 까다로운 심사과정 등의 장애물이 있어서, 아직까지는 쿠웨이트 기업과 합작 투자 회사 설립 또는 에이전트 계약을 체결하는 방식이 일반적이다. 게다가 사업 추진에 필요한 근로자들의 스폰서를 위해서라도 현지 에이전트가 꼭 필요하기 때문이다.

또한 개정된 법에 의하면 투자금 일시 지불에 대한 규정도 더 이상 의무사항이 아니다. 이는 해외의 소규모 기업들이 쿠웨이트 사업에 쉽게 진출할 수 있도록 하기 위함이다. 입찰 금액이 쿠웨이트 화폐 단위로 75,000디나르(약 25만 달러)가 넘지 않을 경우, 쿠웨이트 중앙 입찰 위원회(CAPT, Central Agency for Public Tenders) 승인 없이도 자유롭게 사업 계약을 할 수 있다는 점도 해외 투자자들에게 긍정적인 요소이다. 이전에 명시된 금액인 5,000디나르(약 1.6만 달러)보다 금액이 높아져 기준이 완화되었다. 해외 투자자 유치를 위한 쿠웨이트 정부의 의지를 엿볼 수 있다. 신도시 건설에 중국의 역할이 어느 정도가 될지 현재까지는 알 수 없지만, 해외 투자자의 다각화를 위한 쿠웨이트의 의지에는 의심의 여지가 없어 보인다.

: : 쿠웨이트, 무엇이 문제인가?

쿠웨이트는 여러 행정 규제와 까다로운 절차 등으로 그동안 해외 투자자들에게 좋은 환경을 제공해주지 못했다. 2011년에 약 33억 달러의 투자자금을 유치했지만, 2016년에는 2억 7천만 달러를 조금 웃도는 정도로 규모가 작아졌다. 2018년에는 GCC국가 중 사업을 시작하기 가장 힘든 곳으로 꼽혔을 정도다. 행정적인 문제 외에 더 큰 문제는 쿠웨이트 내 비즈니스 환경이 이미 소수 엘리트 상인들을 중심으로 조성되었다는 데 있다. 이런 진입장벽을 뚫고 사업을 시작하기 위해서는 정상적인 방법이 잘 통하지 않아 불공정한 거래가 종종 있었던 것이 쿠웨이트의 현실이다.

경제학에는 지대추구(Rent seeking)라는 이윤추구(Profit seeking)와 대비되는 개념이 있다. 지대추구는 경제의 주체들이 비생산적인 활동에 자원을 낭비해 자신들의 이익을 추구하는 현상이다. 대표적인 것이 정경유착 현상이다. 정부에 로비를 하여 천연자원, 건설, 부동산 등의 소유권이나 독점적 사용권을 유지하고 확장해나감으로써 자신들의 부를 키워나가는 현상이다.

한 나라의 지속적인 경제성장을 위해서는 생산과 교환을 통해 서로에게 도움이 되는 가치 창출이 필수적이라고 할 수 있다. 그런데 쿠웨이트처럼 소수의 엘리트 상인 그룹들이 시장을 장악하고 단순한 부의 이전을 통해 지대추구를 지속할 경우, 사실상 어떠한 정부정책도 그 나라의 지속적인 경제성장을 위한 해법을 제공하기가 힘들다. 시장 메커니즘이 사회 구성원들의 복지를 최대화시키도록 작동하기 위해서는 한정된 자원이 적재적소에 배치되고, 그 자원을 가장 효율적으로 관리할 경제 주체들이 공정한 경쟁을 통해 선택되어야 한다. 그러나 지대추구가 지배적인 시장 구조에서는 쉽지 않은 일이다. 경제성장이 이루어지지 않고 빈곤의 함정에 갇혀 있는 대부분 나라의 공통적인 문제이기도 하다.

쿠웨이트의 경우를 보자. 공공 부문의 일자리는 개인의 능력과 자질에 상관없이 자국민에게만 보장이 되고 기회가 주어진다. 게다가 공공 부문은 민간 부문보다 복지 혜택도 좋고 사회적 지위가 높다는 점 때문에, 젊은이들이 다른 민간 부문에 도통 관심을 두기 어렵다. 그리고 공공 부문 관리자들이 갖게 되는 사회적 지위와 영향력은 쿠웨이트의 지대추구 문제와 결코 무관하지 않을 것이다. 정부도 민간 부문 고용을 증가시키기 위해 임금 보조금 등 여러 인센티브를 제공하고 있지만, 아직도 여전히 공공 부문 일자리가 젊은이들 사이에 가장 인기가 많다.

이러한 비효율적인 시스템은 대를 이어 지속될 가능성이 높아 보인다. 공공 부문으로 모든 인재들이 모이는 상황에서 지식과 정보에 기반을 두는 경제 시스템을 구축한다는 계획은 앞뒤가 맞지 않아 보인다. 결국 쿠웨이트 정부가 비전 2035를 성공시키기 위해서는 지대추구 시스템 위에 구축되어 있는 비효율적 시장 구조를 얼마만큼 개혁할 수 있는지가 관건이 될 것이다.

교육 부문에서도 쿠웨이트가 극복해야 할 큰 장애물이 있다. 쿠웨이트 교육은 외면상으로는 세계에서 가장 좋은 시스템 중 하나로 알려져 있다. 또한 양질의 인적자본이 풍부하다는 점은 분명 긍정적인 부분이다. 2017년 기준으로 25~64세 성인 인구 비문맹률은 96.3%였고, 15~24세로 범위를 좁히면 99.9%다. 주변 국가들에 비해 월등히 높다. 교육에 투자하는 공공지출 규모를 따져봐도 OECD 평균보다 높다. 쿠웨이트 국민이라면 유치원에서 국립대학까지 무상으로 교육을 받을 수 있고, 해외 유학 시에는 교육비 제공 외에도 왕복 항공료와 매월 2천 달러가량의 생활비가 지급된다.

문제는 대부분 쿠웨이트 대학생들이 과학이나 공학 부문은 기피하고, 인문학이나 종교 관련 전공을 추구하는 경향이 있다는 것이다. 공공 부문에서의 평생 고용이 보장되는 상황에서, 굳이 민간 부문에서 필요한 전공을 공부할 필요성을 못 느끼기 때문일 것이다. 이러한 영향으로 쿠웨이트 고등 교육 졸업자들의 민간 부문 노동시장 참여 준비성 평가는 2020년 기준으로 GCC국가에서 최하위를 기록했다. 지식과 정보 기반의 경제 시스템을 구축하려는 쿠웨이트의 계획에 큰 장애물이 아닐 수 없다.

이미 쿠웨이트 민간 부문에서 사국민들이 비생산적이고 고용에 적합하지 않다는 인식이 팽배해 있다. 이것도 극복해야 할 문제다. 앞으로 신도시 건설로 70만 개의 새로운 일자리가 생길 것으로 예상되고 있다. 쿠웨이트는 젊은 노동력을 적극 투입시켜 기술력을 높이는 동시에, 노동시장의 비효율성을 개선시킬 수 있는 기회로 삼아야 할 것이다.

03

산업별 경제 전망과
한국의 투자 기회

:: 스마트시티 분야 진출

쿠웨이트 주거복지청(Public Authority for Housing Welfare)은 2025년까지 총 240만 명을 수용할 수 있는 9개 신도시 건설을 추진 중이다. 쿠웨이트는 결혼을 하는 자국 남성들에게 주택을 무상으로 공급하는 복지 정책을 추진하고 있는데, 대기자의 수요가 공급보다 많아 신도시 건설이 필수다. 그래서 쿠웨이트는 이미 성공적으로 많은 신도시 건설을 이루어낸 한국과의 협력에 적극적이다. 특히 새롭게 도시를 계획하면서 미래 지향적인 스마트시티 기술에 대한 쿠웨이트 정부의 관심이 높다. 스마트시티 건설에 응용할 수 있는 신기술을 가진 한국 기업들이 쿠웨이트 시장에 진출하기 좋은 시기다.

특히 2017년부터 한국토지주택공사(LH)가 마스터플랜 수립과 실시설계를 진행한 '압둘라 신도시(South Saad Al Abdullah New City)'는 쿠웨이트 수도인 쿠웨이트시티 중심에서 서쪽으로 30km 떨어진 곳에 위치해 있고, 쿠웨이트 정부가 추진하고 있는 신도시 중 입지가 가장 뛰어나다. 면적은 64.4km²로 약 4만 세대가 거주할 수 있는 공간이다. 추정 사업비는 약 4조 4천억 원이다. 쿠웨이트 정부가 추진하는 신도시 사업 중 3만여 세대를 위한 '알 무틀라(South Al Mutlaa) 신도시' 이후 두 번째로 준공되는 신도시다.

참고로 압둘라 신도시 마스터플랜 용역은 사업타당성 조사뿐만 아니라 토목설계, 시범주택단지 건축설계, 전력설계, 정보통신설계 등 실시설계까지 포함한 포괄적 용역이다. 2017년 한국토지주택공사가 쿠웨이트 주거복지청과 체결한 계약 규모만 해도 433억 원이다. 한국토지주택공사가 쿠웨이트 진출을 희망하는 국내 기업을 위해 사업 안내서인 『쿠웨이트, 비즈니스에 답하다』를 발간했는데, 참고해볼 만하다. 또한 2017년부터 코로나19로 인해 취소된 2020년을 제외하고 매년 정기적으로 '한-쿠웨이트 스마트시티 포럼(Smart City Forum)'이 개최되고 있다. 2021년 12월 쿠웨이트에서 4차 포럼이 열렸으니 해당 포럼에 관심을 가지고 정보를 파악하는 것도 도움이 될 것이다.

:: 의료 분야

코로나19 이후 쿠웨이트 정부의 의료 분야에 대한 투자 관심이 더욱 높아지고 있다. 쿠웨이트는 비만, 당뇨, 암 환자 비율이 다른 질병에 비해 상대적으로 높은 편이다. 2016년 기준으로 중동은 물론 아시아에서 비만인구 비율이 가장 높은 국가이기도 하다. 전체 인구의 37.9%가 비만으로 분류되어 있다. 주 원인으로는 기름진 음식과 고칼로리 음식의 과잉 섭취, 증가하는 패스트푸드 음식점, 값싼 노동력, 그리고 기후 조건으로 인한 운동 부족 등이다.

19세 미만 연령대의 비만인구 변동 추이를 조사한 최근 한 연구는 쿠웨이트 비만 문제의 심각성을 잘 보여준다. 2007년 21.37%였던 비만 학생의 비율이 2019년에는 28.4%로 증가 추세를 보인다는 것이다. 당뇨 환자의 숫자도 2019년 기준으로 전체 인구의 22%로 추정이 되는데, 이는 전 세계 유병률(어떤 시점에 일정한 지역에서 나타나는 그 지역 인구에 대한 환자 수의 비율) 9.3%를 훨씬 능가한다. 쿠웨이트 젊은 성인 인구 중 당뇨 전 단계의 유병률도 33%로 추정이 될 정도로 상황이 좋지 않다.

이것 뿐만이 아니다. 쿠웨이트 내에서 50세 이상 인구 비율은 꾸준히 증가 추세에 있다. 이는 쿠웨이트 내 의료 서비스에 대한 수요 증가를 전망케 한다. 쿠웨이트 국민들은 공공 의료기관에서 무료로 의료 서비스를 받을 수 있지만, 서비스 수준에 대한 불만족 등으로 민영 의료기관에 대한 수요가 끊임없이 증가하고 있다. 이에 따라 쿠웨이트는 대부분 보건의료 제품을 해외에서 수입하고 있는 실정이다. 이러저러한 상황을 고려했을 때, 쿠웨이트는 한국 의료기관들에게 기회의 땅이라 볼 수 있다.

특히 코로나19가 쉽게 끝나지 않는 상황 속에서 코로나 진단키트, 코로나19 환자관리 시스템, 스마트 방역 시스템 등의 수출 시장에 계속 시도할 필요가 있다. 단, 의료제품 수출을 위해서는 쿠웨이트 보건부의 승인이 필요하고 현지 에이전트 선정도 중요하기에, 코트라 쿠웨이트 무역관 등의 기관으로부터 자문을 구할 필요가 있다. 뿐만 아니라 장기적인 의료 분야 협력을 통한 한국의 의료 기술 이전과 의료 시스템 수출 방안도 모색해야 할 것이다.

현재 서울대병원은 쿠웨이트의 뉴자흐라 병원(New Jahra Hospital) 위탁운영 프로젝트를 추진 중이다. 2022년 상반기에 정식 계약이 체결될 예정이었지만, 여러 사정으로 지연되고 있는 중이다(2022년 7월 기준). 서울대병원이 진료 및 경영, 병원정보 시스템 구축, 의료진 교육을 포함한 뉴자흐라 병원 운영 전반을 책임지게 된다. 그 조건으로 서울대병원은 5년 동안 무려 5조 원에 달하는 금액을 지원받게 되는데, 이는 한국 의료 부문 경영 노하우 전수에 대한 값어치라고 볼 수 있다. 이미 서울대병원은 아랍에미리트의 왕립 셰이크 칼리파 전문병원(Sheikh Khalifa Specialty Hospital)을 위탁운영 중인데, 쿠웨이트에서 성공한다면 타 중동 국가로의 확대가 더욱 용이해질 것으로 보인다.

:: 신재생에너지

쿠웨이트는 전 세계에서 세 번째로 1인당 전력 소비량이 많은 나라다. 아이슬란드와 노르웨이 다음인데, 앞의 두 나라는 수력발전, 지열발전 등 재생에너지 의존도가 커서 전력 생산 비용이 쿠웨이트보다 훨씬 낮다. 반면에 쿠웨이트의 높은 전력 소비량은 아무래도 섭씨 55도까지 치솟는 여름 기온 탓이 크다. 여기에 에너지 보조금 비중이 95%에 달해 쿠웨이트 전력 소비자들의 부담이 적어서 아끼지 않고 쓰는 것이 더해진다.

또 다른 문제는 2030년까지 쿠웨이트 에너지 소비량이 3배까지 증가할 것으로 추정된다는 것이다. 쿠웨이트의 발전 설비 용량은 2021년 기준으로 17,000MW이고, 14,000MW의 발전 설비가 향후 20여 년간 추가로 건설될 예정이다. 14,000MW 중 7,500MW는 해외 투자를 유치해 충당할 계획이다. 또한 쿠웨이트 정부는 석유 의존도를 낮추고 환경문제 해결을 위해 신재생에너지 관련 사업들을 추진하고 있는 것으로 알려져 있는데, 2021년까지 재생에너지 사용 비율이 1%도 되지 않을 정도로 진전이 미미하다.

2012년 쿠웨이트 정부가 발표한 계획에 의하면, 2030년까지 15%의 국내 에너지 소비를 재생에너지로 대체할 목표를 가지고 있었다. 그러나 지난 10년간 큰 진척이 없었다. 정부가 그간 재생에너지 사업을 적극적으로 추진하지 않은 탓인데, 가장 큰 이유는 재생에너지가 경제성장에 큰 기여를 하지 못한다고 생각했기 때문이다. 다만 2016년 새로운 정부 발표에 의하면 2030년까지 4,500MW의 전력을 태양광과 수력 발전을 통해 생산할 계획이라고 한다. 쿠웨이트 정부도 화석연료를 사용해서 100% 전력 생산을 하는 방식이 더 이상 지속될 수 없다는 것을 인정한 듯하다. 향후 언제 고갈될지 모르는 석유자원을 좀 더 오래 보전하는 것이 쿠웨이트의 경제와 국익에 도움이 된다는 사실도 인식한 것으로 보인다.

이에 따라 한국 기업들의 쿠웨이트 내 태양광 발전 설비 진출 시도도 활발히 진행 중이다. 현재 한국토지주택공사가 마스터플랜 수립과 실시설계를 진행해온 압둘라 신도시에는 태양광을 활용한 농업 시스템인 솔라팜(solar farm)이 포함된다. 쿠웨이트 태양광 부문 진출을 위해서는 여러 가지 방안을 모색해볼 수 있다. 한국의 기술이전을 조건으로 쿠웨이트 민간업체들과 컨소시엄을 구성하는 것도 좋은 방법이다.

예를 들어 한국전력기술이 보유하고 있는 적층형 태양광 발전 설비는 패널을 적층형으로 쌓고 반사판을 이용해 블랙존을 없애주는 혁신적인 설비인데, 일반 태양광 발전 설비에 비해 효율이 20% 이상 크다. 발전소 부지 확보에 어려움을 겪고 있는 쿠웨이트에 맞춤형으로 진출하기에 적합한 사업이다. 실제로 한국전력 컨소시엄(삼원테크와 현지 에이전트 IME)은 2018년 10월부터 2019년 6월까지 적층형 태양광의 성공적인 시범 운영을 통해 큰 호응을 얻기도 했다.

아쉬운 것은 원자력 에너지 부문이다. 쿠웨이트는 한때 원자력 발전에도 관심을 가져 2009년에 실제로 발전소 건설을 추진하기도 했다. 하지만 2011년 일본 후쿠시마 제1원자력 발전소 사고 이후 계획을 모두 취소하고 추진위원회를 해산시켰다. 현재로서는 쿠웨이트 내에서 원자력 발전에 대한 관심이 되살아나기는 쉽지 않아 보인다.

:: 스마트팜

쿠웨이트는 극도로 고온 건조한 사막 기후의 특징을 가지고 있는 나라로, 세계에서 농업의 비중이 가장 낮은 국가 중 하나다. 전체 국토에서 농사가 가능한 땅은 9% 미만이며, 전체 노동인구의 1.1%만이 농업에 종사하고 있다. 식량 안보 위협을 받을 수도 있지만, 그동안에는 식량 공급처 다원화를 통해 이에 대처해나갔다. 쿠웨이트 정부는 농업 분야의 해외 의존도를 낮추고 식량 안보를 강화하기 위해, 농업 분야에서 활동하는 기업에 대해 재정지원을 하는 등 다양한 지원책을 시행하며 스마트팜 관련 시범사업들도 추진하고 있다.

최근 한 연구에 의하면 쿠웨이트의 6대 수입 농산품을 100% 국내 재배로 대체하기 위해서는 약 $15km^2$의 실내 농지가 필요하지만, 이를 수직농장으로 전환할 경우 $0.1km^2$면 충분하다고 한다. 농지가 충분치 않은 쿠웨이트가 스마트팜 기술에 관심을 가질 수밖에 없는 이유다. 한국 정부기관뿐 아니라 일반 기업들도 이러한 기회를 활용하기 위해 쿠웨이트 기업들과 파트너십을 구축하고 합작 투자를 추진하는 것도 좋은 전략이 될 것이다.

이미 2021년 코트라와 농림축산식품부의 지원 아래 한국 기업과 쿠웨이트 간 수직농장 구축 관련 수주 계약이 성사되기도 했다. 수직 농장은 수경재배(배지를 전혀 사용하지 않고 물만 사용하여 작물을 키우는 것)가 가능한 농작물을 키우는 아파트형 공장이다. 쿠웨이트에서 스마트팜 사업이 성공하면, 스마트팜을 고려하고 있는 다른 중동 국가로 추가 진출이 용이해지는 효과가 있다.

04

코로나 이후의
쿠웨이트 경제 전망

쿠웨이트는 이미 2015년부터 매년 재정적자를 기록해왔다. 2020년 코로나19로 인해 유가가 하락하자 더욱 심각한 재정적자에 허덕이게 되었다. 이를 해결하기 위해 쿠웨이트는 국부펀드 중 일반준비기금(General Reserve Fund)을 사용했다. 2020년에는 미래세대자금(Kuwait Future Generation Fund) 적립도 일시 중단하는 법이 의회에서 통과되어 재정 위기를 극복해나갔다.

그럼에도 불구하고 2020년 9월 국제신용평가사 무디스는 쿠웨이트 국가신용등급을 기존 Aa2에서 A1으로 두 단계 내렸다. 무디스의 쿠웨이트 신용등급 강등은 역사상 최초였고, 그만큼 쿠웨이트의 유동성 리스크를 반증하는 것이다. 쿠웨이트 의회는 불필요한 정부 지출을 줄이고 정부기관에 만연해 있는 부정부패들을 해결하자고 요구하고 있지만, 쿠웨이트의 재정적자는 계속 늘어날 것으로 보인다.

이미 코로나 이전인 2020년 1월에 IMF는 쿠웨이트의 GDP 대비 정부 부채 규모가 2019년 15%에서 2025년 70%까지 늘어날 것으로 예측했다. 향후 수년간 쿠웨이트의 재정지출 증가 속도의 규모를 가늠해볼 수 있다. 쉽게 개선될 것으로 보이지 않는 재정 상황에 세계적으로 불어닥친 자재 공급의 어려움은 쿠웨이트 건설 시장에도 적지 않은 영향을 미칠 것으로 보인다.

코로나 상황으로 많은 주재원들이 쿠웨이트를 빠져나가는 상황도 좋지 않다. 2021년에만 25만 명 이상이 쿠웨이트를 떠났다. 2020년 기준 쿠웨이트 총 인구가 420만 명이 조금 넘는 수준임을 감안하면, 엄청난 인구 변화라고 할 수 있다. 이는 노농인구의 감소 뿐 아니라 소비의 감소로 이어진다는 점에서 분명 쿠웨이트 경제에 악영향을 미칠 수밖에 없는데, 쿠웨이트 정부는 아직까지 이에 대한 별다른 대책이 없어 보인다. 결국 경제 회복에는 꽤 시간이 걸릴 전망이다.

그래도 쿠웨이트 경제 전망에서 긍정적인 요소들이 꽤 있다. 우선 쿠웨이트는 1961년 독립 후 비동맹 중립외교를 표방하고 있어 사우디와 이란 간 갈등이나 카타르 단교 등 주변국 사이에서 벌어지는 외교적 분쟁에 휘말리지 않는다는 것이다. 이라크가 쿠웨이트를 침공했던 걸프전(1990~1991)을 큰 교훈으로 삼았기 때문일 것이다. 걸프전 이후 주변국과의 관계에 조심스러워진 쿠웨이트는 대외정책에서 안전보장과 대테러에 우선순위를 두었고, 서방과 친밀한 관계를 유지하면서 안보 지원 확보에 노력을 기울였다. 이러한 사항을 고려할 때 쿠웨이트는 중동의 타 국가에 비해 외교적 무리수를 둠으로써 예상치 못하게 경제적 치명타를 입을 확률이 매우 적은 국가다.

또 하나의 요소는 2021년 9월부터 국제 유가가 급상승하기 시작했다는 것이다. 코로나19에 어느 정도 적응한 국제사회의 경제가 회복되고 수요 증가와 재고 부족이 겹치면서, 국제 유가가 3년 만에 최고치를 기록했다. 정부 총세입(Government revenue)의 80%가 원유 수출로부터 나오는 쿠웨이트는 재정의 안정화를 위해 원유가격이 90달러 이상 유지되어야 하는데, 이는 이미 현실화되고 있다. 최근 다시 하락의 조짐이 보이지만, 2022년 3월 이후로 원유가격은 90달러 이상에서 유지되고 있다. 이는 쿠웨이트 비전 2035의 추진을 더욱 가속화시키는 큰 원동력이 될 것이며, 이에 따라 쿠웨이트 북부 지역 개발도 본격화될 것으로 전망된다. 이 뿐 아니라 비전 2035 계획을 통해 신도시 건설에서 정부의 역할이 줄고 민간 부문의 참여가 높아졌다는 것도 쿠웨이트 경제 시스템의 밝은 미래를 예견케 한다. 이후 정부 지출이 감소하더라도 민간기업 투자는 국내외에서 지속될 가능성이 높기 때문이다.

다만 쿠웨이트의 중장기적 미래 경제는 코로나19 위기 속에서 경제 사회 시스템 전반에서 얼마만큼 개혁을 할 수 있을지에 달려 있다고 봐도 무방할 것이다. 일반적으로 한 나라의 경제·사회에서 긍정적인 개혁은 큰 위기를 극복해가는 과정에서 자연스럽게 실현된다. 일반 대중은 물론 기득권을 가진 세력들까지 개혁 정책을 받아들일 확률이 크다. 반면에 모든 경제 상황이 좋은 상태에서 긍정적인 개혁을 이뤄내는 경우는 거의 없다. 오히려 부정적인 방향으로 가야 변화의 가능성이 더욱 높다. 코로나19로 인한 어려운 상황을 극복해나가야만 하는 쿠웨이트가 어떤 변화의 길을 선택할지 지켜볼 필요가 있다.

Chapter 6

오만

OMAN

01

오만의
경제 역사

:: 술탄 카부스 시대의 개막

오만은 지형 중 82%가 사막이고, 15%는 산악시대다. 이러한 지형의
특징으로 인해 오만 지역에서는 수천 년간 내륙의 거친 사막지대에서
온 유목 부족과 해안 지방의 정착민 간에 끊임없는 투쟁이 지속되었
다. 물론 강력한 지도자가 나타나거나 외부에서 침략을 당할 때는 뭉
쳤지만 그 시기가 지나면 또다시 분열되는 악순환을 이어갔다. 오만은
다른 걸프 국가들과 마찬가지로 서방 세력의 지배를 피할 수 없었다.
중세부터 포르투갈, 네덜란드, 프랑스, 그리고 영국이 이 지역에서 영
향력을 행사했으며, 역사 속 오만은 조용할 날이 없었다.

   역사적으로 이슬람 이바디파(Ibadism)를 추종하던 오만은 8세기

부터 종교적 색채를 띤 지역 통치자를 '이맘'이라고 불렀다. 그러다가 1861년 영국의 권유에 의하여 오만 지역의 지도자는 '술탄(Sultan)'이란 칭호를 사용하기 시작했고, 그래서 아직까지도 오만의 국왕은 '술탄'이라고 부른다.

오만과 여러 조약들을 체결하며 영향력을 행사했던 영국은 1960년대 말 이 지역에서 이상한 기운을 감지한다. 오만 주민들 사이에서 반제국주의적 성향의 반정부 세력이 부상하기 시작한 것이다. 특히 국가 통합 능력이 부족했던 오만의 통치자 술탄 사이드 빈 타이무르(Said bin Taimur)에 대한 반란의 기운이 오만 전역에 퍼졌다.

영국은 이 지역이 사회주의자 또는 급진주의자들의 손에 넘어갈 수 있겠다는 불안감을 느꼈다. 그래서 1971년에 모든 걸프 지역에서 철수하기로 했다. 단, 오만에서의 반란을 무력화시키고 지역의 안정을 되찾도록 도와주는 것이 그들의 마지막 사명이라 생각했다. 물론 그것이 영국의 국가적 이익에 부합하기 때문이기도 했다.

영국은 당시 오만을 다스리던 술탄 사이드를 끌어내리고 그의 아들 카부스 빈 사이드 알사이드(Qaboos bin Said Al Said)가 왕정 쿠데타를 일으켜 집권할 수 있도록 암묵적인 승인을 해주었다. 청소년기에 영국의 공립학교에서 공부하고 왕립 샌드허스트 군사학교에서 수학한 술탄 카부스는 부친의 보수적이고 고립주의적인 사상과는 반대로 진보적인 성향을 지니고 있었다. 이것이 오만의 근대화 정책으로 이어지게 되었고 술탄 카부스는 국명도 이전의 '무스카트와 오만(Muscat & Oman)'에서 '오만 왕국(Sultanate of Oman)'으로 바꾸었다.

:: 오만의 경제성장과 코로나19

오만은 여타 중동 국가와 마찬가지로 석유 및 가스 산업이 경제성장의 원동력인 나라지만, 주변국 중 가장 늦게 산유국 대열에 합류한 나라이기도 하다. 물론 오만에서 원유자원을 찾기 위한 노력은 1925년부터 시작되었지만, 경제성 있는 최초의 매장 원유는 이보다 훨씬 시간이 지난 1962년에 발견되었다. 최초의 수출도 1967년에서야 이루어졌다. 암반이 많은 오만의 지질학적 특성은 오만의 여행객들에겐 매력적인 요소였지만, 원유를 시추하는 기업 입장에서는 극복해야 할 장애물이었다.

수많은 실패와 난관 속에서 많은 기업들이 포기를 한 가운데 끈질기게 버텼던 셸(Shell)과 파텍스(Partex)가 1962년에서야 그 인내심의 보상을 받게 되었다. 참고로 현재 오만의 실질적인 석유·가스 개발은 오만 정부와 외국 회사의 합작기업인 오만석유개발공사(PDO, Petroleum Development Oman)가 주로 담당하고 있다. 여기서 셸의 지분은 오만 정부의 60% 다음으로 큰 34%에 달한다. 처음 수출을 시작했을 당시의 85%보다 훨씬 낮아지긴 했지만, 오만 석유 산업에서의 셸의 영향력을 알 수 있는 부분이다.

원유 수출로 오만의 경제는 큰 변화를 겪었다. 그래서 오만 경제는 보통 1970년 이전과 이후로 나뉜다. 1970년 이전에는 오만 국민의 대부분은 농·어업을 통해 생계를 이어가고 있었고, 그 외의 산업은 거의 전무한 상태였다. 당시 인구수가 72만 명 정도였는데, 나라 전체에 우체국이 2개뿐이었다. 그리고 557개의 전화선, 총 13명의 의사, 3개의 학교에 총 909명의 학생이 출석하는 것이 전부였다. 그만큼 전반적으로 생활과 복지 수준이 낮았다. 인프라 측면에서 보자면 당시 포장된 도로의 총 길이가 2천km 정도였으며, 오만 전체 차량 수는 약 6,800대 밖에 없었다. 뿐만 아니라 이용할 수 있는 국제공항이나 항구도 전무했다.

그러던 오만은 1967년 석유 수출을 시작으로 향후 수년간 경제를 성장시킬 수 있는 원동력을 확보했다. 1970년대 원유 수출이 국가 재정의 95% 이상을 차지했고, 술탄 카부스는 오일쇼크 덕분에 증대되는 오일머니를 활용하여, 본격적으로 경제개발·경제정책을 추진했다. 이를 통해 국가 수입의 대부분을 사회간접자본 확충에 투입했다. 물론 주변 산유국에 비해 석유와 천연가스 생산량이 많지는 않았지만, 술탄 카부스는 자원들을 낭비하지 않고 오만의 근대화 정책에 잘 활용했다. 특히 1976년부터 경제개발 5개년 계획을 추진하여 1~3차 기간(1976~1990) 동안 평균 약 7.5%의 높은 경제성장률을 달성했다.

한편 1980년대 지속된 유가의 하락을 통해 오만 정부는 오일머니에 의존하는 자국 경제의 취약성을 실감하게 된다. 1990년대에 들어오면서 오만 정부는 석유자원 고갈 시대를 대비한 미래 계획 수립의 필요성을 절실히 느꼈고, 제5차 계획기간(1996~2000)에 비전 2020(Vision 2020)이라는 국가경제 전략비전을 수립하게 된다. 이는 외국인 노동력에 대한 의존도를 줄이는 동시에, 다양한 산업에서 균형적 발전을 도모하여 경제 다각화를 목표로 하는 것이다.

이러한 계획은 어느 정도 성공을 거두어 1990년대 후반에 7천 달러 정도였던 오만의 1인당 GDP가, 2010년을 지나면서 2만 달러를 넘어서기까지 했다. 하지만 2014년부터 시작된 유가하락으로 오만의 경제성장률은 점차 둔화되었고, 각종 플랜트 프로젝트들이 연기되었다. 막대한 재정적자를 충당하면서 외채 의존도도 점점 증가했다. 게다가 2020년 코로나19 팬데믹까지 겹치면서 재정 상태는 악화일로를 걸을 수밖에 없었다.

02

오만의
경제적 문제점

:: 회복하지 못하고 있는 신용등급

2020년 기준으로 오만의 석유·가스 산업이 GDP에서 차지하는 비중은 30% 정도이며, 이는 정부 수입의 70%를 차지하고 있다. 1인당 GDP는 1만 4,215달러로 인근 사우디나 바레인보다는 낮지만 터키나 레바논보다는 상위다. 천연자원에 의존하는 대부분 나라가 그렇듯이 오만의 경제도 유가 변동에 크게 영향을 받을 수밖에 없다.

실제로 2015년 이후 유가하락과 함께 재정적자폭이 계속 증가하고 있다. 외채 의존도 증가에 따라 2021년 기준으로 오만의 국가 S&P 신용등급은 B+다. 투자하기에는 상당한 위험이 따르는 수준이다. 참고로 S&P 신용등급 기준에 따르면 일반적으로 BBB- 이상이 비교적 안전하게 투자를 할 수 있는 등급이고, BB+ 이하는 투자에 큰 위험이 따르는 등급이다. 오만은 BB+보다 3단계나 아래다.

2010년대 초반 A등급을 유지했던 오만은 '아랍의 봄' 영향으로 국민들 사이에 반정부 분위기가 발생할 것을 염려하여, 방지 차원에서 복지 분야 지출을 크게 늘렸다. 하지만 2014년 이후 찾아온 국제 유가 하락과 코로나 사태까지 겪게 되면서, 과거의 A등급을 되찾지 못하고 있다. 급기야 국민들에게 지급되었던 연료 보조금을 삭감하고 휘발유 가격을 올림으로써 대처해보려 했지만, 석유와 가스 산업 외에 특별한 수입원이 없는 상황이라 단기적으로는 유가 상승만을 바라볼 수밖에 없는 실정이다.

다행히 2021년 하반기부터 유가가 오르기 시작하면서, 2021년 말 기준으로 재정적자폭이 큰 폭으로 줄기 시작했다. 하지만 그것도 잠시다. 언제 다시 유가가 폭락해 재정적자가 발생하는 현실이 오만을 덮칠지 모른다.

:: 오만의 경제성장과 경제발전

1970년대 오만은 경제성장에 필요한 도로 및 사회 기반 시설 구축에 많은 투자를 했다. 1980년대에는 실질적인 '경제성장'과 '경제발전'을 이루었고, 1990년대에는 사회, 경제 등 여러 면에서 더욱 내실 있는 발전을 이루어냈다.

참고로 설명하면, '경제성장(Economic growth)'과 '경제발전(Economic development)'은 같은 개념이 아니다. 경제성장은 얼마만큼의 생산요소를 투입하여 얼마만큼의 생산을 달성했는지에 초점이 맞추어진 1차원적 개념이다. 반면에 경제발전은 해당 국가의 사회적, 제도적, 문화적 측면에서의 좀 더 포괄적 성장을 지칭하는 다차원적 개념이다. 경제성장이 주로 국내총생산(GDP) 같은 경제지표로 측정되는 반면, 경제발전은 1인당 GDP 외에도 교육 수준, 소득 분배, 빈곤 실태, 영아 사망률, 기대수명 등 복합적인 지표들을 참고해야 한다.

많은 중동 국가들이 경제성장에 주로 집중을 해오던 시기에, 오만은 경제성장과 경제발전을 균형 있게 이룬 모범 국가 중 하나다. 예를 들어 1970년 이전에 오만에서는 총 3개 학교에서 909명만이 교육을 받았다. 그 이후 오만은 교육 부문에서 큰 발전을 이룩하여 2002~2003년에 총 10만 8천 개의 초등학교와 12만 5천 개의 중·고등학교에서 아이들이 교육을 받을 수 있게 되었다. 2020년 기준으로 오만의 평균 교육연수는 12.54년으로 한국의 12.5년보다 살짝 길다. 전체 인구가 1970년 이전에 비해 4배 정도인 240만 명으로 증가했지만, 학교 수와 교육 수준의 증가율은 이와 비교할 수 없을 정도다. 약 30년 만에 교육적 측면에서 얼마나 비약적인 발전을 했는지 알 수 있다.

뿐만 아니라 기대수명 역시 2021년 기준으로 78.1세다. 이스라엘, 바레인, 아랍에미리트, 카타르와 더불어 중동 내에서 선두 그룹을 형성하고 있다. 영아 사망률도 1970년 1천 명당 215명에서 2021년에는 9.8명으로 엄청나게 감소했다. 2000년대 이후로는 유엔개발계획(UNDP)의 인간개발지수(HDI, Human Development Index, 전반적인 인간 발전 지수를 통해 선진화 정도를 평가) 평가에서도 비약적인 발전을 이뤄냈다. 2019년 기준으로 전 세계 189개 국가 중 60위를 차지했는데, 2018년 47위보다 조금 하락한 수치다. 다른 중동 국가들과 마찬가지로 빈부격차 문제가 해소되지 않고 있는 것이 인간개발지수 감점의 큰 이유다.

:: 오만의 성장통과 인구 문제

비약적인 경제성장에는 성장통은 따르기 마련이다. 오만의 인구성장률은 1980~1990년대를 지나면서 연평균 4% 수준으로 증가했다. 참고로 2021년 기준 인구성장률이 4%를 넘는 나라는 전 세계에서 시리아 한 곳 뿐일 정도였다. 그만큼 오만이 지극히 높은 인구성장률을 경험했던 것이다.

그러나 이러한 급격한 인구성장은 결국 오만의 실업률 상승이라는 부작용으로 이어지게 되었다. 교육 수준이 높아지고 고급 노동인력이 쏟아져 나오자, 오만 정부는 이들을 흡수하기 위해 오만 자국민 우선 고용 정책(Omanization)을 1990년대 중반부터 노동시장 곳곳에 적용하기 시작했다. 다른 중동 국가들과 마찬가지로 오만도 자국민의 노동시장 참여 비율이 낮은 반면, 수많은 외국인 노동자들이 기업의 최고경영자부터 저임금 직군까지 광범위하게 진출하고 있는 상황에서 나온 불가피한 정책이었다.

또한 식수 공급 문제는 중동 대부분의 국가들이 겪고 있는 문제인데, 급격히 늘어나는 인구로 인해 오만은 더 큰 어려움에 직면할 수밖에 없었다. 중동 국가들은 보통 바닷물에서 염분을 제거하는 담수화 방식으로 식수를 공급하고 있다. 그런데 암반이 많은 오만의 경우 지방까지 넓게 퍼져 거주하고 있는 주민에게 이러한 방식으로 식수를 공급하는 데 엄청난 비용이 든다. 결국 석유 수출로 재원을 마련할 수밖에 없다. 오만에선 그야말로 석유보다 물이 더 귀한 셈이다.

그럼에도 오만의 인구성장률이 높은 이유는 무엇일까? 물론 정부 차원에서 땅은 넓은데 인구 밀도는 작은 오만의 현실을 극복하기 위해 출산을 장려했고, 다자녀를 선호하는 무슬림의 특성도 있다. 그러나 그보다는 한 나라의 경제성장이 급격히 이뤄지면서 겪게 되는 자연스러운 과정으로 보는 것이 더 정확하다. 저소득 국가의 경우 농경 중심 사회이다 보니 자녀의 수가 바로 노동력이고 생산량과 비례하게 된다. 거기다 열악한 의료 환경과 보건 지식 부족 등으로 영아 사망률이 높다 보니 자연스레 출산율이 높을 수밖에 없다. 그러다가 경제가 급성장하고 의료 시스템이 발전하면서 영아 사망률은 급격히 줄어들어 기대수명이 늘어나게 되면서, 자연스레 인구가 급격히 증가하는 것이다.

인구의 증가는 장기적으로 노동인구의 증가와 내수시장 확대 등 긍정적인 측면도 있다. 반면에 단기적으로는 현재 노동인력이 감당해야 할 비노동인구의 증가로 국가경제에 많은 부담을 안겨준다. 과거 1970~1980년대 한국은 물론 현재 많은 개발도상국 정부들이 고심하고 있는 문제이기도 하다. 1970년대 한국도 남아 선호 사상과 맞물려 높은 인구 증가율이 큰 사회·경제적 문제였기에, "딸·아들 구별 말고 둘만 낳아 잘 기르자"라며 산아정책을 펼쳤다. 과거 중국도 같은 이유로 한 자녀 정책을 추진했던 경험이 있다.

:: 공짜 점심은 없다

2014년 이후, 오만의 인구성장률은 계속 감소하여 2019년엔 3.01%, 그리고 2020년에 2.65%까지 낮아졌다. 이렇게 과거와는 정반대의 인구 변화 트렌드는 어떻게 이해를 할 수 있을까? 언뜻 모순되는 것처럼 보일 수 있지만 이러한 추세도 경제성장의 자연스러운 과정으로 볼 수 있다.

경제학적 관점에서 보면 여성 임금 상승과 노동시장 참여의 증가로 인한 자녀양육의 기회비용 증가를 인구감소의 원인 중 하나로 볼 수 있다. 기회비용은 "공짜 점심은 없다(There is no free lunch)"라는 경제학의 기본원칙과 맞물려 있는 중요 개념 중 하나다. 이는 어떤 선택으로 포기한 것들에 대한 가치와 비용을 의미한다. 누구나 항상 부족한 자원(시간, 돈 등) 속에서 선택을 해야 하기 때문에, 선택에는 누구나 예외 없이 기회비용이 발생한다.

여성의 교육 수준과 임금이 높아질수록 자녀출산, 양육을 위한 기회비용(양육비와 휴직으로 인해 포기해야 하는 임금 등)이 높아지게 된다. 이는 출산율과 인구성장률 감소로 이어진다. 실제로 오만의 출산율은 1988년 여성 1명당 8.6명이었는데, 20년 뒤인 2008년에는 3.3명으로 줄어들고, 10년 뒤인 2018년엔 2.89명으로 감소했다. 최근 20년간 세계에서 출산율 감소율이 가장 높은 5개 국가 중 오만이 꼽힐 정도다. 이는 오만 여성의 임금이 2010년 평균 월 758달러에서 2016년 월 1,987달러로, 단 6년 만에 162% 증가한 것과 무관하지 않을 것이다.

노벨 경제학상 수상자 게리 베커(Gary Becker) 교수는 이러한 내용을 더 발전시켜 흥미로운 이론을 제시했다. 자녀양육에서 자녀의 수(quantity)와 자녀의 질(quality)이 양자택일과 같은 선택의 문제이며, 소득이 증가할수록 기회비용 증가로 자녀의 질에 대한 수요가 자녀의 수에 대한 수요보다 빠르게 증가할 수 있다고 보았다. 다른 중동 국가들에 비해 높은 오만의 교육 수준과 가파르게 낮아지는 오만의 출산율

1980~2065년 오만의 인구 피라미드

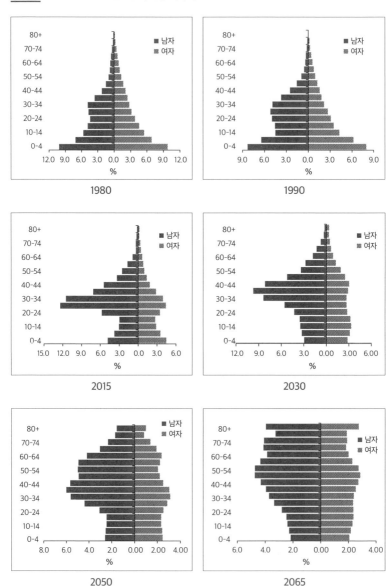

· 자료: UN population estimates and projection

을 보면 베커 교수의 이론이 상당히 설득력 있어 보인다.

이러한 낮은 출산율과 고령화의 추세가 지속될 경우, 오만에서 노년층 인구는 상대적으로 증가하는 반면 노동인구는 더욱 빠르게 감소할 것이다. 이는 향후에 더 큰 사회·경제적 문제가 발생하는 원인이 된다. 다만 오만의 경우 다자녀를 선호하는 무슬림 국가라는 문화적 특성으로 인해, 적어도 한동안은 중진국의 함정에 갇혀 있을 확률이 크다. 그래서 출산율이 지금보다 현저히 낮아지지는 않을 전망이다. 또한 외국인 노동자의 노동시장 참여가 활발하기에 출산율 감소가 향후 노동력 제공에 있어서 큰 장애물이 되지는 않을 것이다.

다만 1970년대 초부터 1990년대 중반까지 높은 인구성장률을 기록했던 기간에 태어난 아이들이 노년층이 되기 시작하는 2030년 이후의 상황에 오만 정부는 충분한 대비를 해야 할 것이다. 우리나라도 현재 저출산·고령화 사회의 정책적 해법을 다양한 시각에서 고민하고 있으니, 추후 오만과 같은 중동 국가에 정책 자문도 가능할 것으로 보인다.

03

오만의
경제 청사진

:: 한국과 출발은 같았으나

오만의 경제는 9차에 걸친 경제개발 5개년 시행 기간 동안 높은 성장을 이루었는데, 유가 하락 폭이 컸던 1980년대 후반과 2010년대 중반에는 모두 마이너스 성장을 경험하게 된다. 정부가 좋은 비전과 계획을 가지고 있어도 천연자원 수출에 의존하는 경제구조로는 지속적인 성장이 어렵다는 점을 증명한다. 흥미로운 사실은 오만에서 원유 수출이 시작되었던 1967년, 오만과 한국의 연간 1인당 GDP는 각각 162달러와 161달러로 거의 동일한 수준이었다. 엄격하게 따지면 한국이 오만보다 더 낮은 위치에 있었다고 할 수 있다. 그리고 반세기가 지나 두 나라 모두 경제성장과 경제발전을 위한 정부 차원의 구체적 계획과 노력이 있었고 상당한 성공을 이루었다.

하지만 천연자원 혜택이 거의 전무한 한국의 1인당 GDP는 2021년 기준으로 3만 1,489달러로 오만의 2배 이상이다. 제조업은 한 국가의 건실한 경제발전의 토대가 되는데, GDP 내 제조업 비중도 2020년 기준으로 한국은 25% 정도인데 반해 오만은 8%가 조금 넘는다. 오만의 제조업은 이마저도 거의 석유화학 관련 산업들이다.

이것뿐만이 아니다. 기대수명은 2021년 기준 한국은 83.2세, 오만은 78.1세, 영아 사망률은 한국은 1000명당 1.9명, 오만은 9.8명으로 차이가 크다. 이러한 차이를 설명하기 위한 여러 가지 요인들도 있는데, 아무래도 천연자원을 경제성장 원동력으로 삼는 나라의 한계점이 가장 큰 요인으로 보인다. 물론 천연자원을 잘 관리해 성공적인 경제성장을 이뤄낸 몇몇 나라도 있다. 하지만 오만은 그간 비 석유 부문의 산업마저 석유 수출에 의존하는 정부 지출로 지탱해왔다. 아직까지는 유가 변동에서 자유롭지 못한 것이 현실이다.

:: 10차 경제개발 5개년 계획과 비전 2040

오만 정부도 석유와 천연가스 자원이 언젠가는 고갈될 수 있다는 위기의식을 가지고 있다. 그래서 유가하락으로 인한 경제 불황에 대비하기 위해 1990년대 중반부터 방지책을 준비해오고 있다. 특히 미래에 석유자원 고갈에 대비하여 1996년부터 LNG(액화천연가스) 개발에 투자를 시작했고, 2000년부터는 LNG 수출도 시작했다. 2000년 초부터는 석유 의존형 경제구조 탈피를 위한 산업 다변화 정책을 적극 추진하기도 했는데, 이 시기에 관광업 육성에도 관심을 가지기 시작했다.

2021년 오만은 '비전 2040'을 발표했다. 오만 정부의 미래를 향한 지속적인 변화의 의지를 보여준다. 구체적으로는 2040년까지 교육, 의료 시스템, 문화유산, 국민복지, 경제정책, 산업 시스템, 노동시장, 민간투자, 국토개발, 환경관리, 법률 시스템, 정부 시스템 등의 부문에서 획기적인 발전을 도모하고자 한다. 특히 2040년까지 GDP에서 석유·천연가스를 제외한 산업이 차지하는 비율을 90% 수준까지 증가시키려는 야심 찬 계획을 세우고 있다.

2011년 이후 오만의 개혁 정책은 교육, 보건의료, 그리고 노동시장 개선 등 국민 복지와 경제 상황 개선에 역점을 두고 있다. 이는 2011년 발생했던 '아랍의 봄' 영향이 크다고 볼 수 있다. 주변국들과 다르게 오만 국민들의 시위 목적은 정권교체나 인권 문제보다는 일자리 문제, 임금 인상, 물가 안정 등에 초점이 맞춰져 있었다. 이러한 국민의 불만에 놀란 카부스 국왕은 이후 일자리 개선과 국민 복지 향상에 정부 지출을 크게 늘리게 되었다. 이후 오만의 경제개혁 방향도 자연스럽게 국민들 눈치를 살필 수밖에 없게 되었다.

한편 1970년 이후 50여 년 통치를 해왔던 카부스 국왕이 2020년

1월 서거했다. 새롭게 왕위를 계승한 카부스의 사촌 동생 하이삼 빈 타리크 알사이드(Haitham bin Tariq Al Said)는 코로나 상황과 맞물려 더더욱 국민들 눈치를 볼 수밖에 없는 상황이다. 2021년 발표된 10차 경제개발 5개년 계획과 비전 2040은 이러한 정부의 고심을 반영하고 있는 것으로 보인다.

04

산업별 경제 전망과
한국의 투자 기회

:: 의료산업

의료 및 보건 분야는 오만 '비전 2040'의 국가 우선 과제 중 하나다. 오만 정부는 인구 증가 및 인구 고령화 추세를 인식하고 있어서, 이미 2014년에 보건 인프라 발전 및 인력 충당을 목적으로 한 장기 프로젝트 'Health Vision 2050'을 제정했다.

이 계획에 의하면 오만은 2030년까지 8,600개, 2050년까지 1만 4,500개 이상의 추가 병상 증설을 목표로 하고 있다. 이와 더불어 1만 3,404명의 의사 및 치과의사 증원, 2만 6,056명의 간호 인력 보유 등을 목표로 하고 있다. 오만에서 의료 활동을 하려면 '오만 의료전문위원회(OMSB, Oman Medical Specialty Board)가 주관하는 시험을 통과해야 하는데, 해외 의료 인력 확보를 위해 타국에서도 온라인으로 응시가 가능하도록 했다.

　오만의 의료산업 미래가 밝은 이유 중 하나는, 오만이 의료보험체계를 점진적으로 확대해 현재 전 국민 단계에 있다는 것이다. 더 긍정적인 면은 의료보험 수혜자를 자국민뿐만 아니라 외국인 근로자, 그리고 오만을 찾는 모든 관광객까지 포함시키려 하고 있다는 점이다. 예를 들어 보험이 없는 외국인 근로자들이 치료가 필요할 경우 현재로선 자국으로 돌아가서 치료를 받아야 하는데, 보험이 의무화되면 오만에서 치료를 받게 되고 그만큼 의료 서비스에 대한 수요가 늘어나게 된다.

　또한 오만은 보험제도를 통해 예방의학 분야를 더욱 활성화시켜 기대수명을 늘리고 영아 사망률을 낮추는 데 초점을 맞추고 있다. 이 또한 의료 서비스에 대한 수요 증가에 기여할 것이다. 최근에는 자국 내 치료가 가능해도 인도, 태국, 이란, 독일 등에서 해외 치료를 선호하는 국민도 증가 추세에 있다. 오만 정부는 이러한 수요를 감당할 특수 병원 설립에도 많은 관심을 가지고 있고, 해외 투자 유치에도 적극적이다. 물론 의료 인력 충원은 자국민 우선 고용 정책(Omanization)을 고수하고 있지만, 특화된 의료 시설의 경우 해외 투자와 해외 의료 인력으로 충원할 수밖에 없는 상황이다.

　한 나라의 경제 수준이 높아지면서 자연스럽게 겪게 되는 현상이지만, 오만도 급격한 소득 증가로 인해 생활 방식과 식생활에 큰 변화가 일어났다. 심혈관 질환, 당뇨병 등의 비전염성 질병 비율이 늘어나, 2019년 기준으로 오만 사망 원인의 43.3%이나 차지했다. 신경정신 질환, 면역 장애, 암 등을 앓고 있는 환자수도 증가 추세에 있어, 오만 내 제약 및 의료기기 수요는 매해 증가하고 있다. 하지만 아직까지는 제약 및 의료기기 대부분을 수입에 의존하고 있는 실정이다.

오만 정부는 2050년까지 의료 소모품 70% 이상을 자국에서 생산하는 것을 목표로 두고 있으나, 상대적으로 소규모인 내수시장과 의약품 가격 인하 정책은 해외 투자자들에게 부정적인 요소로 인식되고 있다. 다만 그간 코로나19 팬데믹으로 시행이 연기되었다가 2021년 4월부로 부가가치세 제도가 도입되었는데, 의약품 및 의료장비는 제외 품목이라는 점은 긍정적인 요소이다. 또한 2021년부터 오만에서 수입 또는 수출되는 의료장비 및 용품은 보건부의 사전 승인이 필요하지만, 오만 내 의료 소모품은 상대적으로 인증 절차가 간단하니 투자자들이 주목할 필요가 있다.

코로나19로 비대면 진료가 전 세계적으로 활성화되고 있는 가운데 오만 정부도 원격진료에 깊은 관심을 보이고 있다. 특히 식수 문제와 마찬가지로 도시에서 멀리 떨어져 살고 있는 주민들에게 양질의 의료 서비스를 제공하고자 하는 오만 정부의 목표는 비전 2040에도 구체적으로 명시화되어 있다. 참고로 한국은 현재까지 제도적으로 원격진료가 전폭적으로 허용되지 않고 있다. 하지만 오만을 비롯해 중동의 많은 나라들이 관심을 가지고 있는 만큼, 정보 표준화와 아직까지 미확인된 임상적 효용 등 활성화 측면에서 더욱 연구개발에 박차를 가할 필요가 있다.

:: 관광업

관광산업은 신밧드의 나라 오만 정부가 2000년대 초반부터 많은 투자를 해온 분야다. 5개의 유네스코 세계문화유산을 보유하고 있고, 국토의 80%가 바위산과 사막으로 이루어진 독특한 자연환경, 그리고 여러 역사적 명소를 보유하고 있다는 점에서 향후에 발전할 가능성이 높다.

높은 수준의 국내 치안은 오만 관광업에 플러스 요소이기도 하다. 오만 남서부의 항구도시 살랄라(Salalah) 또한 중요한 관광 명소 중 하나다. 여름 기온이 온화해서 인근 중동 국가의 관광객들을 유치하기에도 적합하다. 항공 직항 노선이 그렇게 많지는 않지만, 지리적으로 아라비아반도 동쪽 끝에 위치하고 있어서 크루즈 관광객들이 들렀다 가기에도 좋다.

오만의 관광산업은 코로나 사태 이전인 2019년 기준으로 GDP의 9.4% 수준이다. 한해 동안만 전 세계에서 400만 명의 관광객들이 오만을 방문했다. 불과 2년 전인 2017년에 비해 100만 명이 증가한 숫자다. 오만은 2040년까지 관광객의 수를 1,170만 명까지 늘리는 것을 목표로 하고 있다. 이를 위해 2021년 9월 오만 정부는 15억 달러 규모의 관광업 초기 단계 프로젝트를 발표했는데, 향후 3년간 약 78억 달러 규모의 투자를 더 유치할 목표를 가지고 있다. 오만이 관광업 활성화에 이렇게 적극적인 이유는 석유·가스 산업의 의존도를 줄이려는 것도 있지만, 관광업을 통해 농촌 지역까지 균형 잡힌 사회·경제적 발전을 추진하려는 의도가 더 크다.

이를 위해 수도 무스카트에서 차로 45분 거리에 있는 바르카(Barka)를 중심으로 세계적 수준의 휴양지 개발을 추진하고 있다. 최근에는 사막/산악/협곡/비포장/산길 도로주행, 자전거 주행, 롤러코스터, 수중다이빙, 모래썰매 등 새로운 어드벤처 관광상품 개발과 활성화에도 관심을 쏟고 있다.

아울러 기존의 관광지인 무스카트(수도), 살랄라, 무산담(Musandam) 등에도 해안가를 따라 더 많은 고급 호텔과 리조트 건설을 계획 중이다. 최근 코로나로 인한 타격에도 불구하고 2020년 4분기에만 50개 이상의 호텔 프로젝트가 진행될 정도로 관광업 회복에 힘쓰고 있다. 이에 따라 관련 건설 기자재 및 가구, 가전제품, 호텔용품 등의 생활소비재 수요는 꾸준히 증가할 것으로 전망된다.

한국인에게는 아직까지 잘 알려지지 않은 오만이지만, 관련 여행

상품 개발을 통해 직접 진출을 할 수 있을 것이다. 또는 여행지 안내를 위한 앱이나 온라인 플랫폼 등의 개발을 추진하는 IT 관련 업종도 유망할 것으로 보인다. 2020 두바이엑스포 오만관에서도 미래산업보다는 성경 등 고대문헌에 나오는 '유향의 나라' 콘셉트로 꾸몄으니, 오만이 얼마나 관광에 큰 관심을 두고 있는지 알 수 있다. 참고로 투어 가이드를 비롯해 여행업에서의 자국민 의무 고용 비율 목표는 44%로, 다른 분야에 비해 상대적으로 높은 편이다. 하지만 실제 참여율은 10% 정도로 그리 높지 않다.

: : 전자상거래

오만의 전자상거래 시장은 2026년까지 매년 20%씩 성장하여, 시장 규모가 65억 달러가 될 것으로 예상된다. 코로나19로 인한 비대면 방식의 소비가 증가하고 정부 차원의 장려 정책들이 시행되고 있어, 전자상거래도 자연스레 증가 추세에 있다. 오만 국민들은 주로 의류 제품, 항공 티켓, 화장품, 호텔 예약 등에 전자상거래를 이용하고 있다. 해외 직거래도 이루어지고 있는데 주로 중국을 통해 가구, 기계 장비, 건축 재료들을 수입하고 있다.

그동안 전자상거래의 가장 큰 걸림돌 중 하나가 온라인 결제에 대한 부정적 시각이었다. 그러나 2020년 이후로 카타르, 인도 등의 금융

기술과 전자통신 회사들이 오만으로 진출해 결제 수단과 방식이 많이 발전했다. 또한 오만의 인터넷 보급률은 2021년 기준으로 95.2%인데 중동 지역 평균인 75.2%보다 높다. 전체 인구의 80.2%가 소셜미디어를 사용하고 있어서 소셜 인플루언서의 영향력도 점차 증가하는 추세다.

물론 현재까지 전자상거래 규모는 전체 소매 시장의 1% 정도로 미미한 수준이다. 하지만 경제성장과 소비 방식의 변화로 인해 성장 잠재력이 크다. 오만 내 특별한 유흥지가 없어 쇼핑이 일종의 여가 생활로 간주되는 경향도 있다. 그래서 많은 오만인들은 공휴일을 이용해 국경을 넘어 가까운 곳에 위치한 두바이로 쇼핑 여행을 가기도 한다. 일부 상류층을 제외한 대다수 오만 국민들이나 오만 내 거주 인구의 3분의 1에 해당하는 일반 외국인 근로자들은 두바이로 놀러가서 주로 품질 좋고 저렴한 제품을 찾는다고 한다.

또한 코로나19 대유행 이후 비대면 방식으로 시간과 공간의 제약 없이 자유롭게 서비스를 받으려는 소비자의 욕구가 늘어남에 따라, 오만 내 전자상거래 서비스 규모는 더욱 커질 것으로 예상된다. 오만 진출을 노리는 한국 기업들은 이러한 틈새시장을 노려서 오만 내 주요 온라인 유통 채널 탈라바트(Talabat)나 아키드(Akeed)를 이용해보자. 혹은 온라인 유통망을 보유하고 있는 유통업체와의 에이전트 협약 체결 등으로 오만 소비시장 진출을 시도해보는 것도 좋은 방법일 것이다.

케이팝과 한국 드라마의 영향으로 대형 쇼핑몰에 입점한 페이스
샵, 에뛰드하우스 등에서 이미 한국 화장품을 판매하고 있다. 현지 대
형 슈퍼마켓에서는 한국 라면, 과자, 과일, 양념류, 음료도 판매하고 있
을 정도로 한국 제품들에 대한 인식과 수요가 늘고 있다. 이러한 사례
를 볼 때 전자상거래를 통한 한국 제품 수출은 상대적으로 진입 장벽
이 낮다고 볼 수 있다. 한국 기업이 오만 내 사용자가 거부감 없이 받
아들일 수 있는 서비스 개발 및 제공에 심혈을 기울인다면, 충분히 성
공 가능성이 있는 분야다.

:: 농·수산업

중동 국가 중 상대적으로 농업 강국인 오만은 계속해서 농수산업 발
전을 위해 국가적 노력을 기울이고 있다. 식량 안보를 위해 자급도를
높이는 한편 석유 의존도를 줄이려는 오만 정부의 경제 다각화 프로
젝트의 일환으로, 특히 신경 쓰는 분야이기도 하다. 또한 경제발전으
로 인한 급속한 도시화와 대형 슈퍼마켓들의 증가로 고품질 가공식품
들에 대한 수요도 증가하고 있어 농수산업 분야의 지속적인 성장이
기대된다.

뿐만 아니라 오만 정부는 농수산업 투자를 통해 궁극적으로 1조
8천억 달러 규모의 세계 할랄 식품 시장 진출에도 큰 관심을 가지고

있다. 할랄 식품 시장은 무슬림들이 있는 곳이라면 어디든지 존재하며, 전 세계 무슬림 인구가 워낙 많다 보니 시장 규모도 엄청나다. 오만의 주 농산품은 대추야자, 채소, 과일이며 최근에는 보리, 수수, 밀의 생산량도 늘어나고 있다.

하지만 불충분한 농업용수와 농촌에서 도시로 이동하는 인구가 증가하고 있어 농업 인구는 실제로 줄어들고 있다. 정부에서 각종 인센티브를 제공하며 농업 분야를 발전시키려 하지만, 선진 농업 기법의 적용과 해외 투자 유치를 통해 수요와 공급의 불균형을 극복해야만 하는 상황이다. 축산업 분야도 외국인 노동자의 증가와 전반적인 서구화 진행에 따라 수요가 증가하는 추세에 있지만, 현재로서는 수입 의존도가 높다. 할랄 식품 시장에서의 시장점유율을 높이려면, 농·축산 분야에서의 좀 더 적극적인 해외 투사 유치가 꼭 필요한 상황이다.

수산업은 상대적으로 오만 경제에 기여도가 더 큰 산업이다. 약 3,200km에 달하는 오만의 해안선 주변으로 참치, 정어리, 가재, 새우 등 150종 이상의 어류가 서식하고 있는 것으로 파악되고 있다. 수산업 자원은 재생 가능한 천연자원이라는 점에서 수산업 진흥에 오만 정부가 큰 관심을 가지고 있다. 현재 개발 중인 2개 항구 이외에도 24개 항구를 추가로 개발할 계획이며, 바르카 지역을 중심으로 관광개발과 연계해 어항, 양식업을 집중 개발할 예정이다. 또한 중동 최대 인공 산호 농장 건설 및 비늘치(lantern fish) 양식 등 특화된 수산업 진흥

전략도 추진 중이다.

다만 기존 어장들에 대한 모니터링이 적절히 이뤄지지 않아 과도한 어획으로 자원이 고갈될 우려가 있기도 하고, 해양오염 문제도 대두되고 있는 상황이다. 이에 오만 정부는 좀 더 체계적이고 효율적인 수산 자원 관리를 위해 노력 중이다. 동시에 수산업 분야 임금 인상을 통해 더욱 많은 젊은 세대들의 참여를 유도하고 있다. 해외 투자자들에게도 여러 인센티브를 제공함으로써 투자 유치에 적극적이다. 어종의 다양성과 지리적 이점, 정치적 안정, 오만산 제품 품질에 대한 높은 평가, 친투자 환경 등 오만의 수산업 투자에는 매력적인 요소가 많다고 볼 수 있다.

∷ 신재생에너지

오만 정부는 미래 에너지원으로서 수소 경제 전환에 강한 의지를 보이고 있다. 2021년 5월에는 세계에서 가장 큰 그린수소 생산단지를 건설할 계획을 발표했다. 세계 최대인 25GW 규모의 설비를 지어 태양광 및 풍력을 이용해 그린수소 연료를 생산하겠다는 계획이다. 자그마치 원전 25기에 달하는 신재생에너지 설비다. 2028년 시공되어 2038년 완공 시, 연간 175만 톤의 수소 생산이 가능해진다.

오만은 일조시간이 길고 밤에는 바람이 많이 부는 기후 특성이 있어, 태양광 및 풍력 에너지 발전 잠재력이 가장 높은 국가 중 하나다. 경제성 있는 그린수소 생산에 최적의 조건을 갖추고 있다. 여기에 정부의 막대한 지원과 동서양 시장과의 근접성도 갖추고 있다. 신재생에너지 및 그린수소 관련 산업에 진출을 희망하는 한국 기업들의 적극적인 관심과 참여가 필요하다.

특히 오만은 그린수소를 공기 중 질소와 결합시켜 그린암모니아로 전환시켜, 유럽의 고객들에게 그린수소와 그린암모니아를 수출할 계획도 세우고 있다. 암모니아는 연소할 때 이산화탄소를 배출하지 않고 수소보다 제조·저장·수송이 편리하다는 이점이 있다. 기존 화력 발전 설비에서 석탄과 천연가스를 대체하여 연료로 사용할 수 있고, 추출 과정을 통해 수소로도 다시 전환될 수 있다. 오만의 수소 경제 프로젝트가 특별히 주목받는 이유다.

다만 그린수소가 시장에서 상용화되기까지는 좀 시간이 걸릴 전망이다. 무엇보다 문제는 생산 단가다. 전문가들은 2030년 이후에는 생산 기술의 향상으로 인한 생산 비용 절감과 수요의 증가로 인해 상용화가 가능할 것으로 보고 있다. 현재까지 그린수소는 세계 수소 시장의 1%도 되지 않는다.

05

코로나 이후의
오만 경제 전망

:: 무엇보다 중요한 건 사람이다

오만의 향후 경제 전망을 하는 데 있어 중요 요인 중 하나는 급격한
연령대별 인구구성 변화다. 이러한 점에서 오만의 경제 전망은 다시
인구경제학 관점에서 접근해야 할 필요가 있다. 인구경제학에는 '인구
배당 효과(demographic dividend)'란 중요한 개념이 있다. 전체 인구에서
생산가능인구(15~64세) 비율이 증가함에 따라 그로 인해 부양률(생산가
능인구 대비 14세 이하 인구와 65세 이상 인구 합)이 감소하여 경제성장이 촉진되
는 효과를 말한다. 즉 생산가능인구의 증가에 비해 부양 받아야 할 인
구의 비율이 감소하면, 1인당 GDP가 상승하는 것이다.

이렇게 증가된 생산가능인구와 줄어드는 피부양 인구는 저축률

상승과 투자 증가로 이어지게 되고, 경제를 더욱 성장하게 만든다. 출생률의 감소로 인해 아이들의 숫자가 줄어들면서 아이들 1명당 교육과 건강에 대한 투자비용도 늘어나게 되는데, 이는 인적자본의 향상과 생산성의 증가로도 이어지게 된다. 보통 한 국가의 경제성장 과정 중에 한 번쯤 경험하게 되는데, 오만도 1985년부터 2000년까지 이 인구 보너스 효과라고도 불리는 인구배당 효과로 경제성장에 적지 않은 도움을 받았다.

흥미로운 점은 오만이 또 다른 인구배당 효과를 누릴 수 있는 기간이 2010년부터 시작되어 2040년까지 지속될 전망이라는 점이다. 아쉽게도 2014년부터 시작된 미국 셰일가스 산업으로 인한 저유가 상황과 그 이후 맞물려 불어닥친 코로나 상황으로 인해, 오만은 아직까지 이 기회를 살리지 못하고 있다. 그래도 오만에게는 아직 많은 기간이 남아 있다. 다시 찾아온 이 소중한 기회를 잘 활용하는 것에, 코로나 이후 국가의 미래가 걸려 있다고 봐도 무방하다.

:: 미래의 빛과 그림자

오만 정부는 일단 극복해야 할 몇 가지 문제가 있다. 그중 하나가 최근 젊은 층의 인구 증가로 인한 청년 실업률 증가이다. 보통은 인구배당 효과를 통한 경제성장으로 노동시장이 이들을 자연스레 흡수하게 된다. 하지만 현재로서는 통제할 수 없는 외부 상황으로 인해 일자리의 수보다 일자리를 찾는 젊은 노동인구가 많아지는 노동시장 불균형이 일어나고 있다.

이러한 높은 청년 실업률과 동시에, 특정 직업군에 있어서는 숙련 노동자 부족 현상도 심각하다. 아직까지 오만의 교육 시스템이 노동시장에 특화된 졸업생들을 충분히 배출해내지 못하는 것도 있지만, 대부분 중동 국가들과 마찬가지로 오만의 청년들도 민간기업보다는 공공 부문 일자리를 선호한다는 게 문제다. 아무래도 공공 부문 일자리가 갖고 있는 명성 외에도 직업의 안정성과 연금·복지 측면에서 민간 부문에서 누릴 수 있는 혜택이 상대적으로 적은 탓이다. 오만 정부가 이를 어떻게 해결해나갈지 주목할 필요가 있다.

또한 줄어드는 출산율에 비해 상대적으로 늘어나는 노년 인구를 위한 사회보장, 연금, 의료보험, 실버산업 등과 연관된 정책들도 오만의 미래에 중요한 요소다. 다행인건 오만 정부도 이러한 인구 변화 추세에 대해 인지하고 있으며, 대비하고 있다는 점이다.

왕위 계승 관련 문제도 긍정적인 측면이다. 1970년에 즉위해 50년이라는 오랜 기간 동안 오만을 통치한 술탄 카부스가 서거한 후, 카부스의 유서에서 승계자로 지명된 사촌이자 문화유산부 장관이었던 하이삼 빈 타리크 알사이드가 2020년에 안정적으로 정권을 잡았다는 것이 그렇다. 새로 취임한 술탄 하이삼은 과감한 정부부처 통폐합을 추진하고 정부 조직의 효율화를 위해 인력 구조조정과 비용 절감 등을 추진하기 시작했다. 특히 코로나19 위기를 극복하고 제10차 5개년 개발계획(2021~2025)을 통해 정부 조직의 구조조정, 청년 정책 추진, 여성 참여도 확대 등의 내용을 축으로 오만의 경제발전을 도모하려고 한다.

외교적으로도 오만은 이웃나라보다 상대적으로 안정적이다. 기본적으로 비동맹 중립을 표방하는 외교정책을 추진해온 덕택에, GCC국가 및 예멘과의 관계 뿐 아니라 영국과 미국을 비롯한 서방과도 원활한 외교를 통해 안보 협력을 추진하려 한다. 최근 사우디와 등졌던 카타르와도 사이가 좋을 뿐 아니라 시아파 종주국인 이란과도 유대 관계를 유지하고 있다. 아마도 오만의 이슬람 종파가 수니파나 시아파가 아닌 다소 온건적인 이바디파이기 때문일 것이다. 이러한 외교적 방향으로 인해 오만은 지난 수십 년간 전쟁이나 내전에 휩쓸리지 않고 비교적 안정적인 경제체제를 운영해왔다.

하지만 오만 경제는 여전히 원유 의존도가 높은 탓에, 유가 급락의 영향을 피해갈 수는 없다. 미래를 향한 더욱 적극적인 정책을 추진하는 데 있어 향후 유가 변동 추이가 어느 때보다 중요하다고 볼 수 있다. 2021년 하반기부터 오르기 시작한 유가의 급상승이 이러한 오만의 정책을 도와주기를 바랄 뿐이다.

Chapter 7

이란
IRAN

01

이란의
경제 역사

: : 이란은 어떻게 시아파 종주국이 되었나?

중동 관련 국제 뉴스를 보면 이란이 시아파의 종주국으로서 주변 수
니파 국가들과 갈등을 겪는 여러 사건들이 나온다. 예멘 내전을 통해
이란과 사우디가 대리전 양상을 보이는 것이 대표적인 사례다. 그럼
이란은 도대체 언제부터 시아파의 종주국을 자처했을까?

14세기로 거슬러 올라가보자. 당시 중앙아시아에서 발흥한 티무
르 제국(1370~1507)은 페르시아 지역(현 이란)과 중앙아시아를 하나로 통
합시켰다. 그러다 1500년 티무르 제국이 무너지자 페르시아 지역에 힘
의 공백이 생겼다. 페르시아인 시아파들은 이 기회를 놓치지 않았다.
페르시아인 이스마일(Ismail)은 시아파 신도를 이끌고 1501년 대도시

타브리즈(Tabriz)를 점령하여, 페르시아 지역에 페르시아 민족에 의한 '사파비 왕조(Safavid dynasty, 1501~1732)'를 세웠다.

이스마일은 본인이 시아 제7대 이맘의 자손이라 자처할 정도로 시아파 광신도였다. 이스마일은 시아 사상(12이맘파)을 페르시아 사파비 왕조의 국교로 삼았다. 주변 아랍 왕조들과의 차별성을 두기 위해 자신을 전통적인 페르시아 왕의 호칭인 '샤(Shah)'로 부르기 시작했다. 페르시아 언어와 시아파 사상을 두 기둥으로 삼은 페르시아(이란) 민족국가가 수립된 것이다. 이것이 페르시아 땅에 시아 이슬람이 깊숙이 자리를 잡게 된 계기이자, 아직까지도 이란이 시아파의 맹주로 남아있는 이유다.

사파비 왕조가 무너지고 약 1세기의 정치적 혼란 시기를 지나 카자르 왕조(Qajar Dynasty, 1796~1925)가 다시 이란을 통일했다. 카자르 왕조는 시아파를 중심으로 한 페르시아 민족국가의 명맥을 이어갔다. 무엇보다 이 시대에 눈여겨볼 만한 건 역시 석유의 발견이다. 1901년 영국인 윌리암 K. 다아시(William K. D'arcy)가 이란으로부터 채굴권을 획득했고, 1908년 이란 남서부 쿠제스탄(Khuzestan) 지역에서 석유를 발견했다. 중동 최초의 석유 발견이었다. 그러나 1919년 이란이 영국과 보호령 조약을 체결함으로써 다른 중동 국가들과 마찬가지로 정치·경제적으로 서구의 속박에서 벗어날 수 없었다. 동시에 영국 정부는 앵글로-이란 석유회사(AIOC, Anglo-Iranian Oil Co., Ltd)를 설립해 이란의 석유

산업까지 장악해버렸다.

1925년 막강한 군사력을 바탕으로 한 레자 샤(Reza Shah)는 쿠데타를 일으키고 새로운 '팔레비 왕조(Pahlavi dynasty, 1925~1979)'를 세웠다. 그는 종교 세력의 권력을 약화시키는 다양한 조치를 실시했고, 서구식 개혁을 추진했다. 여성들이 히잡을 벗도록 했고 서구식 복장을 착용하도록 권장했다. 팔레비 왕조는 1949년부터 1979년 '이슬람혁명' 이전까지 경제개발계획을 5차례 추진하며 경제발전을 이루었다. 특히 1973년과 1979년 오일쇼크를 거치면서 쏟아져 들어오는 오일머니 덕분에 재정 상태가 더욱 좋아졌다.

반면에 이란 내부의 정치적 상황은 심각했다. 시아파 성직자들이 팔레비 왕조의 친미적 성향과 독재적 탄압에 강하게 반발했다. 하지만 레자 샤의 폭력과 탄압 앞에서 성직자들도 속수무책이었다. 특히 1963년에 팔레비 왕조는 백색 혁명을 통해 전근대적인 토지소유 제도를 해체시키고 자본주의로의 이행을 추진했다. 이러한 토지개혁은 사원 토지를 축소하는 등 시아파 성직자들의 토지 소유를 제한하며 정치적 의도를 드러냈다.

이때 오랜 정치적 싸움에 지쳐버린 일부 성직자들은 전통으로 되돌아가 정치에 개입하지 않기로 했다. 반면에 호메이니 같은 일부 성직자들은 오히려 반왕정 투쟁을 더욱 강화하며 중하위급 성직자들의 지지를 확보했다. 1965년부터 이라크 시아파 성지 나자프(Najsf)에서 망명 생활을 하던 호메이니는 멀리서도 이란 종교계와 국민 사이에서 명성을 얻기 시작했고, 점점 그를 따르는 추종자들이 늘어가기 시작했다.

시간이 갈수록 팔레비 왕조의 비민주적인 국정 운영과 급속한 경제성장에 따른 빈부격차에 국민들의 불만은 고조되어 갔다. 이라크 나자프에서 망명 중이던 호메이니는 테이프에 음성 녹음을 하거나 문서 등을 통해서 이란 국민이 팔레비 왕정에 맞서도록 했다. 1978년 거의 한 해 동안 팔레비 왕조에 반기를 든 국민들이 국왕의 하야를 요구하며 대대적인 시위를 벌였다.

마침내 1979년 1월 16일 팔레비 2세가 이란을 탈출하게 되고, 당시 파리에서 망명 중이던 호메이니가 대중의 지지를 받으며 이란에 돌아왔다. 아야톨라 호메이니는 대중적인 지지를 받아 최고지도자인 라흐바르(Rahbar)로 추대되었다. 동시에 4월 1일 종교일치와 공화제가 융합된 '이란이슬람공화국(Islamic Republic of Iran)'이 선포됨으로써 이란의 이슬람혁명이 승리를 거머쥐게 되었다. 이후 친미 성향이 강했던 팔레비 왕조와는 반대로 이란은 강경한 반미 노선을 가기 시작했고, 이는 훗날 험난한 경제제재의 시작점이었다.

:: 이란의 경제성장과 저항경제

이란은 중동 지역에서 다섯 손가락 안에 들 정도로 큰 나라다. 이란의 인구는 8,300만 명 정도로 중동 내에서 가장 큰 내수시장을 가지고 있으며, GDP 규모로는 세계 20위권에 들 정도로 경제 대국이다. 전 세계 원유 매장량의 10%, 가스 매장량의 15%를 차지할 정도로 세계적인 에너지 부국이기도 하다.

물론 중동의 다른 나라들처럼 원유 수출이 총 수출의 84%를 차지할 정도로 의존도가 높지만, 상대적으로 강우량이 많은 편이라 농업 비중이 GDP의 10%나 된다. 주변국들과 달리 제조업의 기반도 잘 갖추고 있어 이란 노동인구의 20%는 제조업 관련 종사자들이다. 식품, 의약품, 화학제품, 자동차 부문에서는 자국 수요를 충당할 만큼 제조업이 발전해 있다. 특히 자동차 산업은 이란에서 석유 산업 다음으로 비중이 커서 이란은 세계에서 20번째로 큰 자동차 생산국이기도 하다.

이란이 여타 중동 국가들에 비해 경제 다각화에 성공한 이유는 아이러니하게도 미국을 중심으로 한 서방 국가들의 경제제재 압박 때문이라고도 볼 수 있다. 경제제재와 압박 정책에 대한 이란식 대응 경제체제를 저항경제(Resistance Economy)라고 한다. 저항경제의 핵심은 자립경제 기반 구축과 경제 다각화를 통한 원유 의존형 경제구조를 개선하는 것이다. 원유를 판 돈으로 수입 상품을 구매해서 국내 수요를 감당하는 경제구조로는, 경제제재 압박을 장기간 버텨 내기가 쉽지 않기 때문이다. 만약 원유, 천연가스, 석유화학 제품의 수출망(network)이 통제되면, 이란 경제가 고사하는 건 시간 문제다.

실제로 미국 트럼프 행정부는 2018년 5월의 핵 합의 탈퇴 이후, 같은 해 11월 5일에 이란에겐 생명줄과 같은 에너지 자원 및 관련 제품 수출과 금융거래를 제한하는 최고 수위의 경제제재를 단행했다. 이로 인해 이란 소비자들 수요를 충족시켜줬던 한국, 일본, 유럽계의 브랜드 제품들이 중국산 브랜드와 이란산 현지 제품들로 대체되었다. 물론 기술력과 완성도 면에서 수입 제품들과 큰 차이가 나지만, 오히려 이러한 제재 속에서 자동차, 가전제품, 에너지 인프라 시설부터 일반 생활용품과 식료품에 이르기까지 이란의 제조업 역량은 계속 강화되고 있는 추세다.

사실 저항경제의 기본 아이디어는 새로운 것이 아니다. 세계대전과 대공황을 거치면서 농산물 위주의 1차 산품 수출을 통한 수익으로 다시 공산품을 수입하던 중남미 국가들이, 이른바 '식민지 무역 구조'를 벗어나야 한다고 생각했다. 그 타개책으로 '수입대체 산업화(ISI, Import Substitution Industrialization)'를 내세웠다. 이 정책의 핵심은 수입 제한에 초점을 맞춘 보호무역주의였다. 즉 국제 경쟁력이 없는 자국의 산업을 보호하고 육성하여, 점차 경제 자립을 이루자는 것이다.

하지만 중남미의 수입대체 산업화 정책은 단기적 성과만 냈을 뿐,

점차 한계를 보이다가 자취를 감췄다. 너무 자국 산업 보호에만 집중하다 보니, 기업들이 기술 혁신을 통해 세계 무대에서 국제 기업들과 겨룰 수 있는 경쟁력을 갖출만큼 성장하기가 어려웠기 때문이다. 이는 '수출 지향적' 보호무역 정책을 취해 모범적인 경제성장을 이뤄 '한강의 기적'을 만들어낸 한국과 대비된다.

예를 들어 1980년대 브라질 정부는 공항을 통해 입국하는 비즈니스 방문객들의 개인 컴퓨터가 브라질산이 아닐 경우, 압수할 정도로 철저하게 수입 제한 정책을 취했다. 그 결과 컴퓨터 산업에서 브라질과 선진국과의 기술 격차가 점점 벌어졌다. 브라질 소비자들은 국제 시장에서 통용되는 컴퓨터에 비해 5~10년 정도 뒤떨어진 성능의 자국산 컴퓨터를 해외 제품 가격보다 2~3배를 더 주고 구매해야 했다. 저성능 컴퓨터의 보급은 업무의 비효율성을 초래했고, 그것이 경제 전반에 미친 악영향은 말로 다할 수 없었다. 결국 브라질 정부는 정책의 실패를 인정하고 1991년에 수입 제한 조치를 철폐했다.

이란 정부의 저항경제도 수입 제한에 초점을 맞춘 보호무역주의 정책이라고 해도 과언이 아니다. 저항경제를 통해 경제 다각화의 기반이 마련되었다는 점은 긍정적이나, 국내 제조산업의 해외 경쟁력은 시간이 갈수록 나빠질 수밖에 없다. 특히 경쟁이 배제된 상태에서 국가 주도로 설립된 기업들의 기술 혁신에 대한 의지와 노력은 저하될 수밖에 없고, 사업 운영 과정에서 부정부패가 생길 소지가 많다.

미국과의 관계가 개선되지 않을 경우, 결국 장기적으로 이란의 경제 상황은 악화일로를 걷게 될 것이다. 물론 인구 8,300만의 큰 내수시장과 풍부한 지하자원은 경제 자립이 궁극적 목적인 이란에게 큰 버팀목으로 작용할 수는 있다. 참고로 이란은 석유와 천연가스 외에도 아연(세계 1위), 철광석(세계 9위), 우라늄(세계 10위), 납(세계 11위), 구리(세계 17위), 석탄(세계 26위) 등의 지하자원도 갖고 있다. 이란이 미국의 강한 경제 압박에도 강경한 태도를 보일 수 있는 이유 중 하나일 것이다.

　그러나 주변의 산유국들이 너나할 것 없이 신재생에너지 개발에 박차를 가하고 있다. 산업 다각화를 추진하며 국제 경쟁력을 강화하고 있는 현 시점에, 이란이 언제까지 전통적 자원에 의존하며 저항경제로 버틸 수 있을지 의문이다. 바로 이웃나라인 아랍에미리트는 이미 화성에 탐사선을 보내 궤도에 진입시키기까지 했다. 하루가 다르게 기술이 발전하는 오늘날에, 시간은 결코 이란의 편이 아니다.

02

이란의
경제 상황

: : 미국의 최대 압박 정책

미국의 경제제재는 그간 이란에게 상당한 타격을 주었나. 1979년 '이슬람혁명' 발발 당시, 이란 내 급진 사상을 가진 학생들이 주이란 미대사관을 습격하여 52명의 대사관 소속 민간인을 인질로 억류하다 444일 만에 석방한 사건이 벌어졌다. 이는 미국이 이란을 제재하는 시발점이 되었다. 지난 수십 년간 미국은 이란에 대해 제재와 해제를 반복해왔다. 특히 2002년 이란 핵 개발 의혹이 불거지자 미국을 중심으로 국제사회 대이란 제재 수위가 더욱 높아졌다. 2011년 미국 오바마 정부 또한 강도 높은 경제제재를 함으로써 기존의 정책적 방향을 유지했다.

그러다 2013년, 이러한 상황에 큰 변화가 일어났다. 이란의 강경파 마흐무드 아흐마디네자드(Mahmoud Ahmadinejad) 대통령이 권좌에서 내려오고 온건한 성향의 하산 로하니(Hassan Rouhani)가 당선된 것이다. 미국 오바마 행정부는 전략을 바꿨다. 로하니 대통령과 합의를 통해 이 문제를 완화시킬 수 있는 방안을 모색하기 시작했다. 중국 견제를 위해 중동에 투입했던 전략 자산을 아시아로 이전하기 위한 목적도 있었다. 상임이사국 및 독일 6개국(미, 중, 러, 영, 프, 독)은 이란과 '포괄적 공동행동계획(JCPoA, The Joint Comprehensive Plan of Action)'을 타결하며 이란과의 화해무드를 조성했다. 이란이 핵 의혹을 불식시킨다면 국제사회는 이란의 제재를 풀어주고 교역을 정상화시키겠다는 것이 '포괄적 공동행동계획'의 핵심이다.

그러나 2018년 당선된 트럼프는 이런 화해무드를 깨버렸다. 일방적으로 '포괄적 공동행동계획'에서 탈퇴하며 이란과 약속한 내용을 파기한 것이다. 오히려 그는 이란을 상대로 '최대 압박(maximum pressure) 정책'까지 써가며 이란의 목을 죄었다.

사실 이상할 것도 없다. 미국 공화당 주류는 항상 이란의 핵 개발 가능성과 역내 도발 의지에 대한 의심을 내려놓지 않았고, 트럼프도 이러한 반이란 기조에 따라 자신의 정책을 추진했던 것으로 볼 수 있다. 그가 추진한 정책의 피해는 한국, 유럽 등 오바마 시절 이란에 한창 투자를 확대하던 국가와 기업들에게 고스란히 되돌아갔다. 이란의 석유를 수입하는 것도, 이란으로 상품을 수출하는 것도 중단되었을 뿐 아니라 금융거래까지 중단되자 수많은 글로벌 기업들이 이란을 빠져나올 수밖에 없었다.

:: 이란 경제는 얼마나 타격을 입었나?

그렇다면 경제제재가 이란 경제에 미치는 영향은 어느 정도일까? 미국의 최대 압박 정책은 정말 이란 경제에 버티기 힘들 만큼의 타격을 주었을까? 이 질문에 대한 답은 미국의 정치인들뿐만 아니라 세계 기업인들, 그리고 많은 학자들까지 궁금해하고 있다. 이란의 미래에 대해 어느 정도 방향성을 예측할 수 있게 해주기 때문이다.

하지만 아쉽게도 경제제재의 직접적인 영향을 정확히 측정하는 것은 쉬운 일이 아니다. 예를 들어 매일 치실을 하는 사람들이 치실을 하지 않는 사람들에 비해 평균 수명 5년이 늘어났다는 비교 결과가 나왔다고 할 때, 치실의 직접적인 수명 연장 효과를 과학적인 결과로 받아들이는 데는 신중함이 필요하다. 왜냐하면 치실을 매일 하는 사람들의 교육 수준이 그렇지 않은 사람들보다 더 높을 수 있고, 부유할 수도 있고, 좀 더 건강에 신경을 쓰는 사람들일 수도 있기 때문이다. 이런 부류의 사람들은 반대의 특성을 가진 사람들에 비해 평균수명이 길 확률이 높다. 따라서 이러한 기타 요인들을 통제하지 않고 단순히 치실질 하나만으로 수명 연장 효과에 대한 과학적인 결론을 낼 수 없는 것이다.

마찬가지로 경제제재 이후 다음 해에 이란의 경제성장률이 -3%라고 할 때, 이러한 역성장이 온전히 경제제재 영향 때문이라고 하기에는 무리가 있다. 경제제재와 관련이 없는 비즈니스 사이클, 통화 정책, 국제 유가, 코로나 상황 같은 외부 요인들을 통제할 수 있어야 정확한 측정이 가능한데, 이러한 외부 요인 통제를 통한 정책 효과 측정은 경제학자들이 가장 힘들어 하는 부분이기도 하다. 데이비드 카드(David Card) 교수가 2021년 노벨 경제학상을 받게 된 것도 이와 무관하지 않다. 그는 이중차분법(difference-in-differences)이란 과학적 통계 기법을 이용해 최저임금 인상이 고용을 줄인다는 경제학자들의 믿음에 반하는 획기적 증거를 제시했기 때문이다.

결국 여러 가지 경제사회 지표들에 대한 다양하고 신뢰할 만한 정보가 부족한 이란은 경제제재의 직접적인 영향을 측정하는 것이 더욱 어려울 수밖에 없다. 그나마 이란의 몇몇 거시경제 지표들은 경제제재의 영향을 정확하지는 않지만 간접적으로나마 가늠하게 해준다.

이란의 실질 경제성장률은 첫 번째 경제제재가 있었던 1979년 직후에 가장 크게 감소했다. 1980년에는 그 전년도에 비해 자그마치 -9.8%의 경기수축을 기록했다. 2차 경제제재 후인 1988년에는 -6.1%의 경기수축을 보였다. 흥미롭게도 3차 경제제재 후인 2007년에는 오히려 8.2%의 경기확장이 있었는데, 이는 계속되는 경제제재 속에서 이란이 어느 정도 면역력을 키워갔던 것으로 보인다.

하지만 트럼프 정부가 '최대 압박'이라고 명명했던 경제제재는 이러한 면역력도 무력화시키는 치명타를 입힌 것으로 보인다. 이란은 2016년 오바마 행정부와의 핵 합의 직후, 2016년에 13.4%에 달하는 높은 경제성장률을 달성했다. 하지만 그 이후 2년 만에 트럼프 정부의 경제제재로 인해 2018년 -5.4%, 그리고 코로나 사태 직전인 2019년 -6.5%를 기록하며 이전보다 더 심각한 경기후퇴를 경험했다. 거기다 2020년 코로나 바이러스로 인한 팬데믹 상황까지 경험하게 되면서 이란의 경제 상황은 지난 몇 년간 악화일로를 걸어왔다. 국제통화기금 (IMF)에 의하면, 계속되는 제재로 인해 2019년 60억 달러 이상을 기록했던 무역 흑자가 2020년에는 35억 달러 정도로 감소한 것으로 추정된다고 한다.

같은 기간 이란의 화폐가치는 계속 하락했고, 결국 이는 수입품의 가격 인상 효과를 가져와 생필품 가격을 비롯한 전반적인 물가가 지속적으로 오르는 인플레이션까지 몰고 왔다. 2017년 9.64%였던 물가 상승률은 2018년 30.22%, 2019년 34.62%, 그리고 2020년 36.5%로 지속적으로 상승 중이다. 미국과 한국을 비롯한 대부분 선진국들의 목표 물가상승률이 2% 안팎인 점을 감안하면 이란의 물가상승률이 얼마나 심각한 것인지 알 수 있다.

:: 최악의 상황에서 실업률 반전은?

거시경제 학자들과 경제정책 입안자들이 한 나라의 경제 상태를 진단할 때 기본적으로 살펴보는 몇 가지 거시경제 지표들이 있다. 대표적인 3가지가 국내총생산(GDP), 소비자물가지수, 그리고 실업률이다. GDP를 통해서는 경제성장률, 소비자물가지수를 통해서는 물가상승률, 실업률을 통해서는 노동시장의 변동 추이를 파악할 수 있기에 가장 중요한 3가지 경제지표라고 할 수 있다.

이란의 경제에서 흥미로운 점은 미국의 경제제재 하에 경제성장률은 낮아지고 인플레이션은 심화되었는데, 실업률은 예상과 다르게 최근 몇 년간 호전되었다는 것이다. 특히 2016년 이란의 실업률은 12.4%를 기록한 후 계속 감소하는 추세를 보였다. 코로나19도 아직 완전히 종결된 게 아니고, 경제제재가 해제된 것도 아닌데, 어떻게 이러한 긍정적인 노동시장 지표가 나온 것일까?

아쉽게도 이는 결코 이란의 노동시장이 개선되었기 때문이 아니었다. 바이든 정부에 대한 기대감 때문도 아니었다. 그렇다고 이란 정부가 여론의 비난을 무마시키기 위해 정보를 조작했다는 근거도 없어 보인다. 이를 좀 더 정확하게 이해하기 위해서는 이란을 비롯한 대부분의 나라에서 실업률을 어떻게 계산하는지 그 방법을 먼저 이해할 필요가 있다. 일반적으로 실업률은 전체 경제활동인구 중에서 실업 상태에 있는 인구의 비율을 계산하는데, 여기서 경제활동인구에 포함되기 위해서는 새로운 직업을 구하려는 의지가 있어야 한다. 학생이나 가정주부 같은 경우는 당연히 이러한 경제활동인구에 포함되지 않는다. 반면에 직업이 없더라도 현재 구직 중이라면 경제활동인구에 포함된다.

이란의 실업률 이해에 있어서 '낙심한 노동자(discouraged workers)'라는 개념은 매우 중요하다. 이들은 경제 상황이 너무 좋지 않아 아예 구직을 포기한 사람들이다. 이들은 이전에 경제활동인구에 포함이 되어 있다가도 구직을 포기하는 순간부터 '비경제활동인구'로 편입되고 실업률 계산에서 제외된다. 따라서 이런 낙심한 노동자들이 증가할수록 전체 실업률은 더욱 낮아지게 된다. 이때 속 내용을 모르고 실업률 수치만 보면 경제 상황이 나아지는 듯한 착시 효과가 발생하는데, 이란이 바로 이러한 경우다. 실제로 이란의 인구 조사 기관 발표에 의하면 2020~2021년 한 해 동안 143만 명의 경제활동인구가 비경제활동인구로 전환되었다. 이는 이란 전체 경제활동인구의 5% 수준이다. 이란의 실업률 감소가 오히려 이란 경제의 심각성을 보여주는 것이다. 아이러니한 상황이다.

:: 미국, 너 하나뿐이랴!

미국의 최대 압박 정책이 시행되고 이란의 원유 수출에 제약이 따르는 상황에서, 원유 수출 의존도가 큰 이란의 경제가 그럭저럭 잘 버티고 있다는 점은 다소 의아하다. 게다가 미국을 향한 강경한 목소리는 여전하다. 국내총생산과 인플레이션 지표들이 악화되고 있는 이란의 경제 상황을 분명하게 보여주고 있다. 그러나 많은 전문가들은 이 숫자들을 액면가 그대로 받아들이지 않는다.

미국의 제재 이후 이란은 원산지 위조 등 다양한 방법으로 원유를 암암리에 해외로 수출해왔다. 선박 송수신기인 트랜스폰더(transponder)를 끈 상태로 배와 배를 통한 직접 거래 방식으로만 하루에 60만 배럴 정도를 수출하고 있다고 한다. 또한 세계 최대 석유 수입국인 중국은 공식 수치보다 훨씬 많은 양을 이란으로부터 공급받고 있는 것으로 알려져 있다.

한편 미국이 이란에 경제제재를 지속하는 동안, 중국은 일대일로(一帶一路) 정책의 일환으로 이란에서의 영향력을 확대해왔다. 2014년 11월, 시진핑 주석이 제창한 일대일로 경제권 구상 전략은 중국-중앙아시아-유럽을 연결하고 상호협력하는 것이 목표다. 2021년 3월, 중국은 이란과 향후 25년 동안 경제와 안전보장 등의 분야에서 연대를 강화하는 내용의 '포괄적 협력 협정(25-year Comprehensive Cooperation Agreement)'을 체결했다. 이 협정을 통해 중국은 이란으로부터 안정적으로 원유와 가스를 공급받는 대신, 이란에 4천억 달러 규모의 투자를 약속했다. 중국은 이를 통해 향후 25년에 걸쳐 이란의 금융, 에너지,

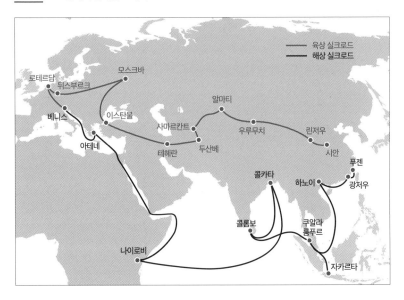

항만, 철도, 5세대 이동통신(5G) 등에 투자할 계획을 가지고 있는 것으로 알려져 있다.

특히 중국은 이미 이란의 철도 사업에 주도적 역할을 하고 있다. 종교 성지 마슈하드(Mashhad)와 이란 수도 테헤란의 926km 구간을 고속전철로 연결하는 작업은 오바마 행정부와의 핵 합의 직후인 2016년 이미 시작되었다. 중국의 관심은 중국과 중앙아시아, 서아시아, 아라비아만(페르시아만), 지중해를 연결하는 일대일로에 있으며 이 계획의 일부로서 이란의 철도 산업에 많은 투자를 하고 있는 것이다.

이란 내에서 중국의 영향력은 무역 규모로도 확인할 수 있다. 중국과 이란의 무역 규모는 1996년 4억 4천만 달러에서 2014년에는 500억 달러로 정점을 찍었다. 오바마 정부와 핵 합의 후에는 300억 달러로 줄어들었지만, 트럼프 행정부의 경제제재 이후 다시 400억 달러 이상으로 늘어나고 있다. 2025년까지 연간 6천억 달러 정도까지 확대될 것으로 전망된다.

이란 세관의 공식 발표에 의하면, 2016년 기준으로 100달러어치의 이란 수입품 중 25달러가량은 중국산이었다. 중국에 이은 두 번째 수입국은 아랍에미리트다. 하지만 많은 이란 경제학자들은 아랍에미리트로부터의 수입품도 대부분 중국산으로 취급해야 한다고 말한다. 많은 중국 상품들이 아랍에미리트 제2의 도시 두바이를 거쳐 이란으로 들어가기 때문이다. 또한 매년 125억 달러 규모의 밀수품이 이란 국경을 넘어오는데, 이 역시 대부분 중국산이다. 결국 이란의 중국 의존도는 공식적으로 알려진 것보다 훨씬 크다고 봐야 한다.

중국과 이란의 이러한 친밀한 관계에 대해서는 2가지의 상반된 시각이 존재한다. 긍정적인 관점에서 보면 이란에게 중국은, 경제제재를 버티게 해줄 수 있는 젖줄이자 다양한 사업 기회를 제공해주는 비즈니스 동지다. 이란은 중국의 거대한 자본을 이용하여 이란 내 사회간접자본 확충에 투자를 유도할 수 있다. 이 뿐 아니라 국방 강화에 필요한 무기 거래를 중국을 통해 추진할 수 있다. 경제제재 상황에서도

14억 인구를 가진 중국 시장에 이란이 진출할 수 있다는 것은 분명 큰 장점이다. 이란 또한 외교적 역량을 발휘하여 중국이 미국에 정치·경제적으로 대항할 수 있도록 힘을 보태줄 수 있을 것이다.

반면에 이란 내 중국의 영향력이 과도하게 커지는 것은 이란 정부 입장에서 결코 달갑지 않은 일이다. 실제로 이란 시장에서 중국의 영향력이 확대된 이후, 이란의 수많은 공장들이 문을 닫아야 했고 수많은 이란인 노동자들이 실직하거나 이직해야만 했다. 또한 중국의 대이란 주요 수출품이 자동차, 자동차 부품, 휴대전화 등 대부분 제조업 관련 제품이며, 특히 기계, 전자, 통신 등에 집중되어 있다는 점은 이란 입장에서 매우 우려스러운 부분이다. 이미 규모의 경제 측면에서 높은 경쟁력을 갖고 있는 중국 기업들과의 경쟁은 무리일 수밖에 없다. 이는 이란이 다른 중동 국가들에 비해 잘 구축해놓은 제조업 분야를 약화시킬 수 있다.

이러한 이란 제조업 약화와 이란 내 중국산 수입품에 대한 의존도 강화는 국내의 젊은 비숙련 노동인구의 일자리 감소라는 사회적 문제로 번질 수 있다. 현재 이란 젊은이들의 실업률은 25%로, 최근 몇 년간 이란 전체 노동인구 실업률 감소 추세와는 상반되는 심각한 상황이다. 앞에서 설명했듯이 이란 전체 실업률 감소는 낙심한 노동자들의 구직 포기 효과에 의한 것으로 보이지만, 이에 반해 청년 실업률이 높은 것은 구직을 포기하기엔 아직 너무 젊은 이란 청년들의 안타까운 현실을 반영한다. 게다가 이란 내 젊은 노동인구의 실직기간이 길어질수록 이란 인적자원의 질은 더욱 낮아질 것이다. 이는 장기적으로 봤을 때 결국 중국과 같은 강대국에 대한 의존도를 더욱 높일 것이다. 그렇게 되면 이란의 미래는 더욱 암울해질 것이다.

이러한 이유로 이란은 중국에 대한 의존도를 줄이고 중국 외 국가들과의 교역을 확대하여 무역 대상의 다양화를 추진할 필요가 있다. 경제제재가 시작되기 전인 2006년만 해도 아랍에미리트를 제외하면 대부분 독일, 이탈리아 등 유럽 국가들이 이란 시장을 장악하고 있었다. 이러한 점만 봐도 지난 15년간 이란 시장에서의 급격한 중국 점유율 증가는 경제제재가 주요 요인일 확률이 크다. 물론 각자의 시각에 따라 중국과 이란의 관계에 대해 다양한 분석이 있고 논쟁이 있을 것이다. 어찌 되었든 코로나19 사태까지 겹친 현재는 이란의 선택지가 중국 외에는 없어 보인다는 점이 안타까울 뿐이다.

03

산업별 경제 전망과
한국의 투자 기회

:: 석유화학

천연가스 매장량 규모로 러시아에 이어 세계 2위인 이란은, 2024년까지 생산량을 현재의 3배 이상으로 끌어올려 세계시장에서 6%, 중동에서 32%를 점유하겠다는 계획을 가지고 있다. 또한 자국 원유로 합성수지, 플라스틱 용기, 타이어, 세제 등 완제품과 플라스틱 중간재와 같은 석유화학 제품을 제조하여 관련 산업 중간재의 공급과 수출을 통한 경제성장을 계획하고 있다.

다른 부문도 마찬가지지만 석유화학 부문의 지속적인 성장을 위해서는 해외에서의 투자가 필요하다. 동시에 현재 국영화되어 있는 석유화학 부문을 실질적으로 민영화시켜야 한다. 그동안 석유화학 분야에서 독점적 발주처 역할을 했던 이란의 국영 석유화학공사(NPC, National Petrochemical Company)가 51개 자회사를 민영화시켜 생산성과 효율성 향상을 도모했다는 점은 해외 투자자들에게도 고무적인 일이었다.

그러나 사실 NPC의 자회사 민영화 추진은 해외 투자자들에게 이란의 석유화학 기업이 경제제재에 영향을 받지 않는 민간기업이라는 이미지를 심어 주기 위한 홍보적 수단이라고 보는 것이 더 맞을 듯하다. 실제로 NPC의 이전 기업명은 NIPC(National Iranian Petrochemical Company)이었는데, 이란 정부와의 연관성을 희석시키기 위해 중간에 Iran을 빼고 NPC로 바꾼 건 이에 대한 사례다. 이 뿐만이 아니다. NPC의 지분을 보유하고 있는 민간투자 기업들은 이란 정부 소유이거나 이란 정부와 매우 긴밀한 관계에 있는 기업들이다. 이러한 점에서 이란의 석유화학 부문 투자에는 여전히 리스크가 있다.

그럼에도 가격경쟁력과 지리적 이점, 그리고 원유 수출 부문보다 추적과 경제제재가 훨씬 어려운 석유화학 제품 특성상, 석유화학 산업은 미국의 경제제재 하에서 이란의 주 수입원이 되고 있다. 이란의 석유 화학단지는 마흐샤흐르(Mahshahr)와 앗살루예(Assaluyeh) 등 경제특구를 중심으로 개발되고 있으며, 외국인 투자 확대를 위한 각종 인센티브가 마련되어 있다. 이란 정부가 석유화학 부문 개발과 투자에 얼마나 관심이 많은지 짐작할 수 있는 부분이다.

한국 기업의 입장에서도 성장잠재력이 무한한 이란 석유화학 산업 시장으로의 진출 타당성은 크다. 또한 원유와 달리 석유화학 제품의 수출에는 현재 미국의 포괄적인 제재가 가해지지 않고 있고 제재가 쉽지도 않다. 실제로 2020년 이란의 석유화학 제품 수출 수익은 150억 달러 정도였는데, NPC 회장은 2027년까지 회사 수익을 500억 달러까지 증가시킬 수 있다고 했다. 하지만 이를 위해서는 2021년 현재 하루 100만 배럴가량 생산하고 있는 원유를, 하루 230만 배럴까지 생산할 수 있는 추가 생산 시설 확장이 이뤄져야 한다. 문제는 이를 감당할 수 있는 투자가 현재로서는 부족하다는 것이다. 1,450억 달러 규모의 국내외 투자 유치를 목표로 삼고 있는 이란으로서는 결국 중국에 많이 의존해야 하는 실정이다.

한편 이란에 식유화학 산업에 두자하는 기업은 이란의 풍부한 천연가스를 저렴한 가격으로 공급받을 수 있다는 인센티브가 있다. 또한 금융, 행정, 노동 부문에서 여러 가지 인센티브를 받을 수 있다. 점차 고부가 스페셜티 제품군 확대를 신성장 동력으로 추진하고 있는 한국 기업들로서는, 상대적으로 우위가 있는 고부가가치 범용 제품 생산 시스템과 관련된 자문 사업을 이란과 함께 협력하여 추진하는 것도 안전하고 좋은 방안으로 보인다.

참고로 이란의 석유화학 산업은 그동안의 선진 기술 수입 제한 및 투자 부진으로 아직까지 부가가치가 낮은 기초 석유화학 제품 생산이

주를 이루고 있다. 중국 시장이 수출의 50%를 차지하고 있지만, 중국 정부도 점차 이란산 제품 수입을 줄이고 자체 생산을 통한 자급률을 높이는 정책을 추진하고 있는 상황이다. 이러한 것을 봤을 때 이란의 수출처 다변화는 불가피해 보인다.

:: 자동차 산업

이란의 자동차 보유자는 전체 인구의 10% 수준이고, 자동차 산업은 이란 노동력의 약 5%를 고용하고 있다. 2019년 기준 GDP의 10% 정도였던 자동차 산업은 현재 경제제재로 5% 정도로 줄어들었고, 코로나19 확산으로 인한 소비 지출의 축소도 크게 위축되고 있다. 하지만 이란의 자동차 산업이 매력적인 이유는, 이란의 규모 있는 내수시장과 함께 양질의 노동력 때문이다. 이란의 최저 임금은 현재 환율 기준으로 월 100달러 정도인데, 임금 수준에 비해 기술과 경험이 풍부한 노동인구가 무엇보다 장점이다.

2009년부터 2011년까지 세계에서 생산된 상업용 자동차 100대 중 2대는 이란에서 생산되었다. 이러한 점에서 알 수 있듯이 이란의 자동차 시장은 성장 가능성이 크다. 경제제재가 없는 정상적인 상황에서는 연간 200만 대의 차량과 200억 달러 규모의 판매가 이뤄진다. 대이란 경제제재의 영향으로 프랑스, 한국, 일본 등 주요 기업의 시장 진출이 중단되거나 협력이 약화되었다. 이 기간 동안 중국 기업은 이란 자동차 시장에서 점유율을 빠르게 확대하고 있다.

이란 내에서 해외업체들을 통한 자동차 생산은 반조립제품(CKD, Completely Knocked Down) 방식으로 이뤄지고 있다. 외국기업의 지분투자 없이 차량 부품을 수입해 이란에서 조립·판매하는 방식이다. 이란의 자동차 산업 보호 정책의 일환이다. 판매량이 높은 모델은 대부분 가격이 낮고 현지화율이 높은 모델들이며, 생산되는 차량의 대부분은 내수용이다. 미미하지만 이라크에 자동차를 수출하고 있다.

이란의 제조업 육성 정책은 앞으로 더욱 강화될 전망이다. 향후 이란에 진출하기 위해서는 기술이전, 부품 현지화율 규정, 이란산 수입을 조건으로 한 무역거래 등 더욱 까다로운 계약 요구 사항이 예상된다. 하지만 이란 정부가 트럼프 정부의 경제제재 이전부터 해외 자동차 기업들의 소유 지분을 확대해주고, 이란 정부는 소액주주로 참여하는 방식으로 몇몇 해외기업들과 계약을 체결하기 시작했다는 점은 긍정적이다. 이 정책을 통해 이란 정부 소유의 자동차 업체들이 가지고 있던 비효율성과 낮은 생산성의 문제를 해결하려는 이란 정부의 의지를 볼 수 있다.

한편 테헤란 등 대도시의 대기오염 문제는 세계에서도 손꼽힐 정도로 심각하다. 이에 이란 정부는 친환경 자동차에 대한 관심도 증가시켜 왔다. 실제로 세제혜택 등을 통해 친환경 자동차 개발 및 생산을 장려하고 있기도 하다. 연간 가솔린 소비가 미국에 이어 세계 2위인 이란의 대기오염 문제는 에너지 보조금 정책과 결코 무관하지 않다. 2010년 이후 이란은 에너지 보조금 삭감 정책을 시행해오고 있다. 그래도 2019년 전체 GDP 중 에너지 보조금의 규모는 25%로, 에너지 보조금 개혁정책을 시작했던 2010년보다 오히려 증가했다. 참고로 2010년 기준으로 이란 4인 가족 연평균 소득이 3,600달러였다. 반면에 에너지 보조금은 가구당 연간 4천 달러 정도였다. 코로나19로 최악의 상황을 겪고있는 이란은 세계에서 두 번째로 자동차 휘발유 값이 싼 나라이기도 하다.

그럼에도 1980년 시작된 이란-이라크 전쟁 이후로 지속되어 온 에너지 보조금 정책을 이제 와서 바꾼다는 것은 이란 정부에게 대수술과 같은 것이다. 이란 경제에 또 다른 부작용을 불러올 수밖에 없다. 보조금 폐지는 에너지 가격의 급격한 상승과 함께 각 가정의 가처분 소득 감소로 이어진다. 도미노 효과처럼 다른 물가상승을 초래하게 될 확률이 크다. 게다가 대중교통 시설도 충분치 않은 상황이라 휘발유 가격 상승에 대한 국민들의 반발도 만만치 않다. 그래서 이란 정부의 에너지 보조금 삭감 정책이 성공하지 못하는 것이다. 이는 대기오염 문제의 근본적 해결이 쉽지 않은 이유이기도 하다.

결국 친환경 자동차 산업에 이란 정부의 관심이 더욱 커질 수밖에 없는 상황이다. 이란 경제제재의 해제 및 완화만을 기다리며 투자 기회를 엿보는 수많은 해외 자동차 제조업체들이 있다. 이들 사이에서 비교우위를 가지기 위해서는 이러한 이란의 정치·경제적 상황을 잘 파악하고 이에 걸맞은 전략을 수립해야 한다. 예를 들어 이란은 표준화 시스템 기반이 부족하다. 이때 전기차 충전 시스템, 자율주행차량 기능 등 한국이 세계시장에서 선점적 지위를 확보하려는 신기술 분야에서 이란이 표준화를 이루어낼 수 있도록 함께 협력하는 것도 좋은 방안일 것이다.

:: 정보통신 산업

이란은 높은 인터넷 보급률과 인프라 수준을 보유하고 있고, 내수시장 규모가 커서 정보통신(ICT) 분야 성장잠재력이 매우 크다. 또한 30세 이하가 전체 인구의 70%를 차지하는 인구 분포와 상대적으로 높은 교육 수준을 가진 청장년층의 잠재적 수요는, 이란의 정보통신 산업의 미래를 더욱 밝게 한다.

이란 정부의 공식 발표에 의하면 2019년 3월 기준, 이란의 ICT 관련 서비스 시장 규모는 33억 달러다. 2013년의 15억 달러에 비해 2배 이상 성장했다. GDP에서 ICT 산업이 차지하는 비중도 2016년 1.5%, 2018년 2.7%, 그리고 2021년에는 4.6%로 증가했다. 제6차 경제개발 5개년 계획이 마무리되는 2022년까지 8%로 늘리려는 목표는 경제제재 영향으로 쉽지 않을 것이다. 그럼에도 ICT 산업은 경제제재 상황에서도 가장 빠르게 성장하는 분야이기도 하다.

이 분야에서의 발전은 ICT 산업과 연관된 통신업, 정보기술(IT), 미디어 산업 뿐 아니라 경제, 사회, 문화 전반에 미치는 파급 효과가 꽤 크다. 최근 한 연구의 추정에 의하면 GDP 대비 ICT 산업의 비중이 1% 증가할 때마다 이란의 경제성장률이 0.93% 증가한다고 한다. 정말 이란의 목표대로 2022년까지 GDP 중 ICT 산업 비중을 8%로 달성한다면, 이란 경제성장률은 현재보다 3%가량 증가할 수 있다는 계산이 나온다. 결코 낮은 수치가 아니다.

이에 이란 정부도 ICT에 투자를 늘리고 민간기업의 참여를 장려하기 위해 노력하고 있다. 무엇보다 해외 투자자들의 참여가 절실한 상황이다. 해외 투자업체들은 이란 정부의 이런 수요를 잘 파악하여 서로에게 윈윈(win-win)이 될 수 있는 새로운 형태의 투자전략을 세울 필요가 있다.

참고로 이란의 유선 통신은 국영기업인 TCI(Telecommunication Company of Iran) 및 10여 개의 중소기업들이 독점적으로 주도하고 있다. 그래서 신규 투자와 서비스 개선을 위한 노력이 부족한 실정이다. 그러나 민간기업들의 참여가 비교적 자유로운 초고속 인터넷 서비스 및 이동통신 시장은 지속적인 성장이 기대된다. 특히 음성과 문자 중심에서 데이터 중심으로 서비스 시장이 급속히 전환되고 있으며, 전자상거래,

교육, 오락 콘텐츠 서비스 등을 중심으로 큰 성장세가 기대된다.

:: 의료 서비스 및 의료기기 산업

이란의 의료 관련 산업은 미국의 경제제재에서 제외되는 부문이다. 이란의 기대수명 증가와 만성질환자 증가 등의 이유로 수요가 매년 큰 폭으로 상승할 것으로 전망된다. 참고로 2020년 기준으로 이란의 50세 이상 인구는 전체 인구의 20% 정도였으나, 2030년에는 28%로 늘어날 전망이다.

게다가 인구 10만 명당 암 환자수는 2018년 기준 104명에서 2030년에는 174명 정도로 증가할 전망이다. 그럼에도 인구 1천 명당 병상 수는 1.7개, 의사 수 1명, 간호사 수 2.1명으로 OECD 평균인 인구 1천 명당 병상 수 4.7개, 의사 수 3.5명, 간호사 수 9명보다 턱없이 부족하다. 반면에 주변 지역과 비교했을 때 이란 국민들은 교육 수준이 상대적으로 높아서 이들의 의료 서비스에 대한 수요도 높은 편이다.

대부분 이란 국민들은 기초의료보험 혜택을 받고 있으며, 이란으로 수입되는 의료기기에 부과되는 관세도 낮다. 또한 이란 정부는 의료 분야 해외 직접 투자자들에게 상당히 호의적이다. 이란 의료시장에는 독점적 지위를 가진 업체가 없다는 게 해외 투자들에게는 매력적인 요소다. 문제는 아직까지 정부 차원에서 의료 시스템 전반에 대한 장기적이고 구체적인 계획이 없다는 것이다. 여기에 전문 의료 인력이 충분하지 않은 데다가, 비효율적인 의료 행정 체계가 단기간 내 쉽게 개선될 것 같지도 않다. 전반적으로 국민들은 높은 의료비용에 대해 적지 않은 반감을 가지고 있고, 기초의료보험 혜택 범위도 제한적이다. 이를 보완해줄 수 있는 보험시장도 전무하다는 점은 투자자들에게 위험 요소로서 작용하고 있다.

이란은 의료기기 90%를 수입에 의존하고 있으며, 한국으로부터는 주로 치과용 의료기기, 인공 보형물 등을 수입하고 있다. 한국산 제품은 전체 의료 수입시장의 30%를 차지하고 있다. 특히 치과용 임플란트는 한국 브랜드가 가격 대비 품질 측면에서 최고라는 인식이 이란 의사들 사이에 퍼져 있어, 한국산 시장점유율이 거의 60%에 이른다. 한국 기업들에게 상대적으로 진입장벽이 낮은 분야로 볼 수 있다.

한편 이란 전체 인구의 6% 정도인 500만 명 정도가 당뇨 질환을 앓고 있다. 그래서 혈당 측정기에 대한 수요도 큰 것으로 알려져 있다. 이 밖에 성형 수술에 대한 수요도 상당히 있어서, 보톡스 시술기기 분야도 한국 업체에게 좋은 기회가 될 수 있다. 참고로 보톡스 시술기기는 의료기기로 분류되어 미국의 제재 품목에서 제외된다. 상대적으로 이란에서는 저비용의 보톡스 시술이 가능해 주변 국가들로부터 유입되는 의료 관광객 수도 증가 추세라고 한다.

단, 이란 식품의약국의 인허가 과정은 복잡하다. 그래서 직접 수출보다는 현지 기업과의 합작 투자가 유리할 수 있다. 합작 투자 기업 선택 시, 미국 제재에 영향을 받는 기업인지 아닌지 꼼꼼히 따져봐야 한다. 이밖에 이란 정부는 낙후된 병원 인프라를 개선하려는 의지가 있기 때문에 정부 차원에서 이 부문의 협력 사업을 추진해볼 필요가 있다. 장기적으로는 아랍에미리트, 쿠웨이트에서 위탁운영을 하는 서울대병원이 성공을 거둔 것처럼, 민간 의료기관 차원에서 의료 서비스 진출을 시도해볼 만할 것이다.

:: 비제재 품목 발굴

한-이란 간 교역은 2018년 트럼프 미 정부가 제재를 복원하면서 크게 감소하였다. 그러나 미국의 이란 경제제재가 모든 분야에 해냥뇌는 것은 아니다. 금속, 귀금속, 자동차 부품, 항공기 및 항공기 부품, 항만, 해운, 조선, 원유, 석유화학 등 일부 품목에 한하여 제재를 가하고 있다. 이에 따라 제재 대상이 아닌 분야와 제품을 선별해 이란과의 경제 협력을 노리는 것도 하나의 방법이다.

특히 코로나19가 확산되고 있던 2020년 초부터 미국은, 외국 기업이 의약품, 의료기기 등 인도적 물품 위주로 이란과 교역할 수 있도록 허용하고 있다. 한국의 대기업뿐 아니라 중소기업들도 이러한 부분을 지속적으로 체크해 교역 기회를 모색해야 한다. 가장 신경 쓰이는 것은 역시 2019년 하반기에 우리은행·기업은행의 원화결제가 중단되었다는 것이다. 이것 또한 2020년 4월부터 의약품, 의료기기 위주로 재가동되었으니 이러한 점을 코트라(테헤란 무역관), 무역협회 등과 재차 확인하여 진출 방안을 모색해보는 것도 좋을 것 같다.

: : 기업의 사회적책임 사업 추진

지난 수십 년간 이란의 역사를 돌아봤을 때, 경제제재가 해제되더라도 또 언제 다시 미국과 갈등이 발생하여 이란 무역길이 닫힐지 모른다. 그건 그 누구도 예상할 수 없을 것이다. 이로 인해 투자 리스크가 큰 인프라 건설 같은 대규모 장기 프로젝트 추진은 당분간 쉽지 않을 것으로 보인다.

그러나 이란의 잠재성을 고려해봤을 때, 마냥 손 놓고 있을 수만은 없다. 현재는 제재 대상이지만 추후 수출을 고려하고 있는 우리 기업의 소비재 제품을 필요로 하는 이란 공공기관에 기증하는 등 사회적책임(CSR, Corporate Social Responsibility) 사업 형태로 이란 내에 공급하는 것도 하나의 방법이다. 이란 내 한국 제품의 인지도를 유지하고 추후 제재가 풀렸을 때, 타 국가 기업들과 경쟁에서 우위를 차지하자는 장기적 전략이다. 품목으로는 실생활에 필요한 의류, 생활용품, 유아용품, 기초화장품, IT 주변기기 등이 좋을 것으로 보인다.

04

코로나 이후의
이란 경제 전망

:: 이란의 잠재성

미국과의 관계가 성상화되더라도 이란은 부성부패, 비효율적인 법률과 행정 시스템 등 내부적으로 극복해야 할 문제가 많다. 그럼에도 불구하고 이란이 가지고 있는 성장의 잠재성은 중동의 어느 나라보다 월등히 앞선다고 볼 수 있다. 이란은 엄청난 양의 지하자원을 가지고 있을 뿐 아니라, 재생에너지를 사용하기에 최적의 조건도 갖추고 있다. 국토의 75%는 태양열 에너지 생산에 적합한 지리적 조건을 갖추고 있으며, 최소 4분의 1은 풍력 에너지 생산에 최적화된 조건을 가지고 있다. 태양열과 풍력으로만 이란에서 필요한 모든 전기 에너지 공급이 가능하다고 한다.

물론 아직 포장을 뜯어보지 않은 선물처럼 미개발 상태에 놓여 있기는 하다. 하지만 미래에 이란에서 가장 매력적인 투자 분야가 될 수 있으니 계속 눈여겨봐야 할 것이다. 또한 8,300만 인구 중 절반가량은 30세 미만이라는 것도 눈여겨볼 만하다. 이란 노동인구의 교육 수준도 상당히 높은 편인데, 문맹률은 10% 미만이고 70% 이상은 대학 학위를 가지고 있다. 경제제재로 위축된 이란의 잠재성을 가늠해볼 수 있게 한다.

:: 인플레이션 문제

경제제재 상황에서 이란 경제의 가장 큰 문제점 중 하나는 화폐가치가 하락하여 물가가 지속적으로 상승하는 인플레이션 현상이다. 실제로 1990년 이후 이란의 물가상승률이 10% 미만이었던 해는 오바마 행정부와의 핵 합의 직후인 2016년과 2017년, 두 번 뿐이었다. 이란의 물가상승률이 최근 20년 동안 7% 이하로 떨어진 적이 없다는 건 이란 경제성장의 불안 요소 중 하나다.

경제성장의 성공 모델인 한국, 대만, 싱가폴, 중국의 물가상승률이 개발도상국 평균보다 훨씬 낮았다는 점은 주목해볼 필요가 있다. 싱가폴의 경제성장이 지속되었던 1961~2002년 사이 물가상승률은 3%보다 낮았다. 두 자릿수 경제성장률을 이어갔던 중국의 지난 30년 동안 물가상승률 역시 5% 안팎이었다. 인플레이션이 한 나라의 경제성장에 암적인 요인이 되는 이유 중 하나는, 빠른 물가상승률이 저축에 대한 동기부여를 낮추기 때문이다. 저축의 감소는 금융시장에서 투자자금의 감소로 이어진다. 결국 중앙은행은 물가를 잡기 위해 이자율 인상을 할 수밖에 없는데, 이는 투자비용 인상에 따른 더 큰 투자의 감소로 이어지게 된다.

즉 인플레이션은 경제의 장기적 성장에 치명적일 수밖에 없는 것이다. 미국과의 관계가 정상화된다면 투자자금이 어느 정도 확보가 되어 시급한 인플레이션 문제를 어느 정도 해결할 수 있을 것이다. 그러나 미국의 도움만으로는 한계가 있다. 그래서 미국의 경제제재가 해제되더라도 이란은 중국 자본의 달콤한 유혹을 뿌리치기 힘들 것이다. 코로나19 팬데믹으로 인해 이란이 받은 타격이 만만치 않아 더욱 그럴 것이다.

:: 러시아 악재와 열리지 않는 무역길

2021년 1월, 이란 경제에 밝은 소식이 들려왔다. 트럼프가 대통령 임기가 끝난 것이다. 그리고 트럼프에 비해 비교적 온건한 성향을 보이는 민주당 조 바이든이 새로운 대통령으로 당선되었다. 바이든은 오바마 정부 시절 '포괄적 공동행동계획' 타결을 주도했던 외교 참모들을 등용하며 이란과의 관계 개선 의지를 보였다. 그리고 2021년 4월부터 이란은 '포괄적 공동행동계획' 복귀를 위해 동 협정을 맺었던 P5+1측과 협상을 재개했다. 물론 여러 가지 난관은 있었다.

우선 2021년 6월 실시된 13대 이란 대통령 선거에서 시아파 이슬람 법학자이자 대표적인 강경 보수파인 에브라힘 라이시(Ebrahim Raisi)가 당선된 것이다. 미-이란 간의 핵 사항과 제재 관련 협의에서는 양측 리더의 성향이 매우 중요한데, 한 측이라도 강경한 태도를 보이면 일이 쉽게 풀리지 않는다. 강경한 이란의 새 정권은 선제재해제와 기존 합의 이상의 조건을 요구하며 협상을 계속 지연시켰다.

바이든 대통령도 만만치는 않았다. 트럼프처럼 이란을 강도 높게 압박하지는 않지만, 그렇다고 오바마처럼 너그럽게 이란의 의견을 수용하고 경제 개방을 허용하지는 않고 있다. 바이든 정부는 이란이 핵무기 제조가 가능한 수준의 농축 우라늄을 축적하기까지 시간이 얼마 남지 않았기 때문에, 이를 절대 용인해서는 안 된다는 입장을 고수하며 이란과 '밀고당기기'를 하고 있다. 특히 바이든 대통령은 이란 최정예부대인 혁명수비대(IRGC)를 테러조직(FTO, Foreign Terrorist Organizations)에서 제외해달라는 이란 측 요구를 거부하며 양측은 의견을 좁히지 못하고 있다.

그래도 약 10개월간 '포괄적 공동행동계획' 복귀를 위한 협상이 진행되었다. 이란은 주로 프·러·영·독과 협상을 진행했고 미국은 간접적으로 참여해왔다. 마침내 2022년 2월, "이란이 5%를 초과하는 우라늄 농축을 중단한다는 조건으로 6개국은 동결된 이란 자산을 해제한다"라는 내용의 합의문 초안을 작성했다. 전 세계는 협상 타결이 임박했다고 기대했다.

그러나 생각지 못한 악재가 터졌다. 2022년 2월 24일, 러시아가 우크라이나를 침공한 것이다. 미국과 유럽연합 등 서방 측은 러시아에 강력한 경제제재를 가했다. 그러자 러시아는 같은 반미 성향의 이란에게 도움의 손길을 청했다. 이란은 러시아와 같은 반미 성향의 국가로서, 이미 이 둘은 군사 교역 파트너로서 협력을 해오던 터였다. 게다가 바이든에게 기대했던 핵 합의도 지지부진해지자, 이란은 차라리 러시아의 '반미 연대'에 합류하여 서방을 압박하는 전략을 택했다. 로이터 통신은 이란이 러시아의 지원을 기반으로, 추후 핵 협상에서 서방의 양보를 끌어내려 한다고 분석했다. 2022년 7월, 푸틴 러시아 대통령이 이란을 방문해 라이시 대통령을 만났고, 러시아 국영 에너지 기업 가즈프롬과 이란 국영 석유회사가 400억 달러에 달하는 천연가스 개발 및 투자 관련 협정에 서명했다.

마치 미국이 이스라엘과 수니파 아랍국가들을 끌어모으며 러시아와 이란을 견제하고, 러시아와 이란이 '에너지 연대'를 만들어 미국에 대항하는 것처럼 보인다. 어찌 되었던, 이란의 핵 합의 시기는 이제 아무도 장담할 수 없는 모양새다. 이란과의 무역길을 기대해왔던 세계 경제인들의 속도 답답할 것이다. 설사 경제제재가 해제되더라도 '포괄적 공동행동계획' 복귀, 완전한 제재 해제, 이란과의 교역 재개에만 수개월은 소요될 것으로 보인다. 여러 가지로 이란의 상황이 안타깝기만 하다.

참고문헌

Chapter 1 사우디아라비아

1. "FII: Saudi Arabia plans to invest $1tn in tourism over 10 years" https://www. thenationalnews.com/business/2021/10/26/saudi-arabia-plans-to-invest-1tn-in-tourism-over-10-years/

2. "Oil Nations, Prodded by Trump, Reach Deal to Slash Production" https://www. nytimes.com/2020/04/12/business/energy-environment/opec-russia-saudi-arabia-oil-coronavirus.html

3. "Saudi Arabia, South Korea to Jointly Produce Biho II Air Defense Systems" https://www. defenseworld.net/2021/03/08/saudi-arabia-south-korea-to-jointly-produce-biho-ii-air-defense-systems.html

4. "SNK is almost entirely owned by Saudi prince Mohammed bin Salman" https:// pledgetimes.com/snk-is-almost-entirely-owned-by-saudi-prince-mohammed-bin-salman/

5. "U.S., Saudi Arabia, Russia Lead Pact for Record Cuts in Oil Output" https://www.wsj. com/articles/opec-allies-look-to-resolve-saudi-mexico-standoff-and-seal-broader-oil-deal-11586695794

6. "최소 2개 이상의 은행이 차관단(신디케이션)을 꾸려 같은 조건으로 기업이나 국가 등에 융 자하는 집단 대출" https://www.credendo.com/ru/node/329

7. Daniel Yergin, *The Prize*, Free Press

8. David Rundell, *Vision or Mirage*

9. e대한경제, "사우디 국부펀드, 5년내 자산 2배로 늘린다"…약 1174조원 규모", 2021.02.25.

10. International Monetary Fund(IMF), World Economic Outlook, 2021.04.

11. KOTRA 비즈니스, "[kotra] 한-사우디 온택트 비즈니스 파트너십", 유튜브, 2020.12.23. https://www.youtube.com/watch?v=q4UwDid13cA

12. KOTRA 해외시장뉴스, "사우디아라비아의 디지털 전환 현주소", 2021.03.16.

13. PIF, *The Public Investment Fund Program(2018-2020)*

14. Roll, Stephan, *A sovereign wealth fund for the Prince : Economic reforms and power consolidation in Saudi Arabia*, German Institute for International and Security Affairs, SWP Research paper 8, Berlin, Jul. 2019

15. The Wall Street Journal, "Inside Saudi Arabia's Plan to Build a Skyscraper That Stretches for 75 Miles" https://www.wsj.com/articles/inside-saudi-arabias-plan-to-build-a-skyscraper-that-stretches-for-75-miles-11658581201?mod=world_major_2_pos1

16. Zeineb Ouni and others, *Sovereign wealth funds definition : Challenges and concerns*, Advances in Economics and Business, Nov. 2020

17. 동아일보, "사우디, 2024년부터 자국 내 본사 또는 지사 없는 기업과 거래 중단", 021.02.16.

18. 미국 국무부 홈페이지, "2020 Investment Climate Statements: Saudi Arabia"

19. 산업통산자원부, "사우디 왕세자 방한 계기, 제조에너지 신산업분야 협력강화를 위한 실 질적 기반 구축", 2019.6.26.

20. 서상현, 「사우디 '비전 2030' 실행 본격화와 시사점」, 포스코경영연구원

21. 서울경제, "[만파식적] 사우디 펀드 PIF", 2020.04.22.

22. 이코노미스트, "중동순방 다녀온 바이든 앞에 쌓인 위기들[채인택 글로벌 인사이트]", 이 코노미스트, 2022.07.23.

23. 장건, 제1장 사우디아라비아의 대외 개방과 경제발전, 『중동경제의 이해 2』, 도서출판 한울

24. 조선일보, "미래 도시는 이런 모습?…사우디가 구상 중인 120km 건물의 정체", 2022.07.26

25. 조선일보, "이란·사우디, 단교 5년 만에 화해… 중동 정세 바뀐다", 2021.10.19

26. 조선일보, "이재용·정의선도 나섰다··· 빈살만의 640조원 '네옴시티' 수주戰", 2022.06.29

27. 코트라, 「2021, 2022 국별 진출전략」, 사우디아라비아

28. 현대자동차그룹, "그레이수소,블루수소,그린수소? 수소에너지 원리부터 경제적 가치까지 제대로 파헤치기 | HMG 프레젠테이션 01. 그린수소 편", 유튜브, 2021.06.18 https://www.youtube.com/watch?v=PdRbw7Tj9h8

Chapter 2   아랍에미리트

1. "Rescheduled Dubai Expo hopes to attract 25 million visits" https://www.bbc.com/news/business-56682427

2. "Smart Dubai 2021 Strategy" https://2021.smartdubai.ae/

3. "The UAE and Israel Have High Hopes for Their Historic Trade Deal. Experts Are Skeptical" https://time.com/6183180/israel-uae-trade-deal/

4. "무바달라 g42에 투자, g42 시노팜사와 협력하여 아부다비에 백신공장 건립" https://www.mubadala.com/en/news/mubadala-takes-stake-group-42

5. "무바달라 허브71 투자" https://zdnet.co.kr/view/?no=20210215142556

6. 21세기중동이슬람문명권연구사업, 『중동정치의 이해 2』, 한울 아카데미

7. https://economictimes.indiatimes.com/industry/healthcare/biotech/healthcare/dubai-healthcare-city-a-hub-for-medical-services-in-the-uae/articleshow/73552908.cms?from=mdr

8. IFSWF, *ADIA Review 2019*

9. IFSWF, *ADIA Review 2020*

10. International Trade Administration 홈페이지, https://www.trade.gov/knowledge-product/united-arab-emirates-defense

11. MUBADALA, *Mubadala Annual review 2020*

12. Pedro Alexandre, *The United Arab Emirates Case of Economic Success-The Federal Government Economic Policies*, Catolica Porto Business School, 2016

13. Robert Mogielnicki, "The United Arab Emirates' Post-COVID-19 Outlook", Journal of

International Affairs, 2021.03.30.

14. Ruchir Sharma (2016), *The Rise and Fall of Nations: Forces of Change In The Post-Crisis World*.

15. Sara Bazoobandi, PhD in Arab and Islamic Studies, *Political economy of the Gulf sovereign wealth funds*, University of Exeter, 2011

16. SWFI(Sovereign Wealth Fund Institute) 홈페이지, https://www.swfinstitute.org/

17. UAE 주요 경제 동향(주아랍에미리트 대사관 홈페이지), https://overseas.mofa.go.kr/ae-ko/brd/ m_11126/list.do

18. WEF, *Global CompetitivenessReport 2019*

19. 김민지, "두바이·말레이시아 스마트시티 추진정책과 전략", 「2020 글로벌 ICT 이슈리포트」, 정보통신산업진흥원

20. 두바이 투자청 홈페이지, https://invest.dubai.ae/en/-/life-in-dubai/healthcare

21. 손성현·장윤희, "코로나19 이후 UAE의 경제성장 전략은 어떻게 바뀔 것인가?", 2021.05, https://diverseasia.snu.ac.kr/?p=3973

22. 장원준, 송재필, 김미정 and 방은지. (2018). 방산수출 주요지표 분석과 중동권역 방산시장 개척 전략. 선진국방연구, 1(1), 69-86.

23. 중앙일보, "세계 8위 산유국 UAE, 원전으로 '탈석유' 미래 연다", 2022.07.21

24. 코트라, 「2021 아랍에미리트 진출 전략」

Chapter 3 카타르

1. "Shell LNG Outlook 2021" https://www.shell.com/energy-and-innovation/natural-gas/ liquefied-natural-gas-lng/lng-outlook-2021.html#iframe=L3dlYmFwcHMvTE5HX091d Gxvb2svMjAyMS8

2. Aya Batrawy, "Qatar emerges as key player in Afghanistan after US pullout", AP News, Aug.30.2021

3. Bae, J.H., Lee, W.S., Lee, H.Y. and Kim, Y.H., 2008. Synthesized Oil Manufacturing Technology from Natural Gas, GTL. The Korean Journal of Petroleum Geology, 14(1), pp.45-52.

4. https://www.shell.com/energy-and-innovation/natural-gas/liquefied-natural-gas-lng.html

5. KOTRA 해외시장뉴스, "카타르, 의약품시장 집중육성으로 성장 전망", 2017.03.13.

6. Kristian Coates Ulrichsen, "Qatar and the Arab spring" https://carnegieendowment.org/2014/09/24/qatar-and-arab-spring-policy-drivers-and-regional-implications-pub-56723

7. Mehran Kamrava, "The Foreign policy of Qatar', Raymond hinnebusch and Anoushiravan Ehteshami, The Foreign Policies of Middle East States(Boulder, CO:Lynne Rienner, 2014).

8. TASMU Smart Qatar 홈페이지, https://tasmu.gov.qa/

9. 김강석, 「카타르 단교 사태와 틸러슨의 셔틀 외교」, GCC국가연구소, 2017.07.13.

10. 남옥정, 카타르 사태 본질에 선 인물, 유수프 알 까라다위, 보고서, 단국대학교 GCC국가연구소)

11. 남옥정, 카타르 사태 전망, 2019.3.7.

12. 노남진, 서정규, 전기원, 에너지 시장 환경 변화에 따른 천연가스 액화 사업 진출 전략, 에너지 경제 연구원

13. 마완 크레이디, 『아랍위성텔레비전』, 커뮤니케이션북스

14. 외교부, 「카타르 국가개황 2019」

15. 정상률, "카타르의 정치발전과 이슬람", 『중동정치의 이해 2』, 한울 아카데미

16. 주간조선, "두바이 가고 카타르 떴다", 2010.11.11.

17. 카타르 경제자유구역청 홈페이지, https://qfz.gov.qa/

18. 코트라, 「카타르 진출전략 2022」

19. 파이낸셜뉴스, "K-조선, 하반기도 LNG선 '싹쓸이' 기대", 2022.07.24

Chapter 4 　바레인

1. "Bahrain - The exemplary Middle Eastern fintech model that's bearing fruit" https://www.exus.co.uk/blog/bahrain-the-exemplary-middle-eastern-fintech-model-thats-bearing-fruit

2. "Bahrain among 18 countries facing US anti-dumping tax on aluminium exports" https://gulfnews.com/business/bahrain-among-18-countries-facing-us-anti-dumping-tax-on-

aluminium-exports-1.1614745311090

3. "Bahrain expects $3.2 billion deficit in 2021, 5% economic growth" https://www.reuters.
   com/article/bahrain-budget-int/bahrain-expects-3-2-billion-deficit-in-2021-5-
   economic-growth-idUSKCN2AU2E4

4. "Bahrain remains at the forefront of Islamic finance" https://oxfordbusinessgroup.com/
   overview/forefront-country-remains-leading-global-centre-islamic-finance

5. "Financial Services Industry in Bahrain Analysis for 2021" https://www.bahrainedb.com/
   bahrain-pulse/2021-financial-sector-outlook/

6. "GCC small business 'boom' to drive post-COVID economy as commercial registrations
   soar" https://www.bahrainedb.com/latest-news/gcc-small-business-boom-to-drive-post-
   covid-economy-as-commercial-registrations-soar/

7. "Inside the Middle East's growing love for eSports" https://www.zdnet.com/article/inside-
   the-middle-easts-growing-love-for-esports/

8. "Middle East FinTech sector could raise more than $2bn by 2022, Milken says" https://
   www.thenationalnews.com/business/middle-east-fintech-sector-could-raise-more-than-
   2bn-by-2022-milken-says-1.912345

9. "Trump 'peace' deals for Israel, UAE and Bahrain are shams. They boost oppression, not
   amity" https://www.nbcnews.com/think/opinion/trump-peace-deals-israel-uae-bahrain-
   are-shams-they-boost-ncna1240085

10. Altaee, H. H. A., & Al-Jafari, M. K. (2015). Financial development, trade openness and
    economic growth: A trilateral analysis of Bahrain. International Journal of Economics and
    Finance, 7(1), 241-254.

11. IT조선, "韓 4개 스타트업, 중동 진출", 2019.09.26.

12. Kreishan, F. M. (2015). Empirical study on tourism and economic growth of Bahrain: An
    ARDL bounds testing approach. International Journal of Economics and Finance, 7(11), 1-9.

13. Kreishan, F. M. (2015). Empirical study on tourism and economic growth of Bahrain: An
    ARDL bounds testing approach. International Journal of Economics and Finance, 7(11), 1-9.

14. Miriam Joyce, *Bahrain from the twentieth centry to the arab spring*, 2012

15. Shaw, Susan M.; Barbour, Nancy Staton; Duncan, Patti; Freehling-Burton, Kryn; Nichols,
    Jane (December 2017). Women's Lives around the World: A Global Encyclopedia. ABC-

CLIO. p. 26

16. 매일경제, "바레인 경제개발청 "국제적 성장 꿈꾸는 한국 스타트업 지원"", 2019.10.10.

17. 외교부, 「바레인 개황 2020」

18. 중기이코노믹, "핀테크 中企, 걸프의 금융허브 바레인을 주목" 2017.10.27.

19. 한국경제, "[한경 엣지] 아프리카와 중동에서 빠르게 확산하는 '디지털 지갑'", 2021.09.29.

20. 바레인 국제 앰네스티 보고서, https://www.amnesty.org/en/location/middle-east-and-north-africa/bahrain/

21. 바레인경제개발청(EDB Bahrain) 한국지사 화상 회의 및 제공 자료
    -Invest in Bahrain:your gateway to a growing healthecare market
    -Bahrain:The gateway to one of the fastest growing digital entertainment markets
    -Bahrain:The ideal location for regional logistics & distribution:Shortest, fastest, and
    cheapest gateway to the GCC & MENA Region
    -Invest in Bahrain:The most cost effective & efficient gateway to the GCC

Chapter 5   쿠웨이트

1. "Borrowing Time: Structural Challenges to Kuwait's Economy after COVID-19" https://gulfif.org/borrowing-time-structural-challenges-to-kuwaits-economy-after-covid-19/

2. "Kuwait and China seek diversifying economy via Belt and Road Initiative" https://www.al-monitor.com/originals/2021/04/kuwait-and-china-seek-diversifying-economy-belt-and-road-initiative

3. "Kuwait seeks investors to finance three power projects" https://www.reuters.com/world/middle-east/kuwait-seeks-investors-finance-three-power-projects-2021-08-31/

4. "New solar and wind capacity will move Kuwait closer to its 2030 renewable energy generation goals" https://oxfordbusinessgroup.com/analysis/winds-change-new-solar-and-wind-capacity-will-move-country-closer-its-2030-renewable-generation

5. "Phase 1 construction scope of Kuwait's $86bn Silk City revealed" https://www.constructionweekonline.com/projects-tenders/169462-phase-1-construction-scope-of-

kuwaits-86bn-silk-city-revealed

6. "Phase One of Kuwait's BRI-Backed US\$130 Billion Silk City Opens" https://beltandroad.
hktdc.com/en/insights/phase-one-kuwaits-bri-backed-us130-billion-silk-city-opens

7. "Private sector participation to meet rising health care demand in Kuwait" https://
oxfordbusinessgroup.com/overview/lease-life-private-sector-participation-set-increase-
meet-rising-demand

8. "The Unsustainability of Kuwait's Energy System –Examining Kuwait's Energy Problem"
https://blogs.lse.ac.uk/mec/2021/02/11/the-unsustainability-of-kuwaits-energy-system-
examining-kuwaits-energy-problem/

9. Abdullah, M. J., Zhang, Z., & Matsubae, K. (2021). Potential for Food Self-Sufficiency
Improvements through Indoor and Vertical Farming in the Gulf Cooperation Council:
Challenges and Opportunities from the Case of Kuwait. Sustainability, 13(22), 12553.

10. Alsayegh, O. A. (2021). Barriers facing the transition toward sustainable energy system in
Kuwait. Energy Strategy Reviews, 38, 100779.

11. Al-Taiar, A., Alqaoud, N., Ziyab, A. H., Alanezi, F., Subhakaran, M., Alddin, R. S., ... &
Akpinar-Elci, M. (2021). Time trends of overweight and obesity among schoolchildren in
Kuwait over a 13-year period (2007-2019): repeated cross-sectional study. Public Health
Nutrition, 24(16), 5318-5328.

12. https://www.cia.gov/the-world-factbook/field/obesity-adult-prevalence-rate/country-
comparison

13. https://www.prosperity.com/rankings?pinned=K-WT,ARE,QAT,BHR,SAU,OMN&filter=

14. Mohammad, A., Ziyab, A. H., & Mohammad, T. (2021). Prevalence of Prediabetes and
Undiagnosed Diabetes Among Kuwaiti Adults: A Cross-Sectional Study. Diabetes,
Metabolic Syndrome and Obesity: Targets and Therapy, 14, 2167.

15. Olver-Ellis, S., 2020. Building the new Kuwait: Vision 2035 and the challenge of
diversification.

16. The legatum prosperity index. 2020

17. 경제외교 활용포털, "GCC 시장을 사로잡은 기술", 2019.12.29.

18. 국토교통부, "스마트시티 수출 1호 '쿠웨이트 신도시' 개발 착수", 2017.01.20.

19. 굿잡뉴스, "[중소기업 해외진출 성공분석](20) 혁신적인 태양광발전 설비로 중동시장에 발

디딘 삼원테크", 2020.12.04.

20. 서울경제, "K-스마트팜, 농업 불모지 쿠웨이트 진출", 2021.05.10.

21. 외교부, 「2019 쿠웨이트 개황」

22. 이코노미조선, "세계에서 가장 긴 다리, 한국의 두 회사〈현대·GS건설〉가 놓았다", 2019.02.18.

23. 정영화·박정현, "글로벌 국부펀드 현황 및 활용방안", 「Global Market Report 13-084」, 코트라

24. 한국경제, "무디스, 쿠웨이트 신용등급 최초 강등 [선한결의 중동은지금]", 2020.09.23.

25. 홍미정, "쿠웨이트 종교운동의 현황과 전망", 『중동언어의 이해2』, 한울아카데미

Chapter 6 오만

1. "17 mega farm projects to boost food security" https://www.omanobserver.om/article/39021/Front%20Stories/17-mega-farm-projects-to-boost-food-security

2. "E-COMMERCE MARKET IN OMAN - TRENDS, GROWTH, COVID-19 IMPACT, AND FORECASTS (2021 –2027)" https://www.mordorintelligence.com/industry-reports/e-commerce-market-in-oman

3. "Oman more than doubles women's wages in less than a decade" https://www.arabnews.com/node/1434731/business-economy

4. "Oman Vision 2040, Vision Document" https://isfu.gov.om/2040/Vision_Documents_En.pdf

5. International Trade Administration, "Oman - Country Commercial Guide" https://www.trade.gov/country-commercial-guides/oman-ecommerce

6. Islam, M. M. (2020). Demographic transition in Sultanate of Oman: Emerging demographic dividend and challenges. Middle East Fertility Society Journal, 25(1), 1-14.

7. Kabir, M., & Rahman, M. S. (2012). Population projection of Oman: implications for future development. Education, Business and Society: Contemporary Middle Eastern Issues.

8. KOTRA 해외시장뉴스, "2021년 오만 산업 개관", 2021.09.08.

9. KOTRA 해외시장뉴스, 국가지역정보-오만, https://dream.kotra.or.kr/kotranews/

cms/nation/actionNatIemList.do?pageNo=&pagePerCnt=10&SITE_NO=3&MENU_
ID=220&CONTENTS_NO=1&pRegnCd=02&pNatCd=512

10. Peterson, J. E. (2004). Oman: three and a half decades of change and development. Middle
East Policy, 11(2), 125.

11. United Nations, Department of Economic and Social Affairs, Population Division (2019)
World Population Prospects: The 2019 Revision, custom data acquired via website. Available
at http://population.un.org/wpp.

12. World Bank, SUSTAINABLE MANAGEMENT OF THE FISHERIES SECTOR IN
OMAN A VISION FOR SHARED PROSPERITY

13. 박찬기, "오만의 정치발전과 이슬람: 은둔의 왕국에서 근대국가로", 『중동정치의 이해 2』,
한울아카데미

14. 외교부, 「2018 오만 개황」

15. 코트라, 「2021, 2022 오만 진출전략」

Chapter 7   이란

1. "INVESTMENT IN IRAN'S HEALTHCARE SECTOR" https://www.griffoncapital.
com/wp-content/uploads/2017/06/Health-care-and-hospital-projects-.pdf

2. "Iran subsidy reform to soften fuel sanction punch" https://www.reuters.com/article/us-
iran-economy-subsidies-analysis/iran-subsidy-reform-to-soften-fuel-sanction-punch-
idUKTRE59D1X320091014

3. "Iran's huge energy subsidies: supporting or battering the economy?" https://www.
tehrantimes.com/news/438654/Iran-s-huge-energy-subsidies-supporting-or-battering-
the-economy

4. "Iran's unrealized economic potential" https://www.mei.edu/publications/irans-unrealized-
economic-potential

5. "Iran's petrochemical, fuel sales boom as sanctions hit crude exports" https://www.reuters.
com/world/middle-east/irans-petrochemical-fuel-sales-boom-sanctions-hit-crude-
exports-2021-09-17/

6. "Is The Present Situation of PCC The Start of Privatization Defeat In Iran?" https://pimi.ir/is-the-present-situation-of-pcc-the-start-of-privatization-defeat-in-iran/

7. "Number Crunching: The Truth Behind Iran's 'Single-Digit' Unemployment Rate" https://iranwire.com/en/features/9545

8. "These 6 charts show how sanctions are crushing Iran's economy" https://www.cnbc.com/2021/03/23/these-6-charts-show-how-sanctions-are-crushing-irans-economy.html

9. "U.S. Lifts Some Iran Sanctions Amid Stalled Nuclear Talks" https://www.wsj.com/articles/biden-administration-lifts-sanctions-on-more-than-dozen-former-iranian-officials-energy-firms-11623347091

10. "Why Iran's Sixth Development Plan Failed" https://gulfif.org/why-irans-sixth-development-plan-failed/

11. "Will Foreign Investment Return to Iran's Automotive Sector?" https://www.bourseandbazaar.com/articles/2020/7/26/will-foreign-investment-return-to-irans-automotive-sector

12. "Will Iran's 50% gas price hike pay off for the economy?" https://www.al-monitor.com/originals/2019/11/iran-gas-price-increase-economic-impact-protests.html

13. Boughanmi, H. (2019). Welfare and distributional effects of the energy subsidy reform in the gulf cooperation council countries.

14. Emami, K. (2018). Is it Necessary for Iran to Increase the Share of ICT Sector in GDP?. Economics Research, 18(68), 45-74.

15. NY Times, "China, With $400 Billion Iran Deal, Could Deepen Influence in Mideast"

16. Shariatinia, M., & Azizi, H. (2019). Iran and the Belt and Road Initiative: Amid Hope and Fear. Journal of Contemporary China, 28(120), 984-994.

17. Solaymani, S. (2020). Energy subsidy reform evaluation research–reviews in Iran. Greenhouse Gases: Science and Technology.

18. Zhao, S. (Ed.). (2020). China's Global Reach: The Belt and Road Initiative (BRI) and Asian Infrastructure Investment Bank (AIIB), Volume II. Routledge.

19. 오피니언뉴스, "[김혁의 이란 이란] 제재를 버텨 나가는 힘, 저항경제", 2019.11.05.

20. 이권형·손성현·장윤희·유광호, 「이란의 정치·경제 동향과 산업협력 확대방안: 석유화학

및 자동차 부문을 중심으로」, 2017, 대외경제정책연구원

21. 인남식, 「바이든 정부 이란 핵합의 복귀 전망」, 외교안보연구소

22. 조선비즈, "美, 러시아 제외한 이란 핵 협상 검토...제재 예외 없다", 2022.03.14

23. 조선비즈, "천연가스 매장량 세계 1·2위 러시아-이란, 反서방 '에너지 연대' 강화", 2022.07.21

24. 코트라, 「2021, 2022 이란 진출전략」

저자 소개

지은이_ **임성수**

개발 경제학자로서 아프리카, 중동, 동남아시아의 경제 개발 관련 연구를 하고 있으며, 다수의 논문들을 국제 저명 학술지들에 게재했다. 경제학자지만 심리학, 보건학, 사회학의 경계를 넘나들며 폭넓은 연구를 해오고 있으며 복지와 행복 연구에 궁극적인 관심이 있다. 서강대 경제학과 재학 중 미국으로 건너가 위스콘신대학교에서 같은 전공으로 학부를 졸업하고, 이후 일리노이대학교와 미네소타대학교에서 개발 경제학과 응용 경제학으로 석사와 박사 학위를 받았다. 연방준비은행(Federal Reserve Bank of Minneapolis)에서 근무할 때는 미국 금융정책 최고 의사결정 기관인 연방공개시장위원회(FOMC) 의결권을 가지고 있던 은행장을 위해 미국 경제 동향 분석 결과를 정기적으로 보고하는 역할을 담당했다. 당시 업무 능력을 인정받아 2년 연속 우수 업무상을 받기도 했다. 이후 미국 로욜라대학교와 두바이 아메리칸대학교에서 경제학 교수로 강의를 했으며, 현재는 미국 캘빈대학교 정치경제학과 교수로 신흥 시장, 개발 경제학, 경제 심리학, 화폐와 금융 시장 등의 강의를 하고 있다.

지은이_ **손원호**

한국외국어대학교 아랍어과를 졸업하고 동 대학 통번역대학원 한아과에서 국제회의통역 석사 학위를 받았다. 2009년 한국석유공사에 입사하여 중동 지역 신규 석유개발(E&P) 사업 발굴을 담당했으며, 주이라크 대한민국 대사관에 파견되어 1년간 바그다드 현지에서 근무하며 이라크 석유부와의 협력 강화 및 원유 도입 추진 과제를 수행했다. 이어 3년간 이라크 쿠르드 지방으로 관할 지역을 확대해 석유 시추 현장을 누비며, 한-이라크 양국 간 석유 개발 협력을 위해 쉼 없이 현장을 달렸다.

지난 20여 년간 아랍 언어를 공부하고 구사하며, 현지에서 다양한 아랍국가 사람들과 부딪히면서 경험한 크고 작은 시행착오 끝에 이 지역을 더 깊이, 더 가까이 알고 싶은 열망이 생겼다. 2016년 아랍에미리트 샤르자대학교 이슬람 역사문명학과 석사과정에 입학하여 이슬람 역사와 아랍인에 대한 본격적인 공부를 시작하였고, 2019년 샤르자 통치자의 특별 장학금 지원으로 동 대학 박사과정 연구를 이어갔다. 특히 발해 역사 및 한국 역사학자를 아랍 역사학계에 소개하며 양국 간 역사 연구 방법론 교류에 기여했다. 저서로는 『이토록 매혹적인 아랍이라니』가 있으며, 박사과정 수료 후 현재는 대한민국 외교관으로 외교부 아프리카중동국과에 재직 중이다.